MACROECONOMIA MONETÁRIA

JOSÉ LUIS OREIRO
Autor de *Macroeconomia da Estagnação Brasileira*

MACROECONOMIA MONETÁRIA

EMPREGO, MOEDA E TAXA DE JUROS

ALTA BOOKS
GRUPO EDITORIAL
Rio de Janeiro, 2025

Macroeconomia Monetária

Alta Cult é um selo do Grupo Editorial Alta Books (Starlin Alta Editora e Consultoria LTDA.).

ISBN:978-85-508-2615-8

Impresso no Brasil — 1ª Edição, 2025 — Edição revisada conforme o Acordo Ortográfico da Língua Portuguesa de 2009.

Dados Internacionais de Catalogação na Publicação (CIP)
(BENITEZ Catalogação Ass. Editorial, MS, Brasil)

O66m
1.ed. Oreiro, José Luis
Macroeconomia monetária : emprego, moeda e taxa de juros / José Luis Oreiro. - 1.ed. - Rio de Janeiro : Alta Books, 2025.
304 p.; 15,7 x 23 cm.

Bibliografia.
ISBN 978-85-508-2615-8

1. Economia. 2. Desemprego - Aspectos sociais. 3. Macroeconomia. 4. Mercado de trabalho - Brasil. 5. Investimentos - Gestão. 6. Reservas bancárias. 7. Taxa de juros. 8. Teoria monetária moderna. I. Título.

03-2025/69 CDD 339

Índice para catálogo sistemático:
1. Macroeconomia 339
Aline Graziele Benitez - Bibliotecária - CRB-1/3129

Grupo Editorial Alta Books

Produção Editorial: Grupo Editorial Alta Books
Diretor Editorial: Anderson Vieira
Editor da Obra: J. A. Ruggeri
Vendas Governamentais: Cristiane Mutüs
Gerência Comercial: Claudio Lima

Produtora Editorial: Ana Clara Tambasco
Revisão: Denise Himpel e Paulo Aragão
Diagramação: Rita Motta
Capa: Rita Motta

ALTA BOOKS
GRUPO EDITORIAL

Rua Viúva Cláudio, 291 — Bairro Industrial do Jacaré
CEP: 20.970-031 — Rio de Janeiro (RJ)
Tels.: (21) 3278-8069 / 3278-8419
www.altabooks.com.br — altabooks@altabooks.com.br
Ouvidoria: ouvidoria@altabooks.com.br

Editora **afiliada à:**

ASSOCIADO

Dedico este livro à memória de minha mãe, Ana da Costa Muiño (03/08/1936–07/12/2021), camponesa emigrada de Portugal para o Brasil no final dos anos 1950, a quem devo o tesouro inestimável da fé católica, o senso de justiça e cumprimento do dever e o amor ao conhecimento humano em todas as suas formas.

AGRADECIMENTOS

Este livro é o resultado de mais de 30 anos de estudos e pesquisa sobre teoria keynesiana. Meu interesse por Keynes e pelo keynesianismo é anterior ao meu ingresso no curso de ciências econômicas da antiga FEA/UFRJ, no primeiro semestre de 1989. O primeiro contato com as ideias de Keynes veio por intermédio do livro *O Novo Estado Industrial,* do economista canadense, radicado nos Estados Unidos, John Kenneth Galbraith. Foi meu momento de "ver a luz na estrada para Damasco". Keynes me pareceu o pensador que mais se adequava à minha visão de mundo. Como católico, tinha ojeriza ao socialismo soviético e ao sistema teórico sobre o qual ele supostamente estava baseado, o marxismo. Como apaixonado pela história das sociedades, o liberalismo também não me agradava. Isso porque a aplicação dos princípios do *laissez-faire* foi o responsável direto tanto pela Grande Depressão de 1929, que quase destruiu as democracias ocidentais, quanto pela miséria das classes proletárias que serviu como caldo de cultura para os movimentos socialistas e comunistas do final do século XIX e início do século XX. Eu acreditava que era possível e desejável uma *terceira via* na qual um capitalismo administrado pelo Estado fosse capaz de proporcionar um emprego decente a todas as pessoas aptas a trabalhar e também uma distribuição de renda justa, compatível com o princípio da destinação universal dos bens proposto pela *Doutrina Social da Igreja Católica.* As ideias de Keynes me pareceram, naquele momento, a resposta para minhas angústias intelectuais.

Desde então, tenho me dedicado com afinco ao estudo da teoria keynesiana. Nessa minha jornada, tive a sorte de contar com dois grandes mestres: Edward Amadeo, meu orientador no mestrado em economia na PUC/RJ (1993–1996), e Fernando José Cardim de Carvalho, meu orientador no doutorado em economia no IE/UFRJ (1997–2000). Ambos eram os principais expoentes do keynesianismo no Brasil, bem como pesquisadores de grande reputação internacional. Muito do que sei sobre Keynes e o keynesianismo aprendi com eles.

Durante meu doutorado no IE/UFRJ, por ocasião de um seminário internacional sobre economia pós-keynesiana, organizado pelo Fernando Cardim de Carvalho, tive a oportunidade de estabelecer contato pessoal e profissional com outros grandes pesquisadores keynesianos como Jan Kregel, Steve Fazzari e Gary Dymski. Ainda durante o doutorado tive a oportunidade de participar do meu primeiro congresso internacional, na cidade de Knoxville, no estado do Tennesse (Estados Unidos), organizado por Paul Davidson, editor do *Journal of Post Keynesian Economics*. Essas experiências foram fundamentais para a minha formação na economia keynesiana.

Meus anos de formação como economista keynesiano coincidiram com aquilo que meu ex-professor do doutorado na UFRJ, Mário Possas, chamou de "A cheia do Mainstream". Desde o advento da Revolução das Expectativas Racionais, no início da década de 1970, pelas mãos de Robert Lucas, a economia keynesiana tem estado desacreditada nos meios acadêmicos nos Estados Unidos, com reflexos importantes no Brasil. Durante minha época de formação, e por vários anos depois até a crise financeira internacional de 2008, ser um economista keynesiano era sinônimo de pouca seriedade científica, pois as ideias de Keynes teriam se mostrado ultrapassadas pelo desenvolvimento dos novos e potentes modelos de equilíbrio geral estocástico dinâmico, no qual um agente representativo, com vida infinita e mercados de capitais perfeitos, tomava decisões que replicariam as decisões ótimas de um grande espectro de agentes racionais. Nesse arcabouço teórico podia-se admitir a existência de alguns "problemas keynesianos" como a rigidez de preços, os quais poderiam fazer com que a economia se afastasse temporariamente de seu equilíbrio geral, no qual todos os mercados se esvaziam e os planos dos agentes são mutuamente consistentes entre si. Nesse contexto, a leitura da Teoria Geral, ou dos demais escritos de Keynes, era vista não só como totalmente desnecessária para o progresso da ciência, mas também como uma espécie de religião na qual os "crentes" cultuavam um autor ultrapassado, utilizando como método de análise a leitura de citações dos escritos de Keynes como se fossem as "sagradas escrituras".

Essa visão se mostrou totalmente equivocada quando da erupção da grande crise financeira internacional de 2008. A ortodoxia econômica não só foi incapaz de prever a ocorrência e a magnitude da crise de 2008, como também não dispunha do ferramental teórico necessário para entender o que estava acontecendo. Essa situação foi explicitada por Sua Majestade, a rainha Elisabeth II do Reino Unido, que mais de uma vez perguntou aos economistas do *mainstream* porque nenhum deles fora capaz de prever a catástrofe que se abateu sobre o Reino Unido e demais economias desenvolvidas.

Desde então, temos observado um renascimento do interesse por Keynes e pela economia keynesiana. Nesse contexto, este livro é uma tentativa de mostrar para o leitor especializado em economia, mas que tenha "ouvidos para ouvir", que a Teoria Econômica pós-Keynes tomou não só um caminho completamente diferente, como também errado, com relação à nova "forma pela qual o mundo pensa os problemas econômicos", proposta por Keynes em sua *Teoria Geral do Emprego, do Juro e da Moeda*, publicada em 1936. O que proponho aqui é o início de uma reconstrução da macroeconomia a partir dos fundamentos estabelecidos por Keynes há quase um século. Para tanto me valho do imenso estoque de conhecimento produzido por gerações sucessivas de economistas keynesianos. À parte algumas contribuições originais minhas, o grosso do material apresentado neste livro consiste num esforço de compilação e sistematização desse imenso estoque de conhecimento.

Este livro foi elaborado, em grande medida, a partir das notas de aula da disciplina de macroeconomia pós-keynesiana que leciono desde 2018 nos cursos de graduação e pós-graduação em economia da Universidade de Brasília. Nessas aulas, tive interação com alguns alunos que se tornariam não só meus orientandos, como também meus amigos. Aqui cabe um destaque especial a João Pedro Heringuer Machado, que foi meu orientado de graduação e mestrado em economia na Universidade de Brasília, de quem tive a honra de ser padrinho de batismo, primeira comunhão e crisma por ocasião de sua conversão à fé católica.

Agradeço também ao professor Fernando Ferrari Filho, professor emérito da Universidade Federal do Rio Grande do Sul, que se dispôs a ler os manuscritos deste livro e fez críticas úteis e construtivas.

Não poderia deixar de agradecer ao meu dileto amigo e companheiro de armas Luiz Fernando Rodrigues de Paula, professor do Instituto de

Economia da Universidade Federal do Rio de Janeiro, que se dispôs a escrever o (generoso) prefácio desta obra.

Quero também agradecer ao Ruggeri, meu editor, e à toda a equipe do Grupo Editorial Alta Books, pelo incentivo e empenho na finalização desta obra.

Por fim, mas não menos importante, este livro só foi possível pelo apoio incondicional de minha esposa, Kalinka Martins da Silva. Sem seu amor, teria sido impossível obter o esforço e a constância necessária para finalizar esta obra.

Soli Deo Gloriae.

PREFÁCIO

José Luis Oreiro, após publicar dois outros bem-sucedidos manuais de macroeconomia, *Macroeconomia do Desenvolvimento: Uma Perspectiva Keynesiana* e *Macrodinâmica Pós-keynesiana: Crescimento e Distribuição de Renda*, nos brinda agora com *Macroeconomia Monetária: Emprego, Moeda e Taxa de Juros*, completando assim uma trilogia de manuais heterodoxos de macroeconomia. Tendo sido orientado em seu mestrado por Edward Amadeo e no doutorado por Fernando Cardim de Carvalho, e ainda com larga produção acadêmica nacional e internacional, o autor é, sem dúvida, mais que qualificado para tamanha tarefa.

Uma das caraterísticas dos livros do professor Oreiro é que ele combina didatismo — com uma leitura fluida e bem explicada — com profundidade e abrangência nos temas tratados. Diga-se de passagem, a mesma qualidade que tem como professor em sala de aula. Ele, sem dúvida, conhece profundamente a teoria pós-keynesiana.

Este livro vem preencher um vácuo existente no Brasil, que era a falta de um manual de macroeconomia monetária pós-keynesiana. Para tamanha tarefa, Oreiro se vale do seu conhecimento de uma ampla literatura, que inclui o próprio Keynes e autores pós-keynesianos, como Amadeo, Cardim de Carvalho, Chick, Davidson, Dutt, Kaldor, Kregel, Lavoie, Leijonhufvd, Minsky, Palley e Thirlwall, além de seus próprios artigos acadêmicos. Trata-se de uma teoria baseada no conceito de economia monetária de produção, onde a moeda "afeta motivos e decisões dos agentes", como desenvolve o autor, que se contrapõe à teoria clássica, ou economia de Robinson Crusoé. Uma implicação importante desta abordagem teórica pós-keynesiana é que "desemprego da força de trabalho não é um desvio temporário com relação à tendência de longo prazo das economias de mercado, mas uma propriedade emergente de uma economia monetária de produção que opera em tempo histórico".

O livro é bem abrangente e completo, e discute as questões essenciais da macroeconomia monetária pós-keynesiana: os princípios da economia monetária de produção, como incerteza não probabilística; princípio da demanda efetiva; consumo, investimento e multiplicador de renda; preferência pela liquidez; moeda, crédito e bancos centrais; financiamento e flutuações cíclicas; modelos de crescimento de inspiração pós-keynesiana, além de oferecer ao leitor um modelo completo de uma economia monetária de produção, ou seja, um modelo dinâmico de determinação do nível de produto, emprego, estoque de capital, salário real, investimento, eficiência marginal do capital e da relação capital-produto.

O livro não se furta a discutir questões da economia contemporânea e divergências teóricas no próprio campo da escola pós-keynesiana. Destacarei três dessas questões abordadas no livro.

Em primeiro lugar, o livro incorpora as relações entre estoques e fluxos — na linha de Godley e Lavoie —, que se achava ausente da estrutura teórica apresentada por Keynes na sua Teoria Geral, notadamente o efeito da decisão de investimento sobre o tamanho do estoque de capital, bem como o impacto sobre a eficiência marginal do capital. Cabe acrescentar que o modelo é estendido além do curto prazo marshalliano. Cria-se, deste modo, uma dinâmica intrínseca no modelo que elimina a existência de buracos negros.

Em segundo lugar, o livro revisa a discussão sobre a endogeneidade da oferta de moeda, muito discutida no meio pós-keynesiano, a partir da publicação do livro de Basil Moore, em 1988, *Horizontalist and Verticalist: The Macroeconomics of Credit Money*. Aqui, Oreiro faz uma crítica teórica e empírica à teoria horizontalista da moeda e do crédito. Seguindo a crítica já feita por Cardim de Carvalho, o autor mostra que, ao contrário do defendido pela vertente horizontalista, os bancos comerciais não acomodam toda a demanda de crédito, dos potenciais tomadores, que consideram solvente a uma dada taxa de juros. Isso porque os bancos comerciais, como qualquer agente numa economia monetária de produção, possuem preferência pela liquidez, a qual se expressa na manutenção de uma proporção de ativos líquidos em carteira, maior do que a exigida pelas autoridades monetárias. E acrescenta que o grande problema empírico da abordagem horizontalista é que os bancos comerciais só fazem uso de reservas emprestadas em situações emergenciais, sendo que desde a crise financeira internacional de 2008, os bancos comerciais mantêm reservas nos Bancos Centrais que excedem, por larga margem, o requerimento de reservas exigido pela autoridade monetária. Em outras palavras, os bancos comerciais depositam suas reservas excedentes no Banco Central, tendo assim uma posição líquida credora ao invés de devedora (como supõe a visão horizontalista), na autoridade monetária.

Em terceiro lugar, Oreiro realiza uma crítica à *Modern Monetary Theory* (MMT), que, pelo menos até recentemente, esteve bastante na moda no meio heterodoxo brasileiro, em particular as proposições de que o governo precisa gastar para injetar dinheiro na economia, e de que a capacidade do governo de criar moeda implica que não possui restrição financeira, e que não existe nenhum tipo de custo em levar a economia a uma situação de pleno emprego. Segundo ele, a ideia de que o governo cria moeda ao aumentar seus gastos é equivocada por não considerar o papel dos bancos comerciais na criação de moeda por intermédio de seus empréstimos, sem que seja necessário o Tesouro realizar gasto, e por assumir que o Banco Central e o Tesouro são uma única entidade contábil, quando, na realidade na maioria dos casos, o Banco Central é proibido por lei de financiar o Tesouro.

José Luís Oreiro discute ainda outras questões contemporâneas neste livro: a natureza das criptomoedas, mostrando que estas não são moedas com base na definição keynesiana; e a discussão sobre a importância da crise financeira internacional de 2008 para a crise atual da macroeconomia.

Por todo o exposto, fica claro que se trata de um livro fundamental para aqueles que querem entender com profundidade não só a macroeconomia monetária pós-keynesiana quanto os problemas atuais da economia brasileira e mundial. O livro é voltado tanto para os discentes de pós-graduação quanto para os mais adiantados da graduação de Economia e ciências afins. E também a todos os leitores que buscam uma alternativa à macroeconomia convencional.

Boa leitura.

Luiz Fernando de Paula
Professor do Instituto de Economia da UFRJ e
ex-presidente da Associação Keynesiana Brasileira (AKB).

SUMÁRIO

01

PRINCÍPIOS BÁSICOS DE UMA ECONOMIA MONETÁRIA DE PRODUÇÃO

1.1 Introdução

A teoria macroeconômica convencional ou neoclássica tem como um de seus principais pilares a ideia de que as economias de mercado apresentam flutuações do nível de produção e de emprego em torno de uma tendência de longo prazo caracterizada pelo pleno emprego dos fatores de produção. Assim, as crises econômicas seriam eventos puramente temporários, que poderiam agitar as águas pelas quais o sistema econômico navega, mas sem produzir um desvio de rota da embarcação. Com efeito, durante as três décadas que antecederam a crise financeira internacional de 2008, criou-se um grande consenso na macroeconomia de que as flutuações do nível de atividade econômica nas economias avançadas poderiam ser analisadas por um mecanismo de impulso e propagação, segundo o qual o sistema econômico é atingido constantemente por choques de demanda e/ou de oferta, a maior parte dos quais de pequena magnitude, com seu próprio mecanismo de propagação. Supondo que tais mecanismos são lineares, então o nível de atividade econômica retornará para o nível potencial ou de pleno emprego transcorrido certo tempo após o choque (Blanchard e Summers, 2019, p. xix).

A erupção da crise financeira internacional de 2008 foi uma *anomalia*[1] que a teoria ortodoxa simplesmente era incapaz de explicar ou prever. A perplexidade geral com a crise de 2008 foi expressa por Sua Majestade, a rainha Elizabeth II, durante uma visita à *London School of Economics* (doravante LSE), no dia 4 de outubro de 2008. Ao final de uma pequena apresentação sobre as origens e consequências da crise financeira internacional, a rainha faz uma única pergunta: "Por que ninguém foi capaz de prever isso?"[2] Na ocasião, o diretor de pesquisa do departamento de administração da LSE se limitou a responder que "em todos os momentos, alguém estava confiando em outra pessoa, e todos achavam que estavam fazendo a coisa certa". Em dezembro de 2012, durante uma visita à caixa forte do *Banco da Inglaterra* (BOE, Bank of England), onde estão guardadas as reservas de ouro do país, a rainha perguntou se as autoridades financeiras do Reino Unido não tinham os instrumentos necessários para lidar com a crise de 2008. Um economista sênior do comitê de serviços financeiros do BOE disse para a rainha que "as pessoas achavam que os mercados eram eficientes e que a regulação não era necessária. Como a economia estava estável, havia essa complacência crescente".

A crise financeira de 2008, em vez de ter seus efeitos dissipados rapidamente, como era esperado pela teoria macroeconômica convencional, foi seguida por um longo período de contração do nível de atividade econômica (Blanchard e Summers, 2019, p. xx-xxi). Conforme podemos visualizar na figura 1.1 a seguir, o PIB real medido em dólares constantes de 2015, nos países da Área do Euro, só retorna ao nível pré-2008 em 2014. Se considerarmos, contudo, qual deveria ser o PIB dos países da Área do Euro se a crise financeira de 2008 não tivesse ocorrido e a economia da Área do Euro continuasse a crescer no mesmo ritmo observado no período 2000–2007; então constataremos que a crise de 2008 produziu uma perda de caráter

---

1 Segundo Kuhn (2005, p. 78), uma *anomalia* consiste na descoberta de um fato ou evento que não é consistente com as expectativas deduzidas a partir do *paradigma científico* vigente.

2 Queen Elizabeth, economists and the financial crisis – Economic Sociology & Political Economy. https://economicsociology.org/2022/09/09/queen-elizabeth-ii-economists-and-the-financial-crisis/.

permanente do PIB dos países da Área do Euro de aproximadamente 15,7% em 2022[3], algo como US$2.348 bilhões, o equivalente ao PIB do Brasil!

Figura 1.1 Evolução do PIB real em US$ constantes (2015) dos países da Área do Euro (2000–2022)

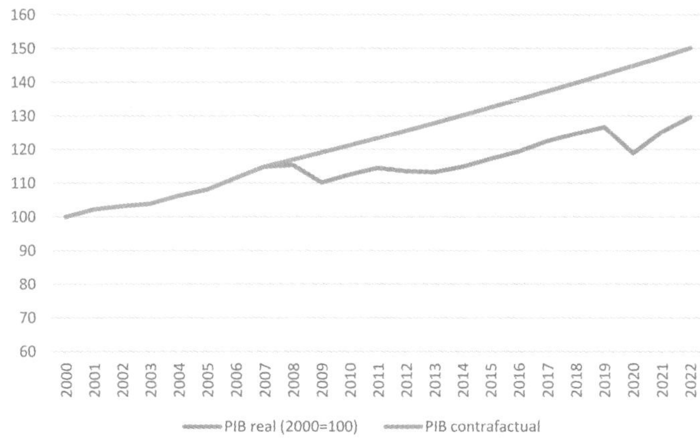

Fonte: World Bank Data. Elaboração do autor.

Não foi a primeira vez, no entanto, que esse tipo de anomalia surpreendeu os economistas. A grande depressão de 1929 teve o mesmo efeito sobre a teoria convencional prevalecente na década de 1930, a qual se apoiava *na conexão wicksseliana*[4] da *Teoria Quantitativa da Moeda*. Nos anos 1920, as flutuações cíclicas do nível de atividade econômica e do nível de preços eram explicadas por intermédio das divergências entre as decisões de poupança e investimento decorrentes do desajuste da taxa de juros com respeito ao seu valor natural, determinado pela produtividade do capital e pelas preferências intertemporais das famílias. Se a taxa de juros de mercado se elevasse acima da taxa natural de juros; então a poupança planejada seria maior do que o investimento, ou seja, as injeções de demanda no fluxo circular de

[3] Esse valor refere-se à diferença entre o PIB real da Área do Euro em 2022 e o PIB que deveria ter sido obtido nesse ano, caso a crise financeira de 2022 não tivesse ocorrido e a economia da Área do Euro tivesse crescido no mesmo ritmo que no período 2000–2007.

[4] O termo conexão *wicksseliana* foi elaborado por Leijonhufvud (1981) e se refere ao problema da coordenação entre poupança e investimento por intermédio de variações da taxa de juros, o qual foi pioneiramente analisado pelo economista sueco Knut Wicksell (1898).

renda seriam menores que os vazamentos de demanda desse fluxo (ver figura 1.2), gerando uma situação de *excesso de oferta agregada*, a qual resultaria numa redução do nível de preços. A elevação da taxa de juros de mercado relativa à taxa natural poderia ser o resultado tanto de uma redução da disposição dos bancos em emprestar dinheiro como de uma redução da disposição dos empresários em tomar empréstimos para financiar novos projetos de investimento (&, 1930, p. 132). A contração monetária resultante desses eventos resultaria numa contração da renda nominal, tal como previsto pela Teoria Quantitativa da Moeda.

Figura 1.2 Injeções e vazamentos no fluxo circular de renda

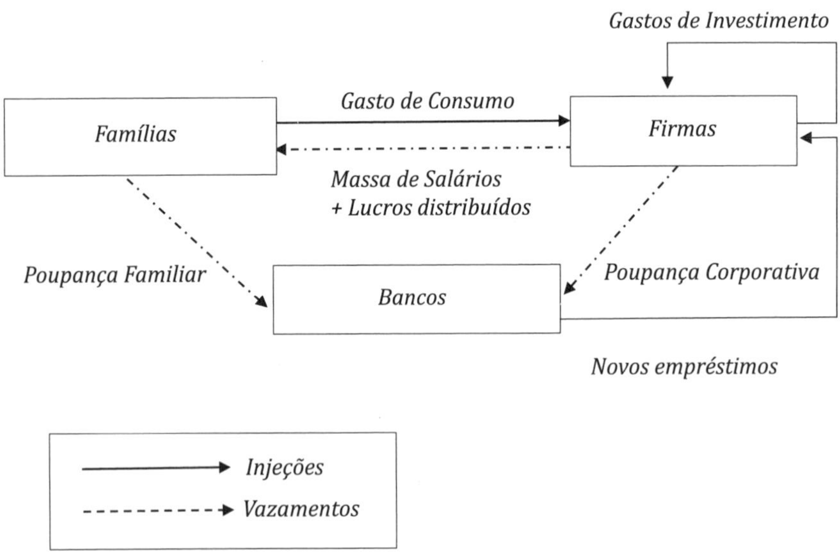

Fonte: Elaboração do autor.

O ajustamento de preços teria, no entanto, efeito nulo ou negligenciável sobre o nível de produção e de emprego, o qual era considerado como dado. Isso porque as variações do nível de preços deveriam gerar mudanças inesperadas dos lucros, tanto no setor produtor de bens de consumo como no setor produtor de bens de capital, as quais forçariam um ajuste da taxa de juros de mercado na direção da taxa natural de juros, garantindo assim o caráter temporário de qualquer desequilíbrio macroeconômico.

A inconsistência entre as previsões baseadas nas variantes wicksellianas da Teoria Quantitativa da Moeda e o comportamento observado dos preços e do nível de atividade econômica já haviam ficado claras para Keynes no final de 1930. No artigo *A Grande Crise de 1930*, escrito no final de dezembro daquele ano, Keynes (1931) reconhece explicitamente a possibilidade da recessão mundial de 1930 vir a se tornar uma depressão, o que realmente acabou acontecendo, cujos efeitos perdurariam por vários anos e seriam catastróficos em termos de perda de riqueza material e de aumento da instabilidade política. No entanto, a nível teórico, Keynes ainda era um adepto da Teoria Quantitativa da Moeda, tendo publicado no ano de 1930 o que deveria ter sido o seu *magnum opus*, o *Tratado sobre a Moeda* (*Treatise on Money*).

1.2 A Não Essencialidade da Moeda em Economias do Tipo Robinson Crusoé e o Conceito de Economia Monetária de Produção

No Tratado sobre a Moeda (Keynes, 1930), Keynes havia chegado a um impasse, uma vez que nesse livro propõe que os fatores monetários afetam o volume de investimento realizado na economia (o que deveria afetar a configuração de equilíbrio de longo prazo do sistema, devido ao seu impacto sobre o ritmo de acumulação de capital), mas ele ainda se baseava no velho arcabouço da Teoria Quantitativa da Moeda, no qual a moeda seria neutra sobre as variáveis reais da economia, ao menos no longo prazo. Esse impasse fica bastante claro no prefácio do Tratado, no qual Keynes afirma que "estava consciente dos defeitos [do Tratado]" e que as ideias que ele tinha ao terminar o livro eram bastante diferentes das ideias que tinha ao iniciá-lo.

Mas qual seria a origem desse desconforto intelectual? Keynes havia percebido que, na tradição teórica na qual ele fora educado e treinado, *a moeda era não essencial*. Isso porque as teorias aceitas até aquele momento se baseavam numa *economia do tipo Robinson Crusoé* (doravante RC), na qual um indivíduo tem que escolher entre caçar ou pescar, sujeito às restrições de esforço que essas atividades proporcionam; e podendo dedicar parte do seu tempo à elaboração de instrumentos, o que o obriga a adiar seu consumo (Carvalho, 2015, p. 2). Embora se reconhecesse que uma economia moderna é imensamente mais complexa do que uma economia do tipo RC, não se via as economias modernas como *essencialmente* diferentes dessa estilização (Carvalho, 2005, p. 2). As economias tipo RC são essencialmente economias não monetárias[5] porque não há nenhum outro indivíduo com o qual RC possa realizar transações. Dessa forma, a moeda não pode ser vista como um fator essencial nesse tipo de economia.

Numa economia do tipo RC, a moeda pode até ser utilizada como um elo neutro entre as transações com bens e serviços e as transações com ativos reais, mas sem ser capaz de alterar os motivos e as decisões dos agentes econômicos, os quais podem ser descritos e analisados perfeitamente em termos não monetários (CWJMK, vol. XIII, p. 408). Esse tipo de economia foi denominado por Keynes de *economia de troca real (real exchange economy)*. Nesse tipo de economia a moeda é não essencial e, por essa razão, neutra.

Numa *economia de troca pura*, os vazamentos do fluxo circular de renda são compensados por injeções equivalentes de demanda, por intermédio da operação do mecanismo da taxa de juros (Hein, 2008, p. 31). A não essencialidade da moeda garante que a taxa de juros de mercado flutue em torno da taxa natural de juros, de maneira a fazer com que quaisquer divergências entre injeções e vazamentos sejam de caráter temporário.

Em 1933, Keynes começa a desenvolver um novo arcabouço teórico, o qual chamou de *economia monetária de produção*. Nesse arcabouço, a moeda não pode ser simplesmente ***adicionada*** à estrutura completa de um modelo "real", mas precisa ser ***essencial*** ao modelo, o que significa dizer que os *teoremas fundamentais* a respeito do funcionamento da economia não podem ser expressos em termos de uma economia na qual a moeda esteja ausente. Esse novo arcabouço teórico foi apresentado e codificado no que se

5 Nos modelos de Agente Representativo, que constituem a base dos modernos modelos de *Equilíbrio Geral Estocástico Dinâmico*, a moeda pode ser adicionada de forma *ad hoc* ao defini-la como um bem que proporciona serviços de conveniência para o Agente Representativo e, dessa maneira, adicionada como um argumento na função utilidade. O problema com esse tipo de "atalho teórico" é que não há nenhum elemento na estrutura dos modelos de equilíbrio geral estocástico dinâmico que justifique a existência de "utilidade" para a moeda: todas as transações são efetuadas simultaneamente aos preços de equilíbrio, e não há custos de transação. Dessa forma, bens podem ser trocados diretamente por bens, sem que seja necessária a interveniência da moeda para a realização das transações. A esse respeito ver Woodford (2003, p. 62).

tornaria o livro de economia mais importante do século XX, a *Teoria Geral do Emprego, do Juro e da Moeda*, publicado por Keynes em fevereiro de 1936, e nos escritos posteriores ao mesmo.

Dessa forma, Keynes desenvolveu ao longo da sua *Teoria Geral* e de seus escritos posteriores uma nova *visão de mundo,* no sentido de Schumpeter, a qual consistia numa **ruptura radical** com relação ao pensamento convencional prevalecente até então. *A visão de mundo* é definida por Schumpeter como o ato cognitivo pré-analítico que define o conjunto de fenômenos que devem ser objeto de análise sistemática. Nas palavras de Schumpeter (1954, p. 41, tradução do autor):

> [...] para sermos capazes de nos posicionarmos diante de qualquer problema, devemos primeiro ter de visualizar um conjunto distinto de fenômenos coerentes como um objeto que merece a atenção de nossos esforços analíticos. Em outras palavras, o esforço analítico é necessariamente precedido por um ato cognitivo pré-analítico que fornece a matéria-prima para o esforço analítico [...] esse ato cognitivo pré-analítico será chamado de *visão*.

Nesse contexto, a *visão de mundo* de Keynes estaria resumida no conceito de *economia monetária de produção*, introduzido pela primeira vez pelo próprio Keynes num artigo publicado em um periódico alemão em 1933. Nesse artigo, ele afirma que:

> Na minha opinião, a principal razão pela qual os problemas de crise não estão resolvidos, ou pelo menos por que essa teoria é tão insatisfatória, pode ser encontrada na falta do que poderia ser denominado uma *Teoria Monetária da Produção* [...] o que eu desejaria seria lidar [...] com uma economia em que a moeda desempenha um papel próprio e afeta motivos e decisões e é, em suma, um dos fatores operacionais da situação, de modo que o curso dos acontecimentos não pode ser previsto, seja no longo período ou no curto, sem um conhecimento do comportamento da moeda entre o primeiro estado e o último. E é isso que devemos querer dizer quando falamos de economia monetária (CWJMK, vol. XIII, p. 408-409, tradução do autor).

Quais as características fundamentais de uma economia moderna que tornam a moeda não neutra? Para responder a essa pergunta, Keynes desenvolveu uma inovação metodológica importante, que é a combinação de dois ângulos diferentes para compreender o comportamento das economias modernas:

a. **O ângulo do observador interno ou do tomador de decisão**: O que o tomador de decisão pode ver? Como ele processa a informação recebida em termos de formação de expectativas? Como a incerteza é percebida?
b. **O ângulo do observador externo**: O economista observa a forma como os indivíduos interagem, a extensão na qual essas interações condicionam o comportamento dos indivíduos etc.

Deve-se ressaltar que para Keynes não existem leis que se imponham independentemente da forma pela qual os indivíduos percebam suas restrições e fixem as suas metas, como ocorre nas teorias com base em *centros de gravidade* de inspiração sraffiana (Eatwell e Milgate, 2011, p. 194); ao mesmo tempo, os indivíduos não são entidades metafísicas perdidas no tempo e no espaço, tal como é postulado pelos individualistas radicais, notadamente os da chamada *escola austríaca*. As decisões dos indivíduos importam para a dinâmica do sistema econômico, mas essas decisões são tomadas dentro de um determinado marco institucional e em dadas circunstâncias históricas; e seus resultados são uma *propriedade emergente*[6] da interação entre as decisões tomadas por *agentes heterogêneos,* de tal maneira que a análise do comportamento individual não é capaz de, por si mesma, prever o resultado coletivo das decisões tomadas pelos indivíduos.

Uma primeira característica importante de uma economia monetária de produção é que a produção é organizada por firmas, vistas como entidades que possuem seus próprios objetivos, em particular o controle da riqueza propriamente dita. É nesse contexto que Keynes faz uma das poucas referências simpáticas a Karl Marx que se pode encontrar em seus escritos coletados (Carvalho, 2020, p. 71), para quem o móvel da produção no capitalismo não é a obtenção de mercadorias, mas fazer com que o empresário termine o

[6] Um fenômeno é dito ser emergente se ele é um evento ou comportamento inesperado obtido de um sistema formado por muitos elementos interagentes que coletivamente o exibe. Tomado cada elemento separadamente, a propriedade não está presente. Assim, somos levados a concluir que este comportamento emergiu do coletivo.

ciclo de produção dessas mercadorias com mais dinheiro no final do processo do que tinha no início (Hein, 2008, p. 32). Para as firmas numa economia monetária de produção, o dinheiro não é um meio, mas um fim em si mesmo.

Em segundo lugar, nas economias monetárias existe uma *assimetria de poder* entre as famílias e as firmas. São as firmas que possuem a mão mais forte nessa relação. Isso porque as firmas tomam suas decisões de produção e investimento com base em suas expectativas de longo prazo, ao passo que as famílias são mais reativas. Além disso, as firmas não estão restritas à renda corrente na mesma extensão que as famílias. O acesso ao crédito é diferenciado entre famílias e firmas pelo simples fato de que grande parte da riqueza das famílias é constituída por *capital humano*, o qual não é hipotecável desde o fim da escravidão! Dessa forma, um horizonte mais longo de planejamento combinado com maior acesso ao crédito torna as decisões das firmas mais autônomas, ou seja, as firmas tomam decisões com mais graus de liberdade do que as decisões tomadas pelas famílias.

Em terceiro lugar, os agentes econômicos — firmas, famílias e governo — operam num contexto de *incerteza*. A incerteza é diferente do risco, pois nesta situação o tomador de decisão conhece o universo de eventos futuros e pode atribuir uma probabilidade aos mesmos, tal como ocorre na *Teoria da Utilidade Esperada de Von Neumann-Morgenstern* (Carvalho, 2020, p. 95). Já a incerteza é uma situação em que o tomador de decisão sabe que eventos imprevistos e imprevisíveis podem ocorrer. Em condições de incerteza torna-se racional para os indivíduos adotarem certos comportamentos defensivos que seriam irracionais num ambiente de risco. Deve-se ressaltar que todas as inovações teóricas fundamentais que Keynes apresentou na sua Teoria Geral consistem na identificação dos tipos de comportamento defensivo e na análise dos efeitos desses comportamentos sobre o sistema econômico.

1.3 A Transição do Tratado sobre a Moeda para a Teoria Geral

A abordagem de Keynes foi moldada pelo seu treinamento marshalliano, em vez de explorar as propriedades de estados de equilíbrio monetário, ele sempre focou os mecanismos de ajuste e os movimentos entre os estados de equilíbrio. Como vimos anteriormente, até a preparação da Teoria Geral, Keynes era aderente à Teoria Quantitativa da Moeda, que estabelecia que no longo prazo os preços seriam determinados pela quantidade de moeda. Nos períodos de transição entre estados de equilíbrio, contudo, as variáveis monetárias poderiam ter um impacto real devido à rigidez de preços ou à informação imperfeita.

No Tratado sobre a Moeda, Keynes introduziu uma inovação importante no arcabouço da Teoria Quantitativa da Moeda, a saber: a separação entre a circulação monetária requerida pelas transações industriais ou produtivas — e amplamente analisada pelos expoentes da Teoria Quantitativa da Moeda — da circulação monetária requerida pelas transações financeiras. Se na circulação industrial a moeda era retida apenas pelo período de tempo estritamente necessário para fazer uma ponte entre pagamentos e recebimentos, sendo apenas um simples meio de troca; a introdução da *circulação financeira* abriu caminho para os indivíduos reterem moeda por períodos mais longos, uma vez que nem altistas (os agentes que apostam numa elevação futura dos preços dos ativos) e nem baixistas (os agentes que apostam numa redução dos preços dos ativos) podem saber ao certo quando os preços dos ativos irão se mover na direção que eles esperam, e, portanto, não podem saber quando poderão gastar os saldos monetários. A circulação financeira torna-se, assim, uma fonte de vazamento permanente do fluxo circular de renda, de forma que os vazamentos podem não ser mais compensados pelas injeções, fazendo com que a demanda agregada seja menor que a oferta agregada.

Nesse contexto, a moeda torna-se um ativo, ou seja, num veículo de transporte de riqueza no tempo, porque em condições de incerteza oferece a forma mais segura de acumulação de riqueza. Variações na percepção de incerteza induzirão, portanto, mudanças na forma pela qual os indivíduos desejam manter a sua riqueza — mais especificamente, uma maior percepção de incerteza por parte dos agentes econômicos aumenta o preço[7] que estão dispostos a pagar para reter moeda ou seus substitutos próximos nas suas carteiras de ativos, impactando assim os preços e as taxas de retorno de todos os ativos. A moeda torna-se, então, não neutra porque afeta a acumulação de capital através da precificação dos ativos.

[7] Esse preço é equivalente ao diferencial de rendimentos entre um ativo x qualquer e o rendimento dos ativos monetários.

Essa percepção, contudo, não pode ser desenvolvida no Tratado sobre a Moeda (1930), pois, nas palavras de Keynes no prefácio da Teoria Geral (1936, p. xxii):

> Quando comecei a escrever meu Tratado sobre a Moeda, eu ainda estava me movendo na linha tradicional de considerar a influência da moeda como algo, por assim dizer, separado da *Teoria Geral da Oferta e da Demanda*. Quando terminei de escrevê-lo, eu tinha feito algum progresso no sentido de empurrar a teoria monetária de volta para se tornar uma teoria do produto como um todo.

A elaboração de uma Teoria Monetária da Produção exigia, portanto, a construção de um novo arcabouço teórico no qual a moeda e as decisões de produção e investimento fossem integradas num modelo capaz de determinar o nível agregado de atividade econômica. **Esse modelo não existia antes da publicação da Teoria Geral**. A tradição marshalliana, na qual Keynes fora educado, se preocupava apenas com mercados, firmas e indivíduos de maneira isolada do restante da economia. A *Teoria do Equilíbrio Geral*, desenvolvida pioneiramente por Walras (1983), não apenas era a ilustração perfeita de uma *economia de troca pura*, onde a moeda é não essencial; como também não se prestava à análise da determinação do nível de produção e emprego da economia como um todo, mas apenas para a determinação do vetor de preços relativos que garantiria o equilíbrio simultâneo entre oferta e demanda em todos os mercados. Era chegado o momento de uma *Revolução de Paradigma Científico*[8] na economia.

Em carta enviada ao dramaturgo irlandês, George Bernard Shaw, datada de 1º de fevereiro de 1935, Keynes escreve que:

> Para entender meu estado de espírito, no entanto, você tem que saber que eu acredito estar escrevendo um livro sobre teoria econômica que revolucionará amplamente — não, suponho, de uma só vez, mas no

[8] Kuhn (2005, p. 125) define o termo *Revolução Científica* como um episódio no qual um paradigma científico antigo é total ou parcialmente substituído por um novo, incompatível com o anterior. Um *paradigma científico*, por sua vez, nada mais é do que uma estrutura mental — composta por teorias, experiências, métodos e instrumentos — que serve para o pensamento organizar, de determinado modo, a realidade e os seus eventos (Silva Neto, 2011, p. 345).

> decorrer dos próximos dez anos — a maneira sobre como o mundo pensa os problemas econômicos (CWJMK, vol. XIII, p. 492).

O livro ao qual Keynes se referia na carta a Bernard Shaw era a Teoria Geral (1936). Nesse livro, Keynes seria capaz de desenvolver a sua Teoria Monetária da Produção a partir de uma inovação teórica, qual seja, a ideia de que o ajuste entre investimento e poupança — a questão fundamental da conexão wickselliana — seria realizado pelo nível de produção e emprego, em vez de sê-lo pela taxa de juros. Esse novo mecanismo de ajuste se constituía no cerne do *Princípio da Demanda Efetiva*, o modelo de determinação do nível de renda e de emprego da economia como um todo (Amadeo, 1989, p. 1).

1.4 Considerações Metodológicas sobre a Teoria Geral

Antes de passarmos ao estudo do modelo de determinação do nível de produção e de emprego da economia como um todo, são necessárias algumas considerações sobre o método de análise empregado por Keynes na sua Teoria Geral. Em primeiro lugar, deve-se ter claro que Keynes considera uma economia que opera em *tempo histórico*, onde "o hoje é uma ruptura constante entre o passado irrevogável e o futuro desconhecido" (Robinson, 1980, p. 8). Isso porque as atividades econômicas ocorrem num contexto em que a capacidade de produção está dada, sendo resultado das decisões passadas de investimento e do tamanho, educação e treinamento da força de trabalho. O nível de utilização da capacidade de produção e de emprego depende das expectativas de receita provenientes da venda do nível de produção, denominadas por Keynes de *expectativas de curto período*. Se essas expectativas forem atingidas, então a produção e o emprego serão determinados (numa economia fechada e sem governo) pelo dispêndio em consumo e investimento, uma vez que o valor da produção planejada terá sido igual ao valor realizado das vendas.

Enquanto os gastos de consumo dependem fundamentalmente da renda corrente, os gastos de investimento dependem das expectativas de rendimento a serem obtidas pelo equipamento de capital ao longo de sua vida útil. Essas expectativas, denominadas por Keynes de *expectativas de longo período*, são tomadas como dadas no modelo formal da Teoria Geral; mas estão sujeitas a "mudanças súbitas e violentas", pois se baseiam em "convenções sociais" ou "sentimentos de mercado" que podem mudar rapidamente.

As expectativas de longo período desempenham um papel importante na análise de Keynes, pois:

> Uma economia monetária, constataremos, é essencialmente aquela em que a mudança de visão sobre o futuro é capaz de influenciar a quantidade de emprego, e não apenas a sua direção (Keynes, 1936, p. xxii).

As mudanças no estado de expectativas de longo período afetam o nível de emprego corrente e, dessa forma, as condições iniciais do próximo curto período, o que poderá levar a uma revisão das expectativas que os empresários formulam sobre os níveis futuros de emprego e de utilização de capacidade. Dessa forma, o sistema econômico apresentará *dependência de trajetória*, ou seja, o equilíbrio ou estado final para o qual a economia poderá *eventualmente* tender no longo período depende da trajetória que ela seguiu ao longo do tempo histórico (Kregel, 1976, p. 215).

No contexto de uma economia que se move no tempo histórico, a moeda torna-se essencial, isso porque num mundo onde o futuro é incerto e o passado é irrecuperável — ou seja, onde decisões tomadas no passado não podem ser desfeitas — a moeda adquire um status de ativo, de reserva de valor. Esse atributo da moeda deriva-se do fato de que, numa economia monetária de produção, vários contratos, incluindo os contratos de trabalho e de dívida, são denominados em moeda; de tal forma que a posse dela é um seguro contra contingências futuras ao permitir que o seu possuidor possa liquidar quaisquer obrigações contratuais na sua data de vencimento.

No modelo desenvolvido na Teoria Geral, Keynes irá supor que a economia opera continuamente em equilíbrio de curto período, ou seja, uma situação na qual as expectativas sobre as receitas da venda da produção no mercado são realizadas. Durante o intervalo de tempo do curto período, o estoque de capital, o tamanho e a qualidade da força de trabalho e as técnicas de produção estão dados. Essa hipótese pode parecer à primeira vista contraditória, com a importância que a incerteza tem para a elaboração de uma Teoria Monetária da Produção. Contudo, Keynes apenas seguiu o *Princípio da Simplicidade de Occam*, de acordo com o qual a "complexidade não deve ser acrescentada sem necessidade". Com efeito, as expectativas de curto período podem ser revistas a intervalos curtos de tempo de maneira que a diferença entre os resultados esperados e os resultados obtidos tende a ser pequena, salvo na ocorrência de desastres. Pequenos erros de previsão levam a mudanças adaptativas nas expectativas, num processo de tentativa e erro pelo qual os empresários procuram descobrir o tamanho da demanda de mercado pelos seus produtos.

Além disso, a inclusão de desapontamentos de expectativas de curto período no modelo formal da Teoria Geral poderia obscurecer a tese central de Keynes de que o **desemprego da força de trabalho não é um desvio temporário com relação à tendência de longo prazo das economias de mercado**, mas uma *propriedade emergente* de uma economia monetária de produção que opera em tempo histórico. Nas palavras de Keynes (1936, p. 249):

> [...] É uma característica marcante do sistema econômico em que vivemos que, embora sujeito a graves flutuações no que diz respeito à produção e ao emprego, não seja violentamente instável. Com efeito, parece capaz de permanecer numa condição crônica de atividade subnormal durante um período considerável, sem qualquer tendência de mercado para a recuperação ou para o colapso completo.

Nesse contexto, Keynes afirmará que a diferença fundamental entre a sua Teoria Monetária da Produção e a *Teoria Clássica* ou *Economia de Troca Pura* é que esta última é apenas um caso particular da primeira; caso esse em que a economia se encontra numa posição de equilíbrio de curto período no qual todos os trabalhadores que desejam trabalhar ao salário de mercado encontram emprego, ou seja, uma posição de equilíbrio de curto período em que o desemprego involuntário não existe. O caso geral, no entanto, consiste numa economia que opera em equilíbrio de curto período com desemprego involuntário da força de trabalho. Dessa forma, o desemprego involuntário não pode ser visto como o resultado do desequilíbrio temporário dos mercados provocado pelos erros de previsão dos agentes econômicos, mas como o resultado esperado do funcionamento de uma economia monetária de produção (Amadeo, 1989, p. 2-3).

E quanto ao longo período? Seria possível definir uma posição de equilíbrio de longo período no modelo de Keynes? O equilíbrio de longo período na análise de Keynes corresponde a uma situação na qual o estado de expectativas de longo período permanece constante por um intervalo de tempo suficientemente longo para que o nível de emprego tenha se ajustado plenamente ao mesmo (Keynes, 1936, p. 48). O problema com esse conceito é que ele é inútil para a análise econômica, porque o estado de expectativas de longo período está sujeito à mudança contínua devido à incerteza que permeia a formação das expectativas de longo período.

Ao contrário das expectativas de curto período, as expectativas de longo período não podem ser revistas em um intervalo curto de tempo, pois se referem ao fluxo de receitas que se espera obter dos ativos de capital ao longo de toda a sua vida útil. Dessa forma, não é possível descobrir os valores de equilíbrio de longo período por um processo adaptativo de tentativo e erro. Também não é possível supor que as expectativas de longo período mudam de forma lenta o suficiente para que o movimento do sistema econômico ao longo do tempo calendário possa ser explicado pelo ajuste do nível de produção e emprego aos seus valores de equilíbrio de longo período[9]. O estado de expectativas de longo período está em mudança constante de forma que a dinâmica do sistema econômico não pode ser explicada pela tendência a alcançar uma hipotética posição de equilíbrio de longo período, seja esse equilíbrio estático ou movente.

---

9 Eatwell e Milgate (2011, cap. 10) defendem a tese de que a Teoria do Emprego de Keynes deve ser reformulada de maneira a se tornar compatível com o método de longo período, segundo o qual os valores observados do desemprego da força de trabalho deverão oscilar em torno de um centro de gravidade caracterizado pela existência de desemprego involuntário devido à insuficiência de demanda efetiva. O problema dessa proposta é que ela implica em reduzir a incerteza ao papel desempenhado pelos fatores não sistemáticos na explicação dos desvios da economia com respeito à sua posição de equilíbrio de longo período, mas que não tem nenhuma influência na determinação dessa posição (Eatwell e Milgate, 2011, p. 167). A utilização do método de longo período tem como consequência lógica inescapável tornar a moeda não essencial à análise econômica, eliminando assim qualquer traço de revolução paradigmática na obra de Keynes.

1.5 Economia Monetária de Produção: o Programa de Pesquisa da Escola Pós-Keynesiana

O conceito de economia monetária de produção, apresentado anteriormente, define, para pós-keynesianos, o programa de pesquisa dessa escola de pensamento. O termo *programa de pesquisa* é devido a Lakatos (1978), e definido como um conjunto de regras metodológicas que definem os caminhos de pesquisa que devem ser evitados e os caminhos que devem ser trilhados. Nesse contexto, o programa de pesquisa possui uma *heurística negativa*, a qual define um conjunto de proposições (o *núcleo duro* do programa) que não estão sujeitas ao critério de *falseabilidade* de Popper, ou seja, tidas como *irrefutáveis* por parte dos aderentes ao programa de pesquisa. No entorno desse núcleo de proposições são estabelecidas diversas hipóteses auxiliares, as quais devem ser testadas contra os fatos observados. Além da *heurística negativa* existe também uma *heurística positiva* que é constituída por um conjunto parcialmente articulado de sugestões de como mudar e desenvolver as *variantes refutáveis* do programa de pesquisa. Aqui incluímos uma cadeia de modelos cada vez mais sofisticados que simulam a realidade. Na formulação dos programas de pesquisa é de se esperar que algumas de suas variantes particulares (o *cinturão protetor*) sejam refutadas pelos testes empíricos. A função da *heurística positiva* é, portanto, de contornar esses problemas, definindo-se as regras que devem ser obedecidas na construção de novas variantes particulares do programa de pesquisa.

Nesse contexto, o programa de pesquisa pós-keynesiano consiste precisamente em desenvolver, **analiticamente**, a *visão de mundo* proposta por Keynes ao longo da sua Teoria Geral e demais escritos acadêmicos. Nas palavras de Carvalho (1992, p. 37-38, tradução do autor):

> Os pós-keynesianos têm como programa de pesquisa precisamente desenvolver uma nova visão, a de uma economia monetária. Este é o conceito unificador que organiza o paradigma pós-keynesiano e que permite superar a impressão muito comum [...] de que esta escola é mais unida pelos argumentos que refuta do que por princípios positivos da teoria em reconstrução.

A verbalização da *visão de mundo* de Keynes foi feita por Davidson (1984, 1994) e Carvalho (1992). Davidson (1984) apresentou três princípios — os quais denominou de *axiomas* — que seriam a codificação da visão de mundo de Keynes, a saber:

I. O ***princípio da não neutralidade da moeda***, segundo o qual "a moeda importa tanto no curto como no longo prazo. A moeda afeta o processo real de tomada de decisão e os resultados em termos de renda e de emprego. Em contraste, a análise clássica assume que a moeda é neutra e que, portanto, os resultados econômicos são determinados inteiramente por forças reais." (Davidson, 1994, p. 17).

II. O ***princípio da não ergodicidade*** dos processos econômicos, segundo o qual "o sistema econômico se encontra em movimento ao longo do tempo calendário a partir de um passado irrecuperável para um futuro estatisticamente imprevisível. Os dados de mercado, tanto passados como presentes, não necessariamente apresentam os sinais corretos a respeito dos resultados futuros. Isso significa, na linguagem dos estatísticos, que os dados econômicos não são necessariamente gerados por um processo estocástico ergódico." (Davidson, 1994, p. 17).

III. O ***princípio dos contratos monetários*** segundo o qual "os contratos denominados em moeda são uma instituição humana onipresente numa economia empresarial. A lei civil dos contratos evoluiu para ajudar os homens a organizarem de forma eficiente os processos de produção e de intercâmbio altamente demandadores de tempo num mundo de incerteza não ergódica. Em qualquer economia empresarial que utilize moeda, as decisões dos empresários no que dizem respeito às atividades de produção e de contratação [de insumos] dependem das expectativas de obtenção de receitas contratuais de vendas (entrada de caixa) em excesso aos custos contratuais de produção (saídas de caixa). Como o salário monetário fixado em contrato é a forma mais onipresente desses contratos indutores de eficiência, as economias modernas podem ser

> caracterizadas como sistemas baseados no sistema de contrato de salário monetário." (Davidson, 1994, p. 17).

A *axiomatização* de Davidson tem, contudo, um problema sério — ela toma como ponto de partida o resultado que pretende demonstrar, isto é, a não neutralidade da moeda. Essa deficiência é particularmente grave tendo em vista o fato de que a proposição fundamental de Keynes enquanto economista monetário é precisamente demonstrar a não neutralidade da moeda no longo prazo, em vez de assumi-la como autoevidente ou como um *fato da vida* (Carvalho, 1992, p. 42).

Além do problema mencionado acima, deve-se ressaltar que a utilização do assim chamado *método axiomático* exige que os axiomas possuam duas propriedades, a saber: (i) os axiomas devem ser pontos de partida cuja adequação não pode ser demonstrada, de forma que a única opção possível para o pesquisador seja aceitá-los ou rejeitá-los de imediato; (ii) os axiomas devem ser independentes uns dos outros, o que exige que o fenômeno em investigação seja redutível às suas partículas fundamentais, as quais não podem resultar da combinação de outros elementos (Carvalho, 1992, p. 40). Para que esta segunda propriedade seja válida é necessário que o objeto em estudo possa ser abordado de uma *perspectiva atomista*. Essa perspectiva certamente está ausente da obra de Keynes, haja vista que, mesmo na sua representação mais abstrata, a moeda e o sistema de contratos desempenham um papel essencial; dando assim ao objeto em análise uma *unidade orgânica*, o que o torna inepto de ser analisado pelo método axiomático (Carvalho, 1992, p. 41).

Carvalho (1992, 2020) apresentou uma verbalização diferente daquela apresentada por Davidson para a *visão de mundo* de Keynes. Essa verbalização resultou em seis princípios teóricos fundamentais que definem o conceito de *economia monetária de produção*. Esses princípios podem ser entendidos como o *núcleo duro do programa* de pesquisa pós-keynesiano, ou seja, aquele conjunto de proposições cuja veracidade não é objeto de investigação, sendo aceito como *verdade irrefutável* por todos aqueles que adotam o referido programa (Lakatos, 1978). Mais especificamente, os princípios propostos por Carvalho (1992, capítulo 3) são os seguintes:

1. ***Princípio da Temporariedade dos Processos Econômicos***, segundo o qual a produção é um processo que demanda tempo, de forma que a decisão de contratação dos insumos e fatores de produção deve ocorrer antes da venda da produção acabada no mercado. Daqui se segue que a decisão de produção e emprego deve ser tomada com base em expectativas a respeito da demanda futura pelos produtos da empresa.
2. ***Princípio da Não Ergodicidade dos Processos Econômicos***, segundo o qual os processos econômicos são não ergódicos, ou seja, a distribuição amostral das variáveis econômicas não converge para a distribuição da população (Davidson, 1988). Em termos econômicos, isso significa que as decisões econômicas são cruciais no sentido de Shackle, ou seja, são decisões que uma vez implementadas mudam as condições iniciais nas quais foram implementadas, fazendo com que o ambiente econômico seja não estacionário. Do ponto de vista epistemológico, a não ergodicidade implica que *o aprendizado é impossível*, ou seja, que os agentes econômicos não podem eliminar a incerteza que circunda o processo decisório por meio de um processo de *tentativa e erro* que resulte no "conhecimento de como o mundo funciona". Daqui se segue que a não ergodicidade é o fundamento da incerteza no sentido forte, isto é, a incerteza que não pode ser reduzida ao cálculo de probabilidades.
3. ***Princípio da Coordenação***, segundo o qual as economias capitalistas não possuem mecanismos de planejamento central por meio dos quais os planos dos agentes econômicos sejam previamente coordenados (como acontece nos modelos de equilíbrio geral walrasiano com a hipótese de *tatoonement).* Daqui se segue que as transações ocorrem, em geral, a *falsos preços*, ou seja, a preços que não são os de equilíbrio. Transações fora do equilíbrio geram perdas para uma parte dos agentes envolvidos com elas, produzindo *efeitos renda fortes*. Nesse contexto, os tomadores de decisão irão adotar comportamentos e desenvolver instituições que reduzam a incerteza e os efeitos de tais erros. Entre essas instituições destaca-se o *sistema de contratos em moeda*;

4. ***Princípio da Produção***, segundo o qual a produção é conduzida por firmas cujo objetivo é obter lucros que são definidos em termos monetários. Em outras palavras, uma firma não existe para gerar utilidade para os seus acionistas, mas unicamente para acumular dinheiro. O móvel da produção é o poder de comando sobre a riqueza social, o que significa que a firma busca a riqueza em sua forma mais geral, que é obtida em sua forma monetária;
5. ***Princípio da Estratégia Dominante***, segundo o qual existe uma assimetria entre os agentes econômicos no que se refere ao poder de tomada de decisão. Para Keynes (e pós-keynesianos) são as firmas que tomam as decisões fundamentais numa economia capitalista. Com efeito, tanto o nível de emprego como o nível de poupança dependem das decisões das firmas de produzir e investir;
6. ***Princípio das Propriedades da Moeda***, que está diretamente relacionado ao *princípio da coordenação*, no sentido de que Keynes afirmava que, para que um complexo sistema de contratos em moeda fosse viável, seria necessário que a moeda tivesse algumas propriedades para garantir sua sobrevivência. Estas propriedades se relacionam essencialmente às restrições quanto à sua criação pelos agentes. Para Keynes, a moeda em uma economia monetária de produção seria caracterizada por elasticidades de produção e substituição nulas ou negligenciáveis. Estas propriedades sustentariam a liquidez da moeda, isto é, sua capacidade de liquidar dívidas. Os atributos de liquidez da moeda garantem que, numa economia empresarial, a moeda jamais perderá o seu atributo de liquidez[10].

Ao longo dos próximos capítulos, apresentaremos a maneira pela qual os princípios que definem uma economia monetária de produção foram

[10] Sobre a relação entre as propriedades essenciais da moeda e a sua liquidez, Keynes (1936, p. 241) afirma que: "O atributo da liquidez não é de forma alguma independente dessas duas características [as elasticidades desprezíveis da produção e substituição]. Pois é improvável que um ativo, cuja oferta possa ser facilmente aumentada, ou cujo desejo possa ser facilmente desviado por uma mudança nos preços relativos, possua o atributo de liquidez na mente dos proprietários de riqueza. O dinheiro em si perde o atributo de liquidez se a sua oferta futura for esperada para sofrer mudanças bruscas".

utilizados por Keynes para a construção de um modelo formal no qual o sistema econômico pode operar em equilíbrio de curto período com desemprego involuntário da força de trabalho, devido à preferência pela liquidez resultante da percepção da incerteza que circunda o processo de tomada de decisão (produção e investimento) em economias monetárias. Como ficará claro ao longo desta obra, o trabalho de Keynes está longe de ser completo ou acabado. Existem tanto deficiências como questões em aberto no arcabouço teórico desenvolvido por Keynes em sua Teoria Geral. Algumas dessas deficiências e questões em aberto foram tratadas pelos autores pós-keynesianos como Hyman Minsky, Roy Harrod, Joan Robinson e Nickolas Kaldor. Mas ainda existe muito trabalho a ser feito. O programa de pesquisa pós-keynesiano ainda pode ser extensamente desenvolvido pelas gerações futuras. Este livro é, no fundo, uma sistematização do trabalho que já foi feito até o momento, e do que ainda falta ser feito.

02

O MERCADO DE TRABALHO E O PRINCÍPIO DA DEMANDA EFETIVA

2.1 Introdução

No capítulo anterior, vimos que no início da década de 1930, Keynes havia percebido a existência de uma anomalia na teoria neoclássica ou ortodoxa da sua época — a existência de uma elevada e persistente taxa de desemprego da força de trabalho. No manifesto intitulado *Can Lloyd George do It?*, Keynes constata que no Reino Unido, excetuando um breve período, em 1924, que antecedeu o retorno ao Padrão Ouro, a taxa de desemprego havia se situado em torno de 10% da força de trabalho por um período de 8 anos (Keynes, 1931b, p. 92). Tratava-se de um número persistentemente alto para o padrão de desemprego observado no Reino Unido até então.

Na teoria convencional, o desemprego da força de trabalho poderia ser friccional, ou seja, o desemprego que resulta do descasamento entre as vagas de emprego oferecidas pelas firmas e o perfil de habilidades dos trabalhadores desempregados, ou ainda do tempo necessário para que um trabalhador recentemente demitido consiga encontrar um posto de trabalho que seja similar em termos de horas trabalhadas e salário/hora ao seu último emprego. O desemprego também poderia ser voluntário, ou seja, resultante da recusa ou da incapacidade dos trabalhadores, devido à legislação trabalhista ou às práticas sociais, de aceitar o salário que as firmas estão dispostas a pagar (Keynes, 1936, p. 6). Esses dois tipos de desemprego, contudo, dificilmente podem explicar a ocorrência de um desemprego alto e persistente. Com efeito, o desemprego friccional pode ser rapidamente eliminado por programas de treinamento dos desempregados e por políticas que visem disseminar entre os trabalhadores mais informações sobre as vagas de emprego em aberto. O desemprego voluntário, por sua vez, não pode ser duradouro, pois os trabalhadores, geralmente, possuem um montante muito limitado de riqueza financeira para lhes permitir sobreviver muito tempo sem trabalhar, mesmo em países onde existe um amplo programa de seguro-desemprego. Isso porque, mesmo nos países nos quais os benefícios aos desempregados são mais generosos, a taxa de reposição, ou seja, a razão entre o valor do benefício dado ao desempregado e o seu último salário não chega a alcançar 40% (Eatwell e Milgate, 2011, p. 181).

Na Teoria Geral, Keynes cria um conceito novo de desemprego, o desemprego involuntário que resulta da escassez de postos de trabalho oferecidos pelas firmas, que decorre não de imperfeições no mercado de trabalho, mas da insuficiência de demanda efetiva pela produção das firmas. Nesse contexto, o volume máximo de emprego que as firmas estão dispostas a oferecer a um dado nível de salário real será menor do que o número de trabalhadores dispostos a trabalhar a esse nível de salário real. Mesmo que os trabalhadores estejam dispostos a oferecer seus serviços por um salário nominal mais baixo, as empresas não se mostrarão dispostas a contratá-los pois acreditam que a demanda esperada pelos seus produtos não justifica a contratação de trabalhadores adicionais. Dessa forma, a redução dos salários nominais será integralmente repassada para os preços, mantendo o salário real inalterado.

A inovação teórica do desemprego involuntário exigiu a elaboração de uma teoria da produção e do emprego da economia como um todo, a qual Keynes denominou de *Princípio da Demanda Efetiva*. A ideia fundamental é que a decisão das empresas com respeito ao volume de produção que realizarão e, por conseguinte, o volume de emprego que oferecerão depende, dada a estrutura de custos, da demanda esperada pela produção das firmas. Sendo assim, o nível de emprego não é determinado no mercado de trabalho, como ocorre na teoria ortodoxa, mas no mercado de bens. Um desemprego elevado e persistente da força de trabalho reflete um nível persistentemente baixo de demanda agregada pela produção das firmas.

2.2 O Mercado de Trabalho e o Desemprego Involuntário

Na teoria clássica, denominação usada por Keynes na Teoria Geral para agrupar Ricardo e seus seguidores — incluindo John Stuart Mill, Alfred Marshall,

Edgeworth e Arthur Pigou (Keynes, 1936, p. 3) — a moeda é vista como não essencial, de tal maneira que a recompensa desejada pelos fatores de produção pelos seus esforços no processo produtivo pode ser definida em termos de uma parcela pré-determinada da produção agregada de bens de todos os tipos produzidos por eles. Nesse contexto, a demanda e a oferta de cada fator de produção dependem do montante esperado de rendimento a ser obtido em termos de bens. O pagamento dos serviços dos fatores de produção pode ser feito tanto em dinheiro quanto em espécie, sem que isso afete a natureza da decisão de emprego dos fatores de produção (CWJMK, vol. XXIX, p. 76-77).

Numa *economia de salário real ou cooperativa*, uma unidade adicional de trabalho será empregada se o produto marginal do trabalho for maior do que a desutilidade marginal do emprego adicional. Em outras palavras, se a contribuição de um trabalhador adicional para o acréscimo da produção agregada for maior do que a perda de utilidade para o trabalhador decorrente do esforço exigido pelo acréscimo da quantidade produzida; então as firmas/trabalhadores estarão dispostos a empregar/ofertar uma unidade adicional de trabalho. As firmas aumentarão, portanto, o nível de produção e de emprego até o ponto em que o produto marginal do último trabalhador empregado for igual à desutilidade marginal do emprego. Este ponto corresponde ao *pleno emprego da força de trabalho.*

Numa economia empresarial[1], contudo, o processo de produção só terá início se as receitas monetárias esperadas pela venda da produção no mercado forem pelo menos equivalentes aos custos monetários que podem ser evitados ao não se iniciar esse processo. Nesse tipo de economia, o volume de emprego que equalizaria a produtividade marginal do trabalho com a desutilidade marginal do emprego pode não ser lucrativo em termos monetários. Isso porque não existe nenhum mecanismo que assegure que os rendimentos monetários obtidos pelos fatores de produção criarão uma demanda efetiva pela produção resultante do emprego desses fatores suficiente para absorver essa produção ao nível de preços requerido para cobrir a remuneração dos fatores de produção. Em outras palavras, numa economia empresarial, a oferta não cria a sua própria demanda, de tal forma que a *Lei de Say* não é válida.

---

1 Economia empresarial é um dos termos que Keynes usa para designar uma economia monetária de produção.

A não validade da Lei de Say numa economia empresarial é resultado de que os empresários não estão interessados no montante de bens que podem produzir, mas sim na quantidade de dinheiro que podem obter ao final do processo de produção. O emprego de fatores de produção para aumentar a quantidade produzida exige o desembolso de valores monetários. Dessa forma, a escolha que se impõe para o empresário é decidir entre empregar essa soma de recursos monetários no aumento da produção ou simplesmente não os empregar, mantendo-os na forma de liquidez imediata, ou seja, moeda. A moeda, portanto, deixa de ser uma forma temporária de manutenção de poder de compra entre uma transação de compra e venda; tornando-se o objetivo de todo o processo de produção. Parafraseando Karl Marx, os empresários têm como único interesse terminar o processo produtivo com mais dinheiro do que tinham no início (CWJMK, vol. XXIX, p. 81).

No capítulo 2 da Teoria Geral, Keynes apresenta a sua crítica à *Teoria Clássica do Emprego*, etapa preliminar à apresentação da sua própria teoria de determinação do nível de emprego por intermédio do Princípio da Demanda Efetiva. Segundo Keynes, a Teoria Clássica do Emprego se baseia em dois postulados fundamentais, a saber:

1. O salário real é igual à produtividade marginal do trabalho.
2. A utilidade do salário quando um certo nível de trabalho é empregado é igual à desutilidade marginal desse nível de emprego.

O primeiro postulado define a curva de demanda de trabalho, a qual numa economia em que prevalece a concorrência perfeita em todos os mercados e onde a produtividade marginal do trabalho é decrescente[2], apresenta uma relação inversa entre o salário real e a quantidade demandada de trabalho (figura 2.1). O segundo postulado, como lembra Asimakopoulos (1991, p.28), é um *postulado composto*. A primeira parte do segundo postulado

[2] Uma observação é necessária sobre o uso da lei dos rendimentos decrescentes por Keynes na Teoria Geral. Asimakopoulos (1991, p. 34) constata que os rendimentos decrescentes do trabalho no curto prazo são originados por dois mecanismos diferentes na Teoria Geral. O primeiro considera que os fatores de produção são homogêneos, e que os rendimentos decrescentes têm sua origem na mudança na proporção empregada dos fatores de produção. O segundo assume que o fator trabalho não é homogêneo e que um aumento do grau de utilização da capacidade produtiva envolve o emprego de trabalhadores menos eficientes (Keynes, 1936, p. 42, n. 1).

apresenta a curva de oferta de trabalho que relaciona o salário real à quantidade de trabalho que os trabalhadores desejam ofertar. Essa curva de oferta de trabalho é deduzida de um problema de maximização de utilidade, na qual os trabalhadores devem decidir quanto de sua dotação de tempo devem alocar entre trabalho e lazer; tendo em conta que, embora o trabalho gere uma perda de satisfação, pois significa menos tempo dedicado ao lazer, ele permite a obtenção de uma renda salarial que poderá ser utilizada para a compra de bens de consumo que geram satisfação para o trabalhador. A segunda parte do segundo postulado estabelece que os trabalhadores operarão continuamente na curva de oferta de trabalho, ou seja, o volume de emprego será aquele indicado por essa curva de oferta.

Figura 2.1 Demanda e oferta de trabalho na Teoria Clássica

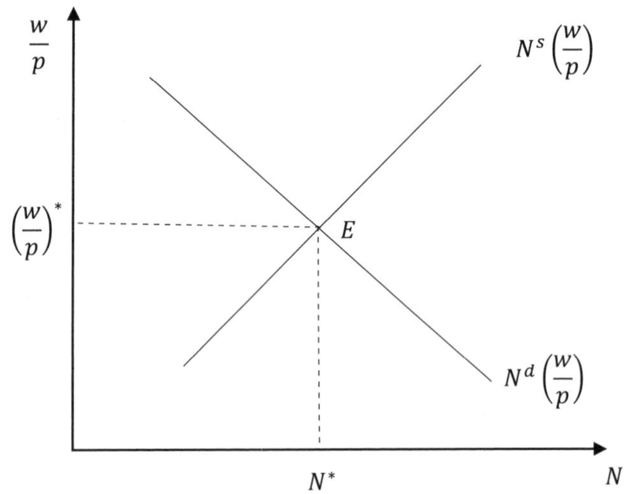

Fonte: Elaboração do autor.

Onde: N é o nível de emprego (medido em número de trabalhadores)[3], $\frac{w}{p}$ é o salário real, ou seja, o salário nominal deflacionado pelo índice de preços ao consumidor; $N^d\left(\frac{w}{p}\right)$ é a demanda de trabalho; $N^s\left(\frac{w}{p}\right)$ é a oferta

[3] Ao longo deste capítulo e de todo o livro iremos supor que a jornada de trabalho padrão é de 8 horas por dia e 40 horas por semana, não sendo possível ao trabalhador ofertar um número de horas de trabalho menor do que o estabelecido por lei ou convenção. Dessa forma, o emprego de equilíbrio pode ser compatível com o desemprego voluntário da força de trabalho se, ao salário de mercado, alguns trabalhadores desejarem ofertar menos do que 8 horas de trabalho/dia ou 40 horas de trabalho/semana.

de trabalho, N^* é o nível de emprego de equilíbrio; $\left(\frac{w}{p}\right)^*$ é o salário real de equilíbrio.

No ponto E da figura 2.1, a quantidade ofertada de trabalho é igual à quantidade demandada de trabalho, ou seja, ao salário de mercado $\left(\frac{w}{p}\right)^*$ — todos os trabalhadores que desejam trabalhar encontram postos de trabalho disponíveis. Não há, portanto, desemprego involuntário. Devemos observar também que, no ponto E, a produtividade marginal do trabalho é igual à desutilidade marginal do emprego oferecido. Trata-se, portanto, de um modelo de mercado de trabalho para uma economia de salário real ou cooperativa, na qual *a moeda não é essencial e a Lei de Say é válida*.

Antes de passarmos para as críticas de Keynes à Teoria Clássica do Emprego, algumas observações são necessárias. Em primeiro lugar, Keynes supõe uma economia empresarial ou uma economia monetária de produção na qual a produção é organizada por intermédio de um sistema de contratos em moeda. Esses contratos abrangem a compra de insumos e produtos intermediários, a contratação de trabalhadores e a obtenção dos recursos financeiros necessários para o início do processo de produção. Como a produção é um processo que demanda tempo, em que a contratação de insumos, trabalhadores e capital de giro antecede temporalmente a venda da produção no mercado, os contratos serão necessariamente contratos a termo, ou seja, contratos nos quais a entrega de um produto ou serviço, e o pagamento devido pela entrega, são feitos em pontos diferentes no tempo. No que se refere ao contrato de trabalho, nas negociações entre empresários e trabalhadores define-se o salário nominal ou monetário que prevalecerá ao longo do período de vigência do contrato. Isso não significa que o salário nominal seja rígido, mas apenas que, durante o período de vigência do contrato, ele não pode ser alterado. O contrato de trabalho define também a duração diária e semanal de jornada de trabalho, os períodos de descanso, folga e férias remuneradas etc.

A segunda observação refere-se à natureza do mercado de trabalho. Embora Keynes se refira ao mercado de trabalho em termos agregados, sua análise deixa claro que, na sua concepção, o mercado de trabalho é um conjunto heterogêneo de vários mercados de trabalho (Asimakopoulos, 1991, p. 30). Essa heterogeneidade pode ser o resultado da existência de custos para a livre movimentação de trabalhadores entre setores de atividade econômica ou entre regiões dentro de um mesmo espaço nacional[4]. Esses custos impedem ou dificultam a prevalência de um único salário monetário para o mercado de trabalho como um todo. Dessa forma, teremos uma *estrutura de salários monetários* em vez de um único salário para todo o mercado de trabalho. Nesse contexto, o poder de barganha dos trabalhadores em cada um desses mercados de trabalho depende do salário monetário pago nos demais mercados de trabalho, ou seja, os trabalhadores irão se interessar pelo salário monetário que podem obter relativamente ao salário monetário recebido pelos trabalhadores de outros setores e/ou regiões.

Uma terceira observação, de fundamental importância, é que Keynes considera uma economia na qual exista um sistema amplamente desenvolvido de seguro-desemprego. Isso porque, na ausência desse sistema, os trabalhadores (involuntariamente) desempregados não teriam alternativa do que migrar para atividades de subsistência para não morrer de fome. Como as atividades de subsistência são, em geral, de produtividade mais baixa do que a produtividade das atividades exercidas anteriormente pelos desempregados, segue-se que o *desemprego involuntário* seria substituído pelo *desemprego disfarçado*, o qual foi definido por Joan Robinson (1937) nos seguintes termos:

> Numa sociedade em que não existe um sistema regular de seguro-desemprego, e em que a assistência social é inexistente ou "menos elegível" do que quase qualquer alternativa que não seja o suicídio, um homem desempregado arruma um jeito de ganhar a vida de uma forma ou de outra por meio de seu próprio esforço. E em qualquer sistema em que a ociosidade completa não seja uma condição legal para receber o seguro-desemprego, um homem que não consegue encontrar um emprego regular empregará naturalmente seu tempo tão normalmente quanto puder. Assim, salvo em condições peculiares, um declínio da procura efetiva que reduza a quantidade de emprego oferecido no funcionamento geral das indústrias não conduzirá ao desemprego no sentido de completa ociosidade, mas antes empurrará os trabalhadores para uma série de ocupações — vendendo caixas de fósforos nas esquinas, cortando madeira nas selvas, plantando batatas em loteamentos — que ainda estejam

[4] Esses custos incluem diferenciais no custo de vida entre as diversas regiões de um país, laços familiares, culturais e religiosos que tornem a movimentação do trabalho custosa entre regiões, diferenciais de habilidade e/ou disciplina de trabalho entre ocupações situadas em setores de atividade diferentes, entre outros.

> disponíveis para eles. Um declínio de um tipo de emprego conduz a um aumento de outro tipo e, à primeira vista, pode parecer que, nesse caso, uma diminuição da demanda efetiva não causa desemprego. Mas a questão tem de ser analisada mais de perto. Em todas as ocupações que os trabalhadores demitidos estejam, sua produtividade é menor do que nas ocupações que deixaram. Pois, se assim não fosse, já teriam se engajado. O salário recebido por um homem que permanece empregado em uma determinada indústria mede a produtividade física marginal de um homem semelhante que foi despedido dela, e se este pudesse encontrar uma ocupação que lhe rendesse um retorno melhor, não teria esperado a demissão para assumi-la. Assim, um declínio na demanda pela produção geral das indústrias leva a um desvio de mão de obra, de ocupações em que a produtividade é maior para outras em que é menor. A causa desse desvio, uma queda na demanda efetiva, é exatamente a mesma causa do desemprego em sentido comum, e é natural descrever a adoção de ocupações inferiores por trabalhadores demitidos como *desemprego disfarçado* (1937, p. 83-84).

No capítulo 2 de sua Teoria Geral, Keynes apresenta duas críticas à Teoria Clássica do Emprego. A primeira, que ele denomina de *crítica teoricamente não fundamental*, está relacionada com a heterogeneidade do mercado de trabalho e com a existência de uma *estrutura de salários monetários* em vez da equalização do salário monetário em todas as regiões e setores de atividade econômica. A segunda crítica, denominada de *teoricamente fundamental,* está relacionada com a diferenciação, exposta no início desta seção entre uma economia de salário real ou cooperativa e uma economia empresarial ou economia monetária de produção.

De acordo com a crítica teoricamente não fundamental, os trabalhadores resistem a uma redução dos salários reais que tenha origem numa redução dos salários monetários, reduzindo assim a oferta de trabalho; mas não resistem a uma redução do salário real que tenha sido gerada por um aumento do índice de preços ao consumidor (Keynes, 1936, p. 8). Dessa forma, a função oferta de trabalho tem como argumento não apenas o nível de salário real, mas também um nível mínimo de salário monetário abaixo do qual os trabalhadores não aceitam trabalhar. A introdução de uma variável dependente adicional na função oferta de trabalho faz com que a Teoria Clássica do Emprego se torne indeterminada, ou seja, apresente um número maior de incógnitas do que de equações (Ibid., p. 8).

À primeira vista, esse argumento de Keynes pode parecer indicar a existência de *ilusão monetária* por parte dos trabalhadores, mas tal impressão é incorreta. A resistência dos trabalhadores em aceitar uma redução do salário monetário deve-se à *mobilidade imperfeita do trabalho*, de tal forma que uma redução do salário monetário por um grupo de trabalhadores significará uma redução do seu salário monetário, relativamente aos demais grupos de trabalhadores (Keynes, 1936, p. 14), o que resultará numa redução da sua utilidade, no caso em que ela dependa não apenas do salário real, mas também da estrutura de salários relativos (Blinder, 1988).

A crítica teoricamente fundamental se concentra sobre a segunda parte do segundo postulado da Teoria Clássica do Emprego. Para que os trabalhadores estejam continuamente operando sobre a curva de oferta de trabalho, é necessário que sejam capazes, nas negociações salariais com as empresas, de reduzir o salário real ao nível requerido para colocá-los sobre a função oferta de trabalho por intermédio de uma redução do salário monetário. Numa economia de salário real ou cooperativa, não há maiores obstáculos para isso, seja porque os trabalhadores são pagos em espécie, de tal forma que as negociações salariais sejam feitas com base na quantidade de bens que os trabalhadores desejam receber pelo pagamento de seus serviços; ou, no caso em que os trabalhadores são pagos em dinheiro, porque existe algum mecanismo de coordenação que garante que as reduções dos salários monetários sejam transformadas em reduções dos salários reais, de tal forma que o pagamento dos serviços dos trabalhadores em moeda não altera a essência das negociações salariais.

Numa economia empresarial, contudo, uma redução dos salários monetários gerará uma redução exatamente proporcional no custo marginal de produção das empresas, o que, num contexto de concorrência perfeita, se traduzirá numa redução em igual magnitude dos preços dos bens produzidos pelas firmas. Dessa forma, o salário real permanecerá constante. Os trabalhadores são, portanto, impotentes para determinar o nível de salário real nas suas negociações salariais com as empresas. Nas palavras de Keynes:

> Pois não pode haver nenhum método disponível para o trabalho como um todo que possa colocar o equivalente salarial do nível geral de salários-dinheiro em conformidade com a desutilidade marginal do nível atual de emprego. Pode não existir nenhum expediente pelo qual o

> trabalho como um todo possa reduzir seu salário real a um determinado valor revisando os valores monetários barganhas salariais com os empresários (Keynes, 1936, p. 13).

Se o salário real não pode ser alterado por uma revisão do salário nominal, então a relação de causalidade entre salário real e demanda de trabalho, suposta pela *Teoria Clássica do Emprego*, perde o seu significado. Com efeito, o primeiro postulado da Teoria Clássica é usualmente interpretado como estabelecendo a existência de uma relação inversa entre o nível de salário real e a quantidade de trabalho demandada pelas firmas, na qual a causalidade vai do salário real para a quantidade demandada de trabalhadores. Keynes não nega a existência de uma correlação negativa entre as duas variáveis, mas nega qualquer relação de causalidade do nível de salário real com respeito ao nível de emprego numa economia empresarial. Nas suas palavras:

> Em um sistema empresarial livre para se afastar da neutralidade, podemos descobrir empiricamente uma correlação entre emprego e salário real. Mas isso ocorrerá não porque um causa o outro, mas porque ambos são consequências da mesma causa (CWJMK, vol. XXIX, p. 100).

A partir dessa discussão podemos concluir que o nível de emprego não é determinado no mercado de trabalho. A função de demanda de trabalho da Teoria Clássica pode unicamente determinar o nível de salário real dado o nível de emprego, determinado em outro lugar dentro do sistema. Como veremos na próxima seção, o nível de emprego é determinado no mercado de bens: as firmas contratarão o número de trabalhadores necessários para produzir a quantidade de bens que esperam ser capazes de vender no mercado a um preço que cubra o custo unitário de produção, o qual inclui a remuneração *normal* do capital. A única variável determinada nas negociações entre trabalhadores e empresários é o nível de salário monetário que prevalecerá durante o período de vigência dos contratos de trabalho e, dessa forma, a estrutura de salários monetários da economia.

Podemos agora apresentar uma definição precisa do conceito de desemprego involuntário. Keynes define o desemprego involuntário da seguinte forma:

> Os homens estão involuntariamente desempregados se, no caso de um pequeno aumento do preço dos bens assalariados em relação ao salário-monetário, tanto a oferta agregada de mão de obra disposta a trabalhar pelo salário-monetário atual quanto a demanda agregada por ele a esse salário seriam maiores do que o volume de emprego existente (Keynes, 1936, p. 15).

O entendimento dessa definição pode ser facilitado por intermédio da figura 2.2 a seguir.

Figura 2.2 Desemprego involuntário numa economia empresarial

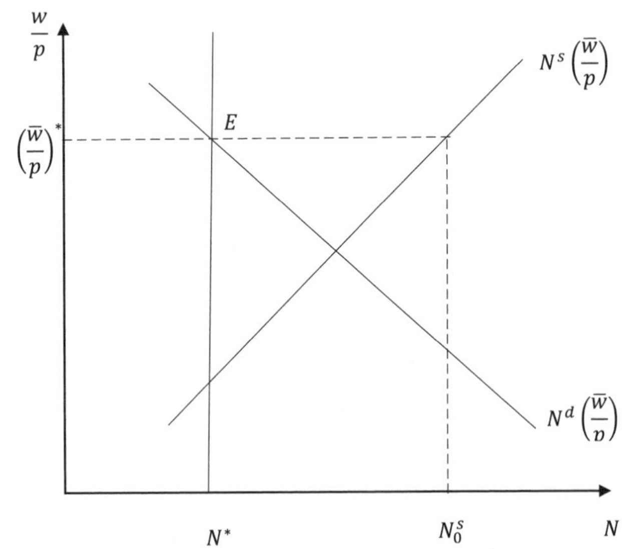

Fonte: Elaboração do autor.

Na figura 2.2, o nível de emprego efetivo da economia é dado por N^*. A esse nível de emprego, o salário real compatível com a produtividade marginal do trabalho é dado por $\left(\frac{\overline{w}}{p}\right)^*$. A esse nível de salário real existem trabalhadores dispostos a trabalhar, um número muito superior ao de vagas disponíveis. A diferença $(N_0^s - N^*) > 0$ consiste nos trabalhadores que estão involuntariamente desempregados. Observe que, dado o salário monetário negociado entre empresas e trabalhadores, um pequeno aumento do índice de preços ao consumidor, ou seja, um aumento de p, levaria a uma pequena redução da oferta de trabalho, mas manteria uma diferença positiva entre a oferta de trabalho e o nível de emprego efetivamente oferecido pelas empresas. Esse desemprego é, por sua vez, de natureza persistente porque, dada a existência de um amplo programa de seguro-desemprego, os trabalhadores desempregados não são compelidos a migrar para o setor de subsistência para evitar morrer de fome. Nesse contexto, as reformas trabalhistas com foco na "flexibilização" da legislação de proteção do emprego, realizadas em muitos países de renda alta nos últimos 30 anos, como estratégia de política econômica para reduzir as estatísticas oficiais de desemprego, podem estar apenas substituindo o desemprego involuntário pelo desemprego disfarçado.

Ferreiro e Gomez (2021), ao analisarem os efeitos de mudanças na legislação de proteção do emprego (*Employment Protection Legislation* em inglês, doravante EPL), em 21 países da União Europeia no período de 2008–2012 não encontraram evidências de que flexibilizações na EPL tenham tido impacto estatisticamente significativo sobre o crescimento do emprego nesses países, controlando-se uma série de variáveis como, por exemplo, o nível de atividade econômica.

O comportamento da taxa de desemprego em sete países de renda alta[5] no período 1991–2022 é apresentado na figura 2.3 a seguir.

Figura 2.3 Evolução da taxa de desemprego nos países de renda alta (1991-2022)

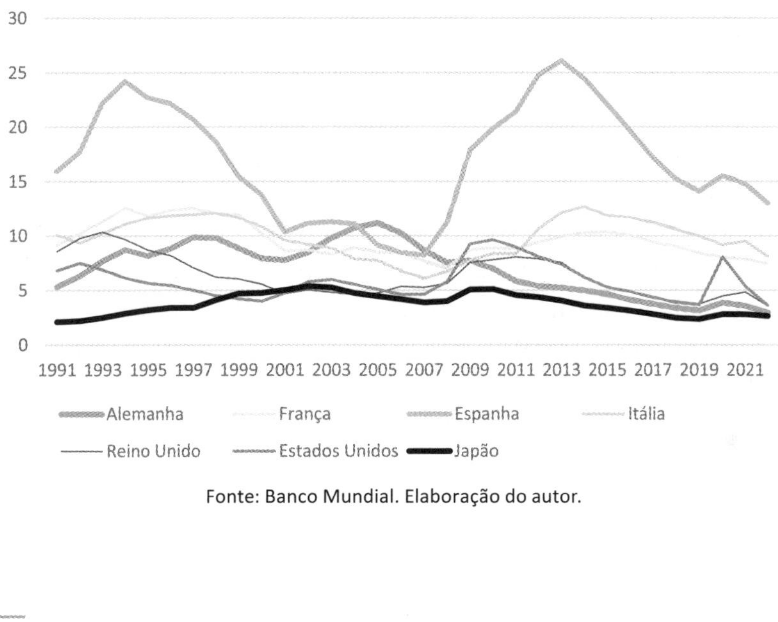

Fonte: Banco Mundial. Elaboração do autor.

[5] Alemanha, Espanha, Estados Unidos, França, Itália, Japão e Reino Unido.

Se desconsiderarmos o caso da Espanha, país que apresenta um nível patologicamente elevado de desemprego, e com enorme variação ao longo do período, podemos detectar três performances distintas no comportamento da taxa de desemprego.

O primeiro caso corresponde ao da economia alemã, que apresentou uma tendência clara de aumento da taxa de desemprego entre 1991 e 2005, e a partir disso uma tendência de redução consistente, até um patamar inferior a 3% da força de trabalho em 2022, o qual poderíamos classificar como pleno emprego. O segundo caso corresponde ao das economias da França e da Itália, que apresentam flutuações da taxa de desemprego em torno de uma média de longo prazo de 9,5% a 10% da força de trabalho. O terceiro caso corresponde ao caso das economias dos Estados Unidos, do Japão e do Reino Unido, que apresentaram pequenas flutuações da taxa de desemprego ao longo desse período, mas em torno de uma média de longo prazo baixa na comparação com as economias da França e da Espanha. Nesse grupo de países, o Japão tem claramente a menor taxa média de desemprego, com um desemprego de longo prazo de 3,72% da força de trabalho, ao passo que os Estados Unidos e o Reino Unido têm um desemprego de longo prazo de 5,83% e 6,25% da força de trabalho, respectivamente.

As diferenças observadas nas taxas de desemprego entre os países de renda alta podem, na verdade, refletir diferenças não entre as taxas totais de desemprego, mas na composição do desemprego entre desemprego involuntário e desemprego disfarçado. Com efeito, segundo dados apresentados por Eatwell e Milgate (2011, p. 181) para os países de renda alta em 1991, a taxa de reposição do seguro-desemprego era muito mais alta em países como Alemanha e França do que Japão, Estados Unidos e Reino Unido. Ainda que possam ter ocorrido mudanças na taxa de reposição no período 1991–2022 nesse grupo de países, não há como negar que os desempregados têm uma maior proteção nos países da Europa continental do que nos Estados Unidos e no Reino Unido, o que permite aos desempregados continuarem buscando emprego nas atividades modernas em vez de serem obrigados a migrar para o setor de subsistência.

2.3 O Princípio da Demanda Efetiva e o Equilíbrio de Curto Período

No capítulo 3 da *Teoria Geral*, Keynes apresenta a sua *Teoria da Determinação do Nível de Produção e de Emprego* da economia como um todo, a qual seria a contribuição fundamental de seu novo livro, conforme se atesta no prefácio a edição alemã datada de 7 de setembro de 1936. Essa teoria, que foi denominada de *Princípio da Demanda Efetiva* (doravante PDE) está baseada nas seguintes premissas (Amadeo, 1989):

1. As firmas atuam em mercados nos quais prevalece a *concorrência perfeita*, sendo assim *tomadoras de preço*. Dessa forma, não há nenhum tipo de diferenciação de produtos e os mercados são caracterizados pela atomização dos produtores.
2. A produção é um processo que se desenvolve no tempo calendário, ou seja, as firmas decidem quanto vão produzir antes de conhecerem a demanda pelos seus produtos. Dessa forma, as firmas devem formular expectativas sobre o preço pelo qual serão capazes de vender a sua produção acabada no mercado. Essas expectativas são denominadas por Keynes de *expectativas de curto período*.
3. As firmas determinam o nível de produção e de emprego de forma a maximizar os seus lucros esperados.

Dadas essas premissas, podemos definir a *função de demanda agregada* como sendo a função que relaciona a receita que as firmas, no seu conjunto, esperam obter pela venda de cada volume possível de produção no mercado com o nível de emprego correspondente a esse volume produzido. A função de demanda agregada tem dois componentes fundamentais: i) o preço pelo qual a firma espera ser capaz de vender cada unidade produzida no mercado; ii) a função que relaciona a quantidade produzida com o nível de emprego requerido para a obtenção dessa produção.

Com efeito, dadas as expectativas das firmas quanto ao preço que elas esperam obter pela venda de sua produção acabada no mercado, a receita esperada total pode ser obtida pela multiplicação do nível realizado de produção com o preço esperado. Sabendo que a quantidade produzida é uma função da quantidade de trabalho empregada, pode-se construir uma função que relaciona a receita total esperada pelas firmas com o nível de emprego por elas oferecido. Essa função estabelece que, para um dado nível esperado de preços, a receita total esperada pelas empresas é uma função crescente do nível de emprego. Essa relação é um simples reflexo de que em mercados nos quais prevalece a concorrência perfeita, as firmas podem vender quaisquer quantidades ao preço de mercado (Dutt, 1992, p. 206–207).

Sendo assim, a *função de demanda agregada* pode ser expressa por intermédio da seguinte equação:

$$D(N) = P^e F(N) \tag{2.1}$$

Onde: P^e é o preço de venda esperado pelas firmas; *F(N)* é a função que relaciona o nível de produção com o emprego requerido para a obtenção dele.

A função de demanda agregada, tal como definida por Keynes no capítulo 3 da Teoria Geral, tem inclinação positiva (figura 2.4), sendo que sua posição é determinada pelas expectativas das firmas quanto ao preço que podem obter pela venda de sua produção acabada no mercado. Se essas expectativas mudarem, então a posição da função de demanda agregada também mudará.

A curvatura da função de demanda agregada está condicionada pelo fato de que, no curto prazo, a firma opera com rendimentos marginais decrescentes; de forma que aumentando o nível de emprego, a receita total esperada — dadas as expectativas das firmas quanto ao preço de venda de seus produtos — também aumentará, só que em menor proporção.

Figura 2.4 Curva de demanda agregada

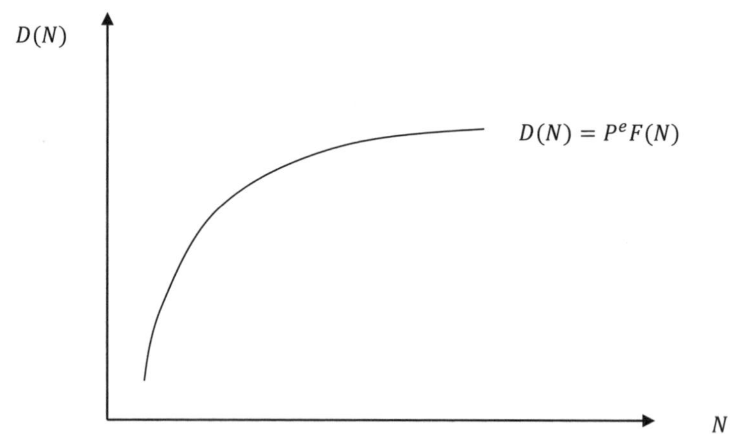

Fonte: Elaboração do autor.

Deve-se ressaltar, contudo, que a hipótese de rendimentos marginais decrescentes, no modelo desenvolvido por Keynes no capítulo 3 da Teoria Geral, não se fundamenta na *lei das proporções variáveis*, tal como ocorre nos modelos neoclássicos (Amadeo, 1982). Na construção da função de demanda agregada, assumimos a existência de rendimentos decrescentes, pois à medida que as firmas contratam mais trabalhadores, as máquinas e os homens empregados na margem são menos eficientes. Isso decorre, portanto, da hipótese implícita de que *capital e trabalho não são fatores de produção homogêneos*; ou seja, o estoque de capital é composto por safras de máquinas produzidas em pontos diferentes do tempo, possuindo assim níveis diferentes de *obsolescência tecnológica*, e a força de trabalho é também composta por trabalhadores que possuem níveis diferenciados de qualificação.

Dados os salários nominais, a técnica de produção e o estoque de capital das empresas, podemos definir a assim chamada *função de oferta agregada* como sendo a função que relaciona o nível de emprego com a receita exatamente suficiente para induzir os empresários a oferecer o dito nível de emprego. Em outras palavras, em cada ponto da função de oferta agregada, as firmas maximizarão os seus lucros.

A construção da função de oferta agregada pode ser feita da seguinte forma (Chick, 1983, p. 66):

Firmas maximizadoras de lucro que atuam em mercados nos quais prevalece a concorrência perfeita expandirão o nível de produção até o ponto em que o custo marginal de produção seja igual ao preço, ou seja:

$$\frac{W}{F'(N)} = P \tag{2.2}$$

Onde: W é a taxa nominal de salários, $F'(N)$ é o produto marginal do trabalho, P é o preço de venda no mercado.

Multiplicando-se ambos os lados de (2.2) pelo nível de produção Q, obtemos:

$$\left(\frac{W}{F'(N)}\right) Q = PQ \equiv Z \tag{2.3}$$

Onde: Z é a receita mínima necessária para induzir os empresários a oferecerem o volume de emprego N.

Definindo $A = \frac{Q}{N}$ como o produto médio do trabalho e substituindo essa variável na equação (2.3), obtemos finalmente que:

$$\left(\frac{W}{F'(N)}A\right)N = Z(N) \quad \textbf{(2.4)}$$

A equação (2.4) apresenta o formato final da função de oferta agregada.

A função de oferta agregada será representada por uma curva positivamente inclinada, uma vez que os empresários só estarão dispostos a oferecer um volume maior de emprego se puderem obter um volume maior de receita e de lucros do que o obtido com o nível corrente de emprego. A posição da curva de oferta agregada é determinada pelo nível dos salários nominais. Nesse contexto, uma elevação dos salários nominais resultará num aumento da receita mínima necessária para as empresas oferecerem cada nível possível de emprego.

A visualização da função de oferta agregada pode ser feita por intermédio da figura 2.5 a seguir.

Figura 2.5 Curva de oferta agregada

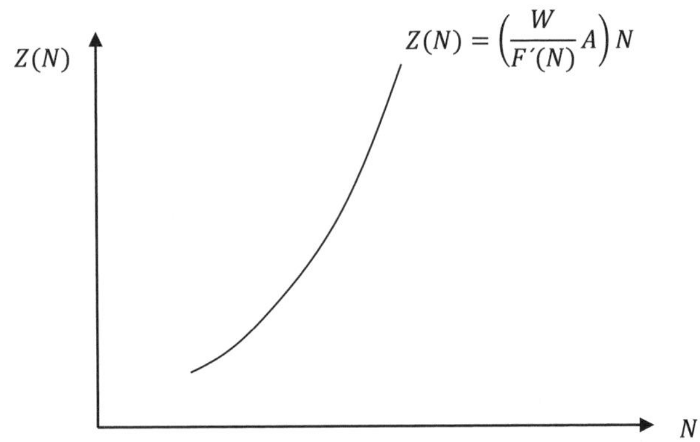

Fonte: Elaboração do autor.

O nível de emprego efetivamente oferecido pelas firmas é determinado no ponto em que as funções de demanda e de oferta agregada se interceptam, ou seja, no ponto em que D(N) se iguala a Z(N). Esse ponto foi denominado por Keynes de *ponto de demanda efetiva*.

A visualização do ponto de demanda efetiva pode ser feita por intermédio da figura 2.6 a seguir.

Figura 2.6 O ponto de demanda efetiva

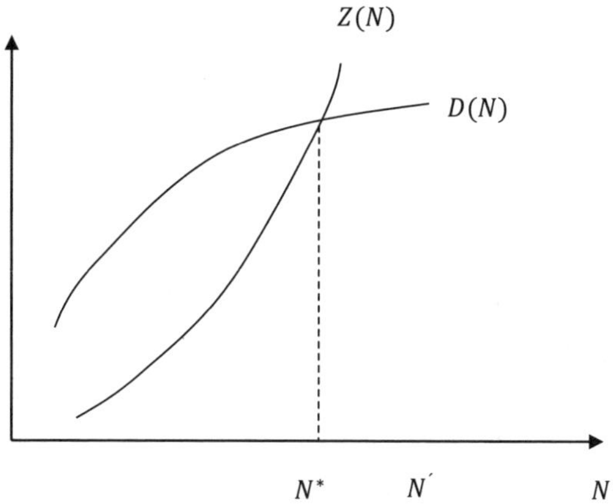

Fonte: Elaboração do autor.

Na figura 2.6, N^* é o nível de emprego que as firmas estarão dispostas a oferecer, dadas as suas expectativas quanto ao preço pelo qual serão capazes de vender a sua produção acabada no mercado, dado o nível de salário nominal e as condições técnicas de produção. Se o nível de emprego oferecido pelas firmas for superior a N^* (por exemplo, N'), então a receita esperada pelas firmas como resultado desse novo nível de emprego será *menor* do que a receita mínima necessária para as firmas se sentirem estimuladas a oferecer esse nível de emprego. Nesse caso, as firmas não maximizarão seus lucros.

O chamado *ponto de demanda efetiva* corresponde apenas à receita que as firmas esperam obter da venda da produção, por elas decididas, no mercado. Dessa forma, convém distinguir entre os resultados esperados pelas firmas — o ponto de demanda efetiva — e os resultados efetivamente observados — a demanda realizada. Numa economia na qual prevalece a *plena verticalização das atividades produtivas* — ou seja, cada firma existente na economia controla todas as etapas da cadeia produtiva, desde a obtenção das matérias-primas até a venda do produto no mercado — a receita que as firmas efetivamente obtêm pela venda de sua produção no mercado é igual ao volume de gastos com a compra de bens e serviços finais pelos agentes econômicos. Supondo-se também uma economia fechada e sem governo, o volume de gastos com a compra de bens e serviços finais será constituído pelos gastos de consumo das famílias e de investimento das firmas.

O que acontece se as expectativas das firmas não se realizarem, ou seja, se a receita realizada for diferente da receita esperada? Como a quantidade produzida foi definida no início do período de produção, ela é um dado para a empresa quando essa produção é posta à venda no mercado. Se a receita proveniente das vendas dessa produção for menor do que a receita que as empresas esperavam obter, então as firmas serão obrigadas a vender a sua produção a um preço *mais baixo* do que aquele que haviam antecipado no início do período de produção[6]. Isso fará com que, no início do próximo período de produção, as firmas sejam levadas a revisar para baixo as suas expectativas quanto ao preço pelo qual podem vender a sua produção acabada no mercado; dando início assim a um processo de *tentativa e erro* pelo qual eventualmente pode ser alcançada uma posição de *equilíbrio de curto período*, ou seja, uma situação na qual as expectativas de receita das empresas serão confirmadas pelos resultados efetivamente realizados (CWJMK, vol. XIV, p. 182).

A questão fundamental levantada por Keynes é que não há nenhum motivo pelo qual a posição de equilíbrio de curto período seja caracterizada pelo pleno emprego da força de trabalho, ou seja, por uma situação tal que todos os trabalhadores dispostos a trabalhar ao nível de salário real prevalecente no mercado conseguirão encontrar emprego a esse mesmo salário.

Para demonstrar a validade dessa afirmação, suponhamos, tal como Keynes supôs implicitamente no capítulo 5 da Teoria Geral, que os empresários acertam continuamente as suas expectativas a respeito do preço pelo qual podem vender a sua produção acabada no mercado. Nesse contexto, não haverá nenhuma distinção entre as receitas esperadas e as receitas realizadas, e o ponto de demanda efetiva será, assim, um *equilíbrio de curto período*.

O nível de emprego determinado no ponto de demanda efetiva implica, dadas as condições técnicas de produção e a taxa de salário nominal, numa dada taxa de salário real, uma vez que se as firmas maximizam lucro, é verdade que: $\frac{\bar{w}}{p} = F'(N^*)$. A essa taxa de salário real, como podemos visualizar na figura 2.7 a seguir, a quantidade de trabalho que está sendo oferecida a essa taxa de salário real pode ser maior do que o nível de emprego efetivo.

[6] Ao contrário das interpretações convencionais da teoria do emprego de Keynes, na Teoria Geral os preços são flexíveis, ajustando-se instantaneamente para "esvaziar" os mercados de bens, ou seja, para que a produção realizada ao longo do período de produção seja totalmente vendida ao final do curto período (Amadeo, 1989, p. 21).

O desemprego resultante desse descasamento entre oferta e demanda de trabalho é essencialmente *involuntário*, uma vez que ocorre num contexto em que existem mais trabalhadores querendo trabalhar pelo salário que as firmas estão dispostas a pagar do que vagas de trabalho disponíveis. Mesmo que os trabalhadores estejam dispostos a aceitar uma redução em seus *salários nominais* em troca de um volume maior de emprego, as empresas só estarão dispostas a oferecer esse emprego adicional se estiverem confiantes de que haverá um aumento suficiente das vendas e das receitas que torne *lucrativa* essa expansão do emprego. Do contrário, as firmas continuarão oferecendo o mesmo nível de emprego N^*, e o único efeito de uma redução dos salários nominais será uma queda exatamente proporcional do nível de preços, deixando inalterado o nível de salário real (Solow, 1979, p.343).

Figura 2.7 Determinação do nível de emprego de curto período

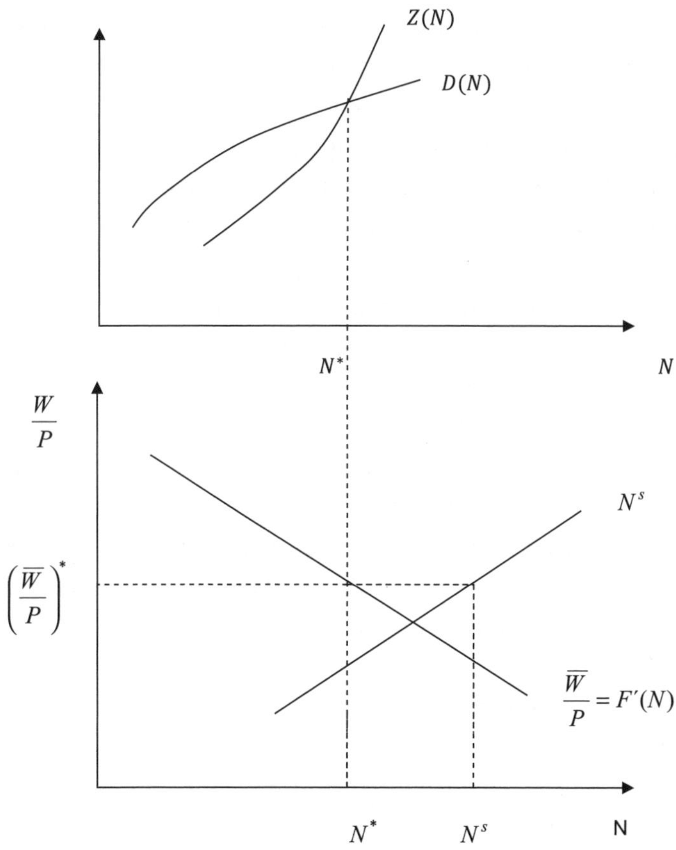

Fonte: Elaboração do autor.

Na figura 2.7, o nível de emprego de equilíbrio de curto período é determinado pela intercessão entre as funções de demanda e de oferta agregada. Uma vez determinado o nível de emprego, a função da curva de produtividade marginal do trabalho (apresentada no gráfico inferior da figura anterior) é o de determinar o nível de salário real compatível com esse nível de emprego. A esse nível de salário real existem N^s trabalhadores dispostos a trabalhar, mas apenas N^* empregos disponíveis. Dessa forma, um contingente de trabalhadores igual a $N^s - N^*$ não consegue encontrar emprego ao salário real vigente no mercado de trabalho. Deve-se enfatizar a natureza estritamente involuntária desse desemprego, uma vez que o problema não decorre de uma recusa desses indivíduos em aceitar trabalho ao salário de mercado. Eles estão dispostos a aceitar esse salário. O problema é que as firmas estão oferecendo menos postos de trabalho do que o necessário para empregar todos aqueles indivíduos dispostos a trabalhar ao salário de mercado.

A função de demanda agregada pode ser decomposta em duas partes. Uma primeira parte que Keynes denominou de D_1, que relaciona o nível de renda (e emprego) com o dispêndio esperado em consumo por parte das famílias. Essa relação dependerá daquilo que Keynes denominou de *propensão a consumir*, a qual analisaremos com mais detalhes no próximo capítulo. Por ora o que importa saber a respeito da *propensão a consumir* é que ela representa *as características psicológicas ou comportamentais* de uma sociedade, segundo as quais, à medida que o emprego e a renda crescem, o dispêndio planejado em consumo por parte das famílias também cresce, porém menos que proporcionalmente (Keynes, 1936, p. 28-29).

A segunda parte, que Keynes denominou D_2, consiste no montante de gastos com a aquisição de bens de capital que os empresários desejam realizar no curto período. Esses gastos planejados com investimento não guardam nenhuma relação direta com o nível corrente de produção e emprego, mas dependem do *estado de expectativas de longo período* dos empresários, ou seja, do fluxo de rendimentos monetários que os empresários esperam obter pelo uso do equipamento de capital que planejam adquirir ao longo de todo o período de vida útil desse equipamento. O estado de expectativas de longo período engloba, portanto, todo o conjunto de expectativas de curto período projetadas pelo uso do equipamento de capital ao longo de sua vida útil. Ao contrário das expectativas de curto período, as quais podem ser revistas a um intervalo curto de tempo, as expectativas de longo período não podem ser revistas, pois não só o período de vida útil do equipamento de capital é muito longo, de tal forma que uma revisão só seria possível ao final de um prazo longo de tempo, ao final do qual as condições de mercado serão muito diferentes das condições iniciais em que a decisão de investimento foi tomada; como ainda, e mais importante, a relativa iliquidez dos ativos de capital torna a decisão de investimento em larga medida irreversível, ou seja, uma decisão que uma vez tomada só pode ser revertida com custos elevados para o tomador de decisão. Dessa forma, a demanda de investimento pode ser considerada como *autônoma* com respeito ao nível corrente de produção e emprego.

Uma vez que estamos supondo que as expectativas de curto período são sempre realizadas, a concavidade da curva de demanda agregada na figura 2.4 passa a depender da hipótese de que a propensão (marginal) a consumir é menor do que um, de tal forma que um aumento do nível de emprego resultará num aumento menos do que proporcional na demanda agregada, considerando-se o estado de expectativas de longo período e, portanto, a demanda de investimento como dados[7].

Para ilustrar a determinação do nível de emprego pelo *Princípio da Demanda Efetiva* consideremos uma economia composta por *n* firmas que produzem um bem homogêneo em condições de concorrência perfeita. Suponha que a quantidade produzida pela i-ésima firma pode ser expressa por uma função de produção Cobb-Douglas do seguinte tipo:

$$y_i = k_i^{\alpha} n_i^{1-\alpha};\ i=1,\ldots,n \qquad \textbf{(2.5)}$$

[7] Asimakopoulos (1991, p. 43) considera que a definição da curva de demanda agregada por Keynes (1936, capítulo 3) assume que o empresário individual percebe uma relação entre o emprego por ele oferecido e a demanda de mercado pelos seus produtos, o que estaria em contradição com a hipótese de concorrência perfeita que Keynes aceita explicitamente ao concordar com o primeiro postulado da Teoria Clássica do Emprego. Essa interpretação não é, a meu ver, correta. Na transição da seção I para a seção II do capítulo 3, Keynes assume *implicitamente* que as expectativas de curto período são realizadas, o que lhe permite substituir a receita esperada pelas firmas pelos gastos planejados de consumo e investimento. Isso não exige a existência de uma firma gigante que consiga enxergar uma relação entre o volume de trabalhadores que emprega e a demanda pelos seus produtos, mas apenas que o processo de tentativa e erro pelo qual os empresários conseguem descobrir o ponto de demanda efetiva estável. Trataremos desse ponto na próxima seção.

Supondo que todas as firmas utilizam a mesma função de produção temos que:

$$Y = \sum_{i=1}^{n} y_i = \sum_{i=1}^{n} y = ny = Y = K^{\alpha}N^{1-\alpha} \tag{2.5}$$

A produtividade marginal do trabalho será dada por:

$$\frac{\partial Y}{\partial N} = (1-\alpha)\frac{K^{\alpha}}{N^{\alpha}} \tag{2.6}$$

Substituindo (2.5) e (2.6) em (2.3), temos:

$$\left[\frac{w}{(1-\alpha)\left(\frac{K^{\alpha}}{N^{\alpha}}\right)}\right]K^{\alpha}N^{1-\alpha} = \frac{wN}{(1-\alpha)} \equiv Z \tag{2.7}$$

A demanda de consumo das famílias é uma função do nível de renda delas. Vamos supor famílias que sejam compostas por trabalhadores e por capitalistas. Iremos supor que os trabalhadores consomem uma $c_w < 1$ fração da sua renda, composta unicamente por salários, ao passo que os capitalistas poupam toda a sua renda, a qual consiste em lucros obtidos a partir da utilização produtiva do estoque de capital existente. Por fim, iremos supor que os empresários (capitalistas) desejam realizar um montante de gastos monetários com a aquisição de novos bens de capital, dadas as suas expectativas de longo período. Dessa forma, a demanda agregada será dada por:

$$D(N) = c_w wN + p\bar{I} \tag{2.8}$$

No ponto em que as curvas de demanda agregada e oferta agregada se interceptam, temos que:

$$D(N) = Z(N) \leftrightarrow \frac{wN}{(1-\alpha)} = c_w wN + p\bar{I} \quad \leftrightarrow N^{*} = \left[\frac{(1-\alpha)}{1-c_w(1-\alpha)}\right]\left(\frac{p}{w}\right)\bar{I} \tag{2.9}$$

Contudo, sabemos que:

$$\frac{p}{w} = \frac{N^{\alpha}}{K^{\alpha}}\,\frac{1}{1-\alpha} \tag{2.10}$$

Substituindo (2.10) em (2.9), temos que:

$$Y^* = \frac{\bar{I}}{1 - c_w(1 - \alpha)} \tag{2.11}$$

A equação (2.11) mostra que o nível de produção de equilíbrio de curto período é determinado pelo investimento planejado pelos empresários e pela propensão marginal a consumir dos trabalhadores multiplicado por $(1 - \alpha)$. Para funções de produção Cobb-Douglas, sabemos que o coeficiente do capital e do trabalho, em condições de concorrência perfeita, equivalem à participação dos lucros e dos salários na renda. Denominada a participação dos salários na renda de ω, temos que:

$$Y^* = \frac{\bar{I}}{1 - c_w\omega} \tag{2.11a}$$

Ou seja, o nível de produção de equilíbrio depende do investimento planejado pelas firmas, da propensão a consumir a partir dos salários e da participação dos salários na renda.

Dessa forma, a Teoria do Emprego de Keynes estabelece que:

> Assim, o volume de emprego não é determinado pela desutilidade marginal do trabalho medida em termos de salários reais, exceto na medida em que a oferta de mão de obra disponível a uma dada taxa salarial fixa um nível máximo de emprego. A propensão a consumir e a taxa de novos investimentos determinam então o volume de emprego, e o volume de emprego está exclusivamente relacionado a um determinado nível de salários reais — e não o contrário. Se a propensão a consumir e a taxa de novos investimentos resultarem em uma demanda efetiva deficiente, o nível real de emprego ficará aquém da oferta de trabalho potencialmente disponível no salário real existente, e o salário real de equilíbrio será maior do que a desutilidade marginal do nível de equilíbrio do emprego. (Keynes, 1936, p. 30)

Em outras palavras, numa economia empresarial, o limite ao nível de emprego é, em geral, dado pelo nível de demanda efetiva, não pela oferta de trabalho. Isso porque, nessa economia, não existe um mecanismo que garanta que o não consumo das famílias seja contrabalançado pela demanda de investimento por parte das firmas; ou seja, os vazamentos do fluxo circular de renda (a poupança numa economia fechada e sem governo) não são compensados automaticamente por injeções de demanda de investimento por parte das firmas[8]. Numa economia de salário real ou cooperativa, *a poupança não é uma decisão passiva de não consumir, mas uma decisão ativa de trocar consumo presente por consumo futuro.* Dessa forma, a poupança das famílias sinaliza para as firmas seu desejo de ampliar os gastos de consumo no futuro, o que levará as mesmas a ampliarem o seu estoque de capital para atender a essa demanda futura por intermédio dos gastos de investimento. Nessas condições, as curvas de demanda agregada e de oferta agregada coincidirão ao longo de toda a sua extensão, de maneira que a demanda efetiva não imporá um limite à expansão do nível de produção e emprego. Esse limite será dado pela igualdade entre a produtividade marginal do trabalho e a desutilidade marginal do emprego. Nessas condições, a Lei de Say, segundo a qual a oferta cria a sua própria demanda, será válida (figura 2.8).

Se compararmos a Lei de Say com o Princípio da Demanda Efetiva, em termos do modelo de oferta e demanda agregada, desenvolvido por Keynes no capítulo 3 da Teoria Geral, a Lei de Say pode ser entendida como uma teoria na qual se supõe que $D_2 = 0$ e $D_1(N) \equiv Z(N)$, sendo assim um *caso particular* do Princípio da Demanda Efetiva. Nesse caso particular, a economia opera com pleno emprego da força de trabalho. Foi por essa razão que Keynes denominou a sua teoria de Geral, para contrastar com a teoria clássica a qual ele acreditava ser um caso particular de sua teoria. No capítulo 1 da Teoria Geral, Keynes afirma que:

> Chamei este livro de Teoria Geral do Emprego, dos Juros e da Moeda, colocando a ênfase em "geral". O objetivo de tal título é contrastar o caráter de meus argumentos e conclusões com os da teoria clássica sobre o assunto, na qual fui criado e que domina o pensamento econômico, tanto

[8] A esse respeito, Davidson (2011, p. 85) afirma que "Keynes rejeitou o conceito clássico da poupança do rendimento, em que o poupador sabe precisamente em quais datas futuras os planos de consumo vão exceder o rendimento e, portanto, precisará de um poder de compra adicional (obtido pelo gasto de poupanças passadas nessa data futura) para concretizar planos específicos de compras futuras. Em vez disso, argumentou Keynes, opta-se por poupar porque o futuro é incerto e o poupador quer proteger-se de forma a poder fazer face a compras imprevistas, mas necessárias no futuro (ou a outros compromissos contratuais), no caso de o seu rendimento diminuir e/ou as suas necessidades de consumo aumentarem subitamente para valores superiores ao rendimento que entra. Como se costuma dizer, os ganhadores de rendimentos põem de lado algum rendimento de hoje, na forma de poupanças, para uma possível necessidade num futuro incerto".

prático quanto teórico, das classes dirigentes e acadêmicas desta geração, como tem acontecido há cem anos. Argumentarei que os postulados da teoria clássica são aplicáveis apenas a um caso especial e não ao caso geral, sendo a situação que ela assume um ponto limite das possíveis posições de equilíbrio (Keynes, 1936, p. 3) [Tradução do autor][9].

Figura 2.8 A Lei de Say e o equilíbrio com pleno emprego

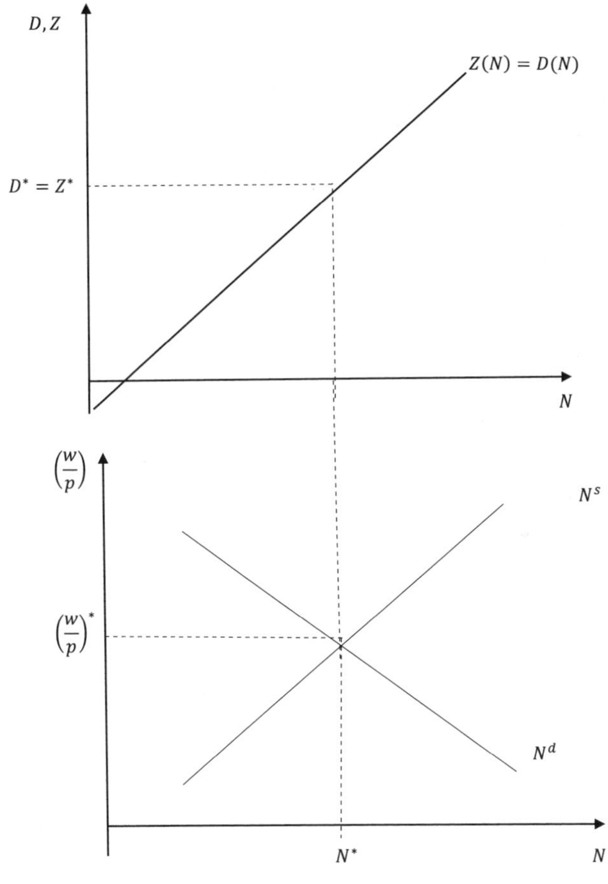

Fonte: Elaboração do autor.

[9] O paralelo entre a Teoria Geral de Keynes e a Teoria da Relatividade de Albert Einstein é autoevidente. James Galbraith (1994) afirma que "Um dos fatos mais intrigantes e pouco notados sobre a obra-prima de John Maynard Keynes, *The General Theory of Employment Interest and Money*, diz respeito às três primeiras palavras de seu título. Elas são evidentemente copiadas de Albert Einstein". Keynes conheceu Einstein pessoalmente num congresso em Berlim, onde este último apresentou uma lecture sobre a Teoria de Relatividade.

2.4 Expectativas de Curto Período e a Estabilidade do Equilíbrio

Na Teoria Geral, Keynes não deu muita importância à questão da revisão das expectativas de curto período, supondo implicitamente que os empresários acertam sempre as suas expectativas. Nas suas palavras:

> Comecei [...] por considerar [a diferença entre a demanda esperada e a demanda realizada] como importante. Mas, eventualmente, senti que era de importância secundária, percebendo que obscurecia o argumento real. Pois a teoria da demanda efetiva é substancialmente a mesma se assumirmos que as expectativas de curto prazo são sempre atendidas (CWJMK, XIV, p. 181) [Tradução do autor].

Nesse caso, o importante é focar os determinantes da demanda realizada. Numa economia fechada e perfeitamente verticalizada, como vimos anteriormente, a receita efetivamente obtida pela venda da produção das firmas no mercado é igual à demanda por bens finais, ou seja, a soma de consumo e investimento (e gastos do governo, se o considerarmos no modelo).

Tal como fizemos na seção anterior, iremos supor que as firmas atuam num ambiente em concorrência perfeita, produzindo um bem homogêneo. Além disso, a decisão de produção e emprego deve ser tomada anteriormente à venda da produção no mercado, de forma que o preço de venda não é conhecido *ex ante* pelas firmas. Dessa maneira, as firmas formam uma expectativa a respeito do preço de venda de seus produtos, a qual denominaremos de expectativas de curto período (e). A decisão de investimento, por seu turno, depende do estado de expectativas de longo período (E), tomado inicialmente como dado.

Consideremos a existência de duas classes sociais: trabalhadores, que consomem uma fração c_w de sua renda composta unicamente de salários, e capitalistas, que recebem lucros e poupam toda a sua renda. Por fim, vamos supor que todas as firmas são idênticas, de forma que podemos concentrar nossa análise na firma representativa.

A Função de Oferta Agregada é dada pela seguinte equação:

$$Z(N) = \frac{wF(N)}{F'(N)} \tag{2.12}$$

Função de Demanda Agregada (na verdade, de receita esperada) é dada por:

$$D(N) = eF(N^*) \tag{2.13}$$

No ponto de intercessão das duas curvas temos que:

$$\frac{w}{e} = F'(N^*) \tag{2.14}$$

Como ressaltam Dutt e Amadeo (1990, p. 124), não existe nenhuma razão pela qual as expectativas de curto período sejam realizadas, ou seja, as receitas esperadas se igualem às receitas realizadas. No final do curto período, dado o nível de emprego e de produção decidido pelas firmas com base em suas expectativas de curto período, os preços de mercado dos bens deverão se ajustar de maneira a "esvaziar" o mercado e equalizar a demanda com a quantidade produzida. Dessa forma, temos que:

$$pF(N) = c_w wN + pI(E) \tag{2.15}$$

Onde: c_p é a propensão a consumir dos capitalistas, ω é a participação dos salários na renda, I é o investimento real.

Após alguns algebrismos, o nível de preços que "esvazia" o mercado de bens ao final do curto período é dado por:

$$p = \frac{c_w wN^*(e)}{[F(N^*) - I]} \tag{2.16}$$

Na equação (2.16), verificamos que o nível de preços de *market-clearing* — ou seja, o nível de preços que "esvazia" os mercados de bens — depende das expectativas de curto e de longo período. Para que a economia consiga alcançar um equilíbrio de curto período é necessário que $p = e$. Supondo que $Y = F(N) = K^{\alpha}N^{1-\alpha}$. Dessa forma, temos que:

$$Y^* = \frac{I(E)}{1 - \omega c_w} \tag{2.17}$$

O leitor pode notar que a equação (2.17) é idêntica à equação (2.11).

Para que o equilíbrio de curto período sirva como um atrator para os valores realizados do nível de produção e emprego, é necessário que esse equilíbrio seja estável. Para analisar a estabilidade do equilíbrio iremos supor, inicialmente, que os empresários revisam as suas expectativas de curto período com base na seguinte equação diferencial:

$$\dot{e} = \frac{de}{dt} = \gamma(p - e) \tag{2.18}$$

Onde: $0 < \gamma < \infty$ é um parâmetro comportamental que mede a velocidade com a qual os empresários são capazes de rever suas expectativas de curto período.

Substituindo (2.17) em (2.18), temos que:

$$\dot{e} = \frac{de}{dt} = \gamma \left[\left(\frac{c_w w N^*(e)}{[F(N^*(e)) - I(E)]} \right) - e \right] \tag{2.19}$$

A equação (2.19) é uma equação diferencial não linear de primeira ordem. Para que o equilíbrio de curto período seja estável, é necessário que $\frac{d\dot{e}}{de} < 0 \leftrightarrow \frac{\partial p}{de} < 1$. Tirando o diferencial total de (2.16), temos:

$$dp = \frac{\{[c_w w.N'(e)][F(N^*) - I(E)] - [F'(N'(e)].[c_w w N^*(e)]\}}{[F(N^*) - I(E)]^2} de \tag{2.16}$$

Logo:

$$\frac{dp}{de} = \frac{c_w w.N'(e)[c_w w.N^*(e)] - [F'(N'(e)].[c_w w N^*(e)]}{[c_w w N^*(e)]^2} \tag{2.20}$$

A qual pode ser simplificada para:

$$\frac{dp}{de} = \frac{c_w w.N'(e) - [F'(N'(e)]}{[c_w w N^*(e)]} \tag{2.21}$$

Para que o equilíbrio de curto período seja estável é necessário que:

$$\frac{dp}{de} = \frac{c_w w.N'(e) - [F'(N'(e)]}{[c_w w N^*(e)]} < 1 \tag{2.22}$$

Temos, então que:

$$\begin{aligned} c_w w.N'(e) - [F'(N'(e)] &< [c_w w N^*(e)] \\ &\leftrightarrow c_w w[N'(e) - N^*(e)] - [F'(N'(e)] \end{aligned} \tag{2.23}$$

Como sabemos que $[N'(e) - N^*(e)] < 0$, segue-se que a condição de estabilidade do equilíbrio de curto período é atendida, ou seja, o equilíbrio de curto período é estável (figura 2.9).

Um ponto importante a ser ressaltado é que a convergência ao equilíbrio de curto período se dá por intermédio de uma revisão gradual das expectativas de preço por parte dos empresários, a qual gera uma variação do nível de produção e de emprego ao longo de uma sequência de curtos períodos. Dessa forma, na teoria da produção e do emprego de Keynes, ao contrário da *visão convencional*, segundo a qual a diferença fundamental entre a *Teoria Geral* e o Tratado sobre a Moeda seria a inversão da velocidade de ajustamento entre preços e quantidades. Enquanto no Tratado sobre a Moeda os preços se ajustariam primeiro a variações da demanda agregada, na Teoria Geral seriam as quantidades produzidas que se ajustariam a mudanças na demanda (Amadeo, 1989, p. 22).

Figura 2.9 Estabilidade do equilíbrio de curto período

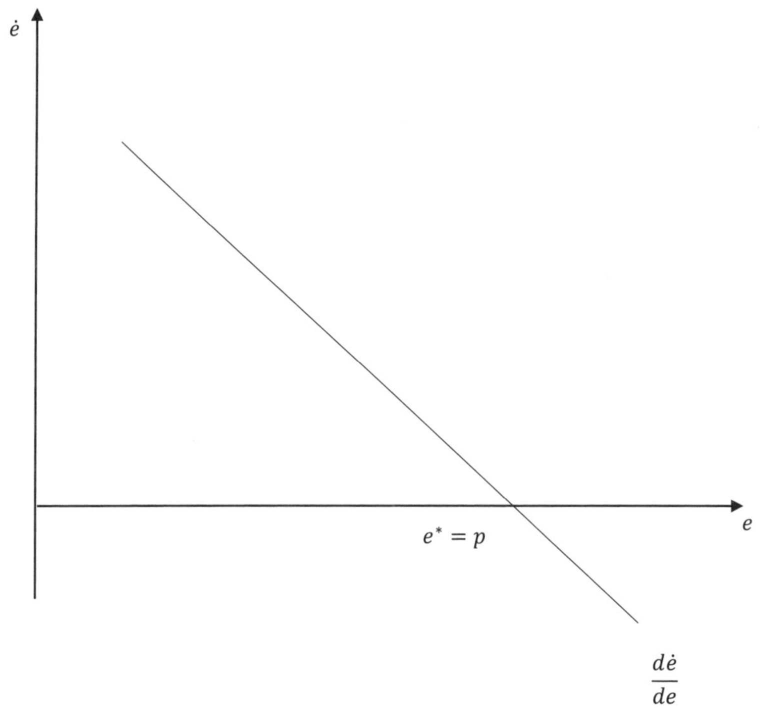

Fonte: Elaboração do autor.

No processo de ajustamento em direção ao equilíbrio de curto período, supomos que o estado de expectativas de longo período (E) permanece constante. Consideremos agora o caso mais geral em que $E_{t+1} = f(p_t - e_t), f' < 0$, ou seja, onde o estado de expectativas de longo período em *t+1* é influenciado pelo erro de previsão das expectativas de curto período em t.

A figura 2.10, a seguir, mostra uma situação inicial na qual a demanda realizada (*D*) é maior do que demanda esperada (D_e), de tal forma que o nível de emprego oferecido pelas firmas no período t (ponto B) é menor do que o nível de emprego de curto período (ponto A).

O ponto A é o ponto inicial de equilíbrio de curto período, mas os empresários ficam momentaneamente mais pessimistas acreditando que o ponto de demanda efetiva é B. Temos então que $p > e$, o que levará a uma mudança no estado de expectativas de curto período (deslocamento da curva de demanda esperada para cima) e de longo período (deslocamento da curva de demanda realizada para cima). Nesse contexto, temos que o processo de aproximação da economia à posição de equilíbrio de curto período termina por alterar a própria posição de equilíbrio, ou seja, temos um equilíbrio movente, no qual a trajetória que a economia descreve ao longo do tempo histórico muda a própria posição de equilíbrio. Em outras palavras, o processo econômico torna-se *dependente da trajetória* (*path-dependente*).

Figura 2.10 Equilíbrio movente

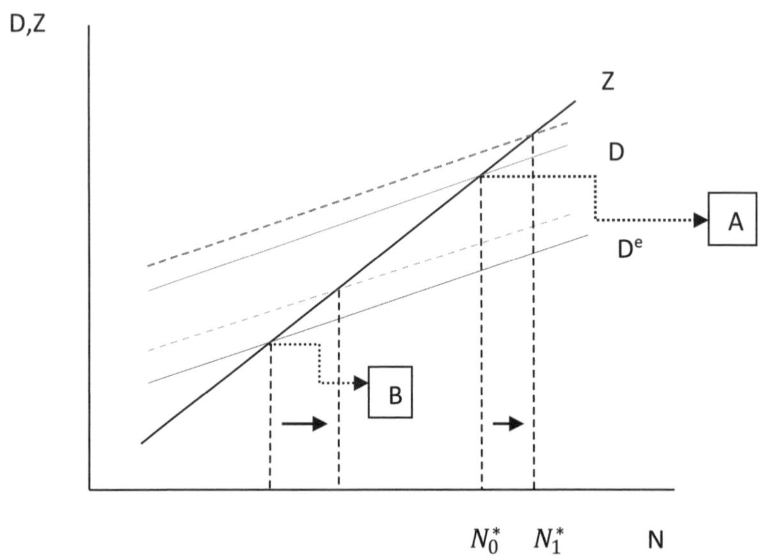

Fonte: Elaboração do autor.

Segundo Dutt e Amadeo (1990), com base em Kregel (1976), Keynes usou três métodos e modelos diferentes na Teoria Geral, a saber:

- **Modelo de Período de Mercado**: Correspondente aos Capítulos 3, 5, 7 e 10 da Teoria Geral. Nesse modelo, o nível de produção e de emprego é determinado no ponto em que as expectativas de lucro dos empresários são maximizadas. Isso corresponde à intercessão entre as curvas de oferta e demanda agregadas, tal como vimos anteriormente neste capítulo. Uma vez finalizada a produção, as firmas vendem a mesma em mercados *flex-price*, onde os preços dos produtos variam de forma a esvaziar os mercados. Se o preço de venda for maior (menor) do que o preço esperado, então as firmas terão um *lucro (prejuízo) inesperado* igual a (-) $[p - e]Q^*$. No próximo período de produção, as empresas reajustarão para cima suas expectativas sobre o preço de venda de forma que o nível de produção e de emprego aumentará. É nesse contexto que se desenvolve um processo de tentativa e erro pelo qual a posição de equilíbrio é (eventualmente) alcançada.
- **Modelo de Equilíbrio de Curto Período**. Nesse modelo, as expectativas de curto período são realizadas de forma que a ênfase analítica recaia nos determinantes da demanda realizada. Dada a preferência pela liquidez, a quantidade de moeda e o estado de expectativas de longo período, o nível de investimento determina, por intermédio do multiplicador, o nível de renda, emprego e poupança. A renda e o emprego (não a taxa de juros) são as variáveis de ajuste entre poupança e investimento. O objetivo do modelo é mostrar que a economia pode permanecer indefinidamente flutuando em torno de uma norma caracterizada por desemprego crônico da força de trabalho. Com efeito, em carta enviada a Keynes, Robertson comenta sua visão sobre a natureza da revolução científica que Keynes estava propondo com a sua Teoria Geral:

> Tomo essa proposição [sobre a natureza endêmica do desemprego] como a verdadeira diferença do livro, diferenciando-a de seu próprio Tratado [sobre a moeda], bem como da maioria das outras literaturas de desequilíbrio, que funcionam, como o tratado, em termos de flutuações em

torno de uma norma e não de falha crônica em se adequar a uma norma (CWJMK, vol. XIII, p. 500).

- **Modelo Histórico**. Se o modelo de equilíbrio se caracteriza por uma distinção clara entre parâmetros e variáveis dependentes, sendo o equilíbrio a *configuração final* das variáveis dependentes (ou seja, ao término do processo de ajustamento da economia), dados os parâmetros e as relações funcionais do sistema; no modelo histórico admite-se a existência de *mecanismos de autoalimentação* das variáveis dependentes para os parâmetros.

Nas palavras de Keynes:

> Nossa análise [...] nos proporciona um método organizado e ordenado de pensar a partir de problemas particulares; e, depois de termos chegado a uma conclusão provisória, isolando um a um os fatores complicadores, temos então que voltar atrás em nós mesmos e analisar [...] As prováveis interações dos fatores entre eles. Essa é a natureza do pensamento econômico (1936, p. 297) [Tradução do autor].

Uma análise formal do modelo histórico da Teoria Geral de Keynes está, contudo, além do escopo deste livro.

2.5 Reprise das Conclusões

Ao longo deste capítulo fizemos uma apresentação da teoria da determinação do nível de produção e de emprego da economia como um todo, a qual Keynes acreditava que era a contribuição fundamental de sua Teoria Geral. Como vimos, Keynes argumentou que a teoria clássica do emprego só seria aplicável a uma economia cooperativa ou de salário real na qual a moeda é não essencial. Numa economia empresarial, também denominada de *economia monetária de produção*, a produção e o emprego não são determinados no ponto em que a produtividade marginal do trabalho se iguala com a desutilidade marginal do emprego; mas no ponto em que as expectativas de lucro monetário dos empresários são maximizadas. O emprego compatível com a maximização de lucro por parte dos empresários pode ser inferior ao pleno emprego da força de trabalho devido à insuficiência de demanda efetiva, a qual resulta da inexistência de um mecanismo automático de compensação pelo não consumo das famílias com a realização de investimento por parte das firmas. Numa economia empresarial, a Lei de Say não é válida.

O equilíbrio de curto período consiste numa situação em que as expectativas de curto período dos empresários são realizadas. Na posição de equilíbrio de curto período, o nível de produção será determinado pelo investimento planejado pelas firmas, pela propensão a consumir dos trabalhadores e pela participação dos salários na renda. O equilíbrio de curto período é estável, ou seja, os empresários por um processo gradual de revisão das suas expectativas de curto período conseguem descobrir a posição de equilíbrio desde que, durante o processo de revisão das expectativas de curto período, o estado de expectativas de longo período não seja alterado. Contudo, se o estado de expectativas de longo período for, de alguma forma, afetado pelo processo de revisão das expectativas de longo período, então a posição de equilíbrio de curto período transformar-se-á num equilíbrio movente, dependente da trajetória que a economia descreve ao longo do tempo histórico. Nesse caso, o modelo de Keynes torna-se dependente da trajetória.

2.6 Questões para Discussão

- **1° Questão**: No capítulo 2 da Teoria Geral, Keynes aceita o primeiro postulado da teoria clássica do emprego, mas rejeita o segundo. Ao expor as razões pelas quais rejeita o segundo postulado, Keynes apresenta dois argumentos, um que ele chama de "teoricamente não fundamental" e o segundo que denomina de "teoricamente fundamental". Apresente detalhadamente ambos os argumentos, mostrando de que forma a validade dos mesmos permite o surgimento de desemprego involuntário da força de trabalho.
- **2° Questão**: Uma proposição comum na teoria pós-keynesiana é que a posição final de equilíbrio do sistema econômico é dependente da trajetória que a economia descreveu ao longo do tempo. Utilizando os conceitos de equilíbrio estático, equilíbrio estacionário e equilíbrio movente desenvolvido por Kregel (1976), mostre como o equilíbrio de curto período (o ponto de demanda efetiva) pode ser dependente da história de erros de previsão que os agentes econômicos cometeram ao longo de uma sequência de períodos

de produção. Nesse caso, podemos afirmar, tal como Kalecki, que o longo prazo é apenas uma sequência de curtos prazos, não tendo existência independente dos mesmos? Explique.

- **3° Questão**: A ortodoxia prevalecente antes da publicação da Teoria Geral de Keynes baseava-se no método de longo período, segundo o qual o objeto de análise científica na economia consiste nas posições de repouso do sistema econômico, definidas em termos da uniformidade da taxa de lucro entre todos os setores. Com base nesse método, a incerteza e as expectativas desempenham o papel de forças não sistemáticas, sendo incapazes de influenciar a trajetória da economia no longo prazo, mas apenas o seu comportamento no curto prazo. Na Teoria Geral, contudo, Keynes utilizou o chamado "método histórico", no qual se analisa uma economia que se move ao longo do tempo, tendo como pressuposto que "o futuro é incerto e o passado irrecuperável". Com base nesse método, Keynes afirmou no *Essays in Persuation* (1972) que: "Penso que devo estar preparado para argumentar que, num mundo regido pela incerteza com um futuro incerto ligado a um presente real, uma posição final de equilíbrio [...] não existe propriamente" (1979, p. 222). Isso posto, apresente as condições necessárias para a validade do método de longo período. Qual a relação entre os parâmetros dos modelos de longo período e a trajetória que a economia descreve ao longo do tempo? Os parâmetros devem ser constantes ou podem mudar de forma gradual? A "dependência de trajetória" é consistente com o método de longo período? Por quê? Quais os parâmetros do modelo de Keynes? Esses parâmetros são estáveis ou mudam de maneira imprevisível? Qual a relação entre a instabilidade dos parâmetros, particularmente a instabilidade do estado de expectativas de longo período, e a afirmação de Keynes de que uma posição final de equilíbrio de longo período não existe? Explique.
- **4° Questão**: Qual o papel que a propensão marginal a consumir inferior à unidade desempenha na negação da Lei de Say e na tendência ao pleno emprego da força de trabalho? O que aconteceria se a propensão marginal a gastar fosse igual a um? A economia tenderia a operar com pleno emprego da força de trabalho? Explique.

5° Questão: Considere o modelo de determinação do nível de emprego de equilíbrio de curto período apresentado na Teoria Geral, mas suponha que as expectativas de curto período não sejam realizadas. Tomando as expectativas de longo período como dadas e independentes dos erros de previsão de curto período, analise o processo pelo qual os empresários reagem ao desapontamento inicial de expectativas e como esse processo pode conduzir a economia em direção ao equilíbrio de curto período. Qual papel a flexibilidade de preços desempenha nesse processo? Os preços variam antes das quantidades ou as quantidades se ajustam primeiro? Justifique sua resposta por intermédio dos gráficos necessários.

03

CONSUMO, INVESTIMENTO E O MULTIPLICADOR

3.1 Introdução

No capítulo anterior, vimos que o nível de emprego numa economia monetária de produção é determinado no ponto de intercessão entre as curvas de demanda e oferta agregadas. Supondo que as expectativas de curto período dos empresários sejam satisfeitas continuamente, então as suas expectativas sobre as receitas da venda de produção acabada no mercado podem ser substituídas pela receita realizada, a qual, numa economia perfeitamente verticalizada, fechada e sem governo, será constituída pela soma dos gastos realizados de consumo e investimento.

Neste capítulo apresentaremos os determinantes das decisões de consumo das famílias e de investimento das empresas. Keynes dedica os capítulos 8 a 12 da sua Teoria Geral à apresentação desses determinantes. Um ponto que, no entanto, obscurece a sua apresentação é que o autor não faz uma distinção entre o momento no qual essas decisões são tomadas e o momento no qual são implementadas, de maneira que os resultados *ex post* das decisões das famílias e, principalmente, das firmas acabam entrando no processo de tomada de decisão. Esse problema é particularmente grave no caso da decisão de investimento, a qual é tomada com base na comparação entre a eficiência marginal do capital e a taxa de juros. Os argumentos apresentados por Keynes para a existência de uma relação inversa entre a eficiência marginal do capital e o nível de investimento — uma das equações comportamentais mais importantes do modelo de Keynes — são, na verdade, decorrentes da implementação dos planos de investimento das firmas e, portanto, não poderiam ser conhecidos no momento da tomada da decisão de investimento (Asimakopoulos, 1991, p. 77-80).

A confusão entre o processo de tomada de decisão e a realização do investimento planejado parece decorrer da hipótese implícita de que o intervalo de tempo entre uma e outra é relativamente curto, podendo assim ser incluído na extensão temporal do curto período. Essa hipótese tem também impactos sobre a relação entre poupança e investimento. Na Teoria Geral, Keynes apresenta duas versões conflitantes sobre a relação entre as duas variáveis. A primeira, mais aceita na literatura, é que o nível de renda e de emprego é a variável que ajusta a poupança planejada pelas famílias ao investimento desejado pelas firmas (Amadeo, 1989, p. 1). Está claro que, nessa interpretação, o investimento não é financiado pela poupança das famílias, mas por intermédio do uso de meios de pagamento que estejam à disposição das firmas na forma de reservas de caixa ou que sejam postos à disposição das firmas por intermédio da liberação de liquidez por parte do público (Chick, 1997, p. 170). Na segunda interpretação, contudo, investimento e poupança são sempre idênticos porque ambos são os dois lados da mesma moeda, qual seja, produção que não foi destinada ao atendimento das necessidades de consumo (Carvalho, 2015, p. 88).

Essa identidade, contudo, decorre do uso ambíguo do termo *propensão a consumir*, o qual se refere tanto à diferenciação da função consumo com respeito ao nível de renda (medido em unidades de salário), o que expressa a relação normal ou desejada entre consumo e renda (medida em unidades de salário) como a razão entre a variação do consumo e a variação da renda (Asimakopoulos, 1991, p. 66). Nessa segunda definição, o intervalo de tempo considerado é muito curto para que as famílias obtenham a relação normal ou desejada entre seus gastos de consumo e sua renda. Se a definição usada for a primeira, então o ajuste dos gastos de consumo a um aumento exógeno do investimento ocorrerá ao longo de um certo intervalo de tempo, necessário para que a renda das famílias aumente na magnitude necessária de modo que, ao final do processo, a relação entre consumo e renda seja aquela determinada pela *propensão a consumir* e tenha se produzido um aumento da poupança equivalente ao aumento do investimento realizado pelas firmas.

A existência de uma propensão a consumir estável é de importância fundamental para definir um mecanismo de equilíbrio no modelo de Keynes na

Teoria Geral (Asimakopoulos, 1991, p. 59), sem o qual o desemprego involuntário não poderia ser visto como uma propriedade persistente de uma economia monetária de produção. A derivação do multiplicador do investimento, o qual toma como base a existência de uma propensão a consumir estável, mostra que uma expansão do investimento público financiada por intermédio de emissão de dívida pública pode, sob certas condições, particularmente relevantes na década de 1930, tanto no Reino Unido como nos Estados Unidos, ser autofinanciável, ou seja, gerar uma redução com as despesas de seguro-desemprego e um aumento da receita tributária devido à expansão primária e secundária na demanda e na renda, de tal forma que, ao final do processo, o orçamento do governo poderá inclusive apresentar um déficit menor do que tinha no início (Keynes, 1933).

A relação entre a eficiência marginal do capital e o nível de investimento não pode, no entanto, ser considerada estável. Com efeito, as decisões de investimento, mesmo quando não envolvem a introdução de novas tecnologias, mas apenas a expansão da capacidade produtiva existente, são tomadas num contexto de incerteza que não pode ser reduzida ao cálculo de probabilidades. Nesse contexto, tão ou mais importante do que o melhor prognóstico que os empresários sejam capazes de formular sobre a rentabilidade de um projeto de investimento, é a confiança que eles têm em suas próprias previsões. Como a base de conhecimento sobre a qual essas previsões são construídas é frágil, segue-se que o chamado *estado de expectativas de longo período* está sujeito a mudanças súbitas e violentas, tornando assim o dispêndio de investimento um componente altamente volátil da função de demanda agregada.

A volatilidade do estado de expectativas resultante de mudanças súbitas do estado de confiança é vista por Keynes como a fonte da instabilidade das economias capitalistas, razão pela qual a regulação do Estado por intermédio da "socialização do investimento", isto é, pelo aumento da participação do Estado, seja de forma direta por intermédio do orçamento de capital do governo, seja de maneira indireta por intermédio de empresas estatais, na formação bruta de capital fixo é a reforma institucional necessária para a obtenção de um *capitalismo bem-sucedido* (Minsky, 1996).

3.2 A Função Consumo

Na derivação da função de demanda agregada, Keynes diferenciou dois componentes, o primeiro, o qual chamou de D_1, relaciona o nível de renda e de emprego com o dispêndio em consumo das famílias, relação governada pela *propensão a consumir*; o segundo, que chamou de D_2, refere-se aos gastos planejados com investimento por parte dos empresários, os quais dependem do *estado de expectativas de longo período.* Nesta seção, analisaremos detalhadamente a relação entre consumo e renda, ou seja, a assim chamada *função consumo.*

A construção da função consumo é um processo em duas etapas. Na primeira etapa, com o objetivo de separar variações do consumo que sejam decorrentes apenas de mudanças no valor do dinheiro de variações da quantidade de bens que as famílias são capazes de comprar, Keynes deflaciona a renda monetária pela taxa de salário nominal de forma a obter a renda medida em unidades de salário. Embora na época de publicação da Teoria Geral o conceito de números índices já tivesse sido desenvolvido, Keynes desconfiava dos mesmos (Asimakopoulos, 1991, p. 60). Dessa forma, o dispêndio de consumo pode ser expresso com uma função da renda medida em unidades de salário, ou seja, medida em termos da quantidade de trabalho que a renda monetária pode comprar ou comandar uma medida de valor bastante similar ao conceito de *trabalho comandado* de Adam Smith (Carvalho, 1992, p. 119). Na segunda etapa, Keynes relacionará a renda medida em unidades de salário com o nível de emprego, de maneira a permitir que o dispêndio de consumo possa ser incorporado na função de demanda agregada.

A função consumo pode então ser expressa da seguinte forma:

$$C = w\vartheta(Y_w) = w\vartheta[Y_w(N)] = C(N) \tag{3.1}$$

Onde: w é a taxa monetária de salário, Y_w é a renda medida em unidades de salário e N é o nível de emprego.

A definição de uma relação funcional entre consumo e renda representa uma diferença fundamental entre uma economia monetária de produção e uma economia de troca pura ou cooperativa. Nesta última, os consumidores são capazes de ordenar as suas preferências sobre os bens existentes na economia de maneira que as mesmas podem ser representadas por uma função utilidade. Deve-se observar que os bens são definidos nesse tipo de economia não apenas com base nas suas características físicas, como também com base no tempo e no "estado da natureza" no qual estão disponíveis para o consumidor. Dessa forma, a introdução do tempo e da incerteza — entendida esta última como a multiplicidade de circunstâncias que podem afetar a satisfação que o consumidor aufere do uso de um bem — não altera a essência da ordenação de bens e, dessa forma, da função utilidade. Nesse contexto, a decisão de consumo é vista como um problema de programação dinâmica e estocástica na qual o consumidor racional deverá escolher entre consumo presente e consumo futuro, de forma a maximizar a sua função utilidade tomando como dada a sua restrição orçamentária, definida como o valor presente esperado do fluxo de rendimentos ao longo de toda a sua vida. Variações previstas na renda ao longo da vida não tem qualquer influência sobre os planos de consumo, pois o consumidor já as levou em consideração no momento em que formulou sua trajetória ótima de consumo. Em outras palavras, numa economia de troca pura ou cooperativa, não existe uma relação funcional entre os gastos de consumo e a renda corrente.

Numa economia monetária de produção, a natureza do processo decisório do consumidor será alterada de duas maneiras. Em primeiro lugar, a introdução da incerteza — definida como a impossibilidade de definição de uma lista completa de "estados da natureza" que afetam os resultados de uma decisão — fará com que o consumidor seja incapaz de prever suas necessidades futuras e/ou suas fontes de rendimentos. Nesse contexto, a formulação de uma programação ótima de consumo ao longo da vida é simplesmente impossível. A depender da percepção de incerteza, o consumidor poderá deixar de lado uma parcela maior ou menor da sua renda (isto é, não consumir) de modo a formar uma reserva contra contingências não previstas que possam impor variações indesejadas no seu padrão de consumo (Carvalho, 1992, p. 140). Em segundo lugar, a restrição orçamentária do consumidor, ou seja, o tamanho da sua renda, é determinada pelas decisões de gasto de outros consumidores com os bens e serviços produzidos pelo primeiro (Lerner, 1947, p. 621-622). Em outras palavras, *a restrição orçamentária é endógena* pois o gasto de um indivíduo é necessariamente a renda de outro. Nesse contexto, um aumento da renda corrente representa um afrouxamento da restrição orçamentária do consumidor, fazendo com que ele aumente os seus gastos de consumo em maior ou menor montante, a depender de sua percepção de incerteza.

A construção da função consumo não está isenta de problemas metodológicos. Em primeiro lugar, deve-se admitir que variações da renda expressas em unidades de salário não são um indicador preciso das variações da renda real à medida que o emprego aumenta, pois a relação entre salário real e emprego é suposta como inversa por Keynes, dada a sua aceitação do primeiro postulado da Teoria Clássica do Emprego. Dessa forma, um aumento do emprego levará a uma redução do salário real devido ao aumento dos preços dos bens, principalmente daqueles bens consumidos pelos trabalhadores (os chamados *bens-salário*), reduzindo assim parte dos seus ganhos reais medidos em unidades de salário monetário. Em segundo lugar, a relação entre a renda medida em unidades de salário e o nível de emprego pode ser alterada por mudanças na distribuição do emprego entre diferentes setores de atividade econômica, haja vista que a produtividade do trabalho é maior em certos setores de atividade, como a indústria de transformação, do que em outros, como o setor de serviços e cuidados pessoais. No curto período, contudo, a estrutura de produção e emprego pode ser considerada como dada, de maneira que esse segundo problema pode ser ignorado.

A relação entre consumo e renda é influenciada por fatores subjetivos e objetivos. Os primeiros são as características psicológicas e as práticas sociais e institucionais, as quais podem ser consideradas como constantes no curto período, exceto em circunstâncias anormais ou revolucionárias (Asimakopoulos, 1991, p. 59). Entre os fatores subjetivos podemos destacar (i) constituir uma reserva contra contingências não previstas no futuro, (ii) proporcionar os meios necessários para o atendimento de necessidades futuras (aposentadoria, educação etc.), (iii) desfrutar de um padrão de gasto crescente ao longo do tempo, (v) deixar heranças, entre outros[1].

O primeiro fator objetivo que altera a relação entre consumo e emprego, conforme podemos visualizar na equação (3.1) é a taxa monetária de salário. Dada a distribuição de renda, a renda real das famílias irá aumentar ou reduzir conforme a sua capacidade de comprar ou comandar unidades de trabalho, ou seja, conforme a sua renda medida em unidades de salário monetário (Keynes, 1936, p. 91). Dessa forma, se a taxa monetária de salário se alterar

1 Uma lista completa dos fatores subjetivos pode ser vista em Keynes (1936, p. 107-108).

então os gastos de consumo, correspondentes a um dado nível de emprego, irão se alterar aproximadamente na mesma proporção, a depender do impacto que uma variação nos salários monetários terá sobre a distribuição de renda entre empresários e rentistas[2].

O segundo fator objetivo corresponde a variações na diferença entre a renda bruta e a renda líquida. Essas variações podem ocorrer a partir de alterações nas práticas e procedimentos contábeis das empresas que gerem grandes mudanças na depreciação do estoque de capital. Exceto em circunstâncias muito particulares, como uma guerra ou um desastre natural, a relação entre a renda bruta e a renda líquida deve ser estável (Keynes, 1936, p. 92), não tendo assim nenhuma influência prática sobre a propensão a consumir.

O terceiro fator objetivo consiste em variações não previstas no valor monetário dos ativos financeiros possuídos pela classe rentista. Tais variações expressam ganhos/perdas de capital sobre ações e títulos decorrentes de mudanças imprevistas da política monetária e, portanto, da taxa de juros; ou do estado de confiança sobre o fluxo de dividendos futuros das empresas com ações negociadas na bolsa de valores. Como se tratam de variações imprevistas; segue-se que não afetam a relação entre renda bruta e renda líquida, tendo um efeito independente sobre os gastos de consumo. Segundo Keynes (1936, p. 93), esses ganhos ou perdas inesperadas de capital são uma das principais fontes de variação da propensão a consumir no curto período.

Deve-se ressaltar que Keynes não faz nenhuma menção aos possíveis efeitos sobre a propensão a consumir e de mudanças no valor real dos saldos monetários das famílias e firmas, aquilo que posteriormente seria denominado de efeito Pigou ou liquidez real. A síntese neoclássica do Keynesianismo (Pigou, 1943; Modigliani, 1944; Patinkin, 1948), surgida a partir de meados dos anos 1940, atribuiria a esse efeito o fracasso do projeto de Keynes de fazer "uma revolução na forma pela qual o mundo vê os

2 Uma redução dos salários nominais resultará numa redução proporcional do nível geral de preços. Em função da existência de um complexo sistema de contratos monetários, ou seja, contratos definidos em termos de moeda, a redução do nível geral de preços aumentará o valor real das dívidas, significando assim uma redistribuição de renda e de riqueza dos devedores (os empresários) para os tomadores (os rentistas). Se a propensão a consumir dos empresários for mais alta do que a propensão a consumir dos rentistas; então os gastos de consumo reduzirão numa magnitude maior do que a exigida pela simples redução dos salários monetários.

problemas econômicos"[3]. Isso porque o desemprego involuntário da força de trabalho não poderia ser visto como uma situação de equilíbrio, haja vista que, confrontados com o desemprego, os trabalhadores seriam, mais cedo ou mais tarde, obrigados a aceitar níveis mais baixos de salários monetários, o que levaria a uma queda do nível de preços. A deflação resultante produziria um aumento do valor real dos saldos monetários possuídos pelas firmas e pelas famílias, levando a um aumento do consumo e, eventualmente, do investimento. Dessa forma, a operação do efeito Pigou ou liquidez real levaria a economia a uma situação de equilíbrio com pleno emprego da força de trabalho. O equilíbrio com desemprego seria, segundo essa interpretação, o resultado da rigidez do salário monetário, decorrente da presença de imperfeições no mercado de trabalho, como a existência de sindicatos e contratos de trabalho de longa maturidade.

Uma explicação possível para a ausência das alterações do valor real dos saldos monetários da lista de fatores objetivos que afetam a propensão a consumir é que a moeda retida pelas firmas e pelas famílias é constituída fundamentalmente de depósitos à vista nos bancos comerciais, os quais são um ativo para os agentes e instituições não bancárias, mas um passivo para os bancos. Dessa forma, um aumento do valor real dos saldos monetários implicará uma redistribuição de renda e de riqueza dentro do setor privado, mais especificamente, uma redistribuição de renda e de riqueza dos bancos para as famílias e instituições não bancárias. No entanto, a riqueza líquida do setor privado não é alterada por esse mecanismo, não tendo assim efeito sobre a propensão a consumir. A única parcela da riqueza do setor privado que é aumentada por intermédio da deflação é a "moeda externa", ou seja, aquela parcela da oferta de moeda que se constitui num direito do setor privado contra o governo. Trata-se da base monetária, constituída pela soma entre o papel-moeda em poder do público e as reservas dos bancos comerciais no Banco Central (Asimakopoulos, 1991, p. 62). Para que o aumento do valor real da "moeda externa" tenha um efeito perceptível ou significativo sobre a propensão a consumir é necessário que ocorra uma redução bastante acentuada dos salários monetários e dos preços. O problema, como ressaltado por Kalecki (1944, p. 132), é que o ajuste requerido do nível de preços

[3] Trecho extraído da carta de John Maynard Keynes a Bernard Shaw data de 01 de janeiro de 1935 (Davidson, 2002, p. 4).

e salários levaria a um aumento significativo do valor real das dívidas, produzindo uma onda de falência de empresas e uma crise de confiança, a qual levaria a um aumento, ao invés de uma redução, do desemprego.

O quarto fator objetivo citado por Keynes consiste em variações da taxa de desconto intertemporal, a qual representa as preferências das famílias entre consumo presente e consumo futuro. Keynes não dá muita importância a esse fator, em função dos efeitos ambíguos que variações da taxa de juros têm sobre a escolha individual entre consumo presente e consumo futuro[4]. Com efeito, variações da taxa de juros tem um efeito renda e um efeito substituição com tendências conflitantes sobre a escolha entre consumo presente e consumo futuro. Mais especificamente, enquanto pelo efeito substituição as famílias deveriam reduzir a propensão a consumir, pois o consumo presente fica relativamente mais caro do que o consumo futuro; pelo efeito renda os fluxos de rendimento monetário das aplicações financeiras das famílias aumentará, o que tem um efeito positivo sobre sua renda líquida, devendo assim estimular o consumo presente, aumentando a propensão a consumir. Dada a ambiguidade dos efeitos de variações da taxa de juros sobre a propensão a consumir, Keynes conclui que o efeito de curto período de variações da taxa de juros sobre a propensão a consumir, exceto se tais variações forem de grande monta, é de importância secundária, podendo ser desconsiderado da análise.

O quinto fator objetivo considerado por Keynes, consiste em alterações na política fiscal, entendidas como mudanças na alíquota de impostos sobre a renda, ganhos de capital e heranças. Tais mudanças, especialmente quando feitas com o objetivo de alcançar uma distribuição de renda mais equitativa, têm um efeito bastante forte sobre a propensão a consumir. Outra mudança na política fiscal que tem um efeito robusto sobre a propensão a consumir é a constituição de fundos de amortização destinados à redução da dívida pública. Tais fundos têm o efeito de reduzir a propensão a consumir na medida em que se assemelham à poupança corporativa (Keynes, 1936, p. 95).

---

[4] Na discussão sobre a influência de variações da taxa de desconto intertemporal sobre a propensão a consumir, Keynes reconhece explicitamente que essa taxa de desconto não é exatamente igual à taxa de juros (Keynes, 1936, p. 93), mas conduz sua análise com base na igualdade entre as duas taxas. Esse procedimento se justifica pelo fato de que as preferências individuais sobre consumo presente e consumo futuro não são variáveis observáveis, de maneira que deve-se tomar a taxa de juros como uma proxy de tais preferências.

O sexto e último fator objetivo que afeta a propensão a consumir consiste em mudanças na relação entre a renda corrente e a renda futura esperada pelos indivíduos. Embora, na Teoria Geral, Keynes tenha dado pouca importância a mudanças nessa relação, ao supor que as mesmas poderiam ser relevantes a nível puramente individual, mas que deveriam se anular na média da comunidade (Keynes, 1936, p. 95); em correspondência com Kalecki, a respeito do artigo que este havia publicado no *Economic Journal* em 1937, no qual afirma que a propensão a consumir depende unicamente da renda corrente, sendo insensível a variações nas expectativas sobre a renda futura, Keynes afirma que a propensão a consumir pode ser afetada por variações na renda esperada no futuro (Asimakopoulos, 1991, p. 64).

Tendo como base essa análise, Keynes supõe que a propensão a consumir é uma função estável do nível de renda medido em unidades de salário ou do nível de emprego. O próximo passo consiste em analisar o formato usual dessa função. Aqui Keynes introduz sua famosa *Lei Psicológica Fundamental*, segundo a qual as famílias estão dispostas, como regra e na média, a aumentar os seus gastos de consumo à medida que a renda aumenta, porém numa proporção menor do que o aumento da renda (Keynes, 1936, p. 96). A propensão marginal a consumir, a qual estabelece a relação normal entre renda e consumo, é menor do que um.

Deve-se ter em mente os fundamentos comportamentais de uma *propensão marginal a consumir menor do que um*. A incerteza desempenha um papel fundamental para a explicação desse comportamento. Diante da incerteza a respeito da renda futura, uma estratégia defensiva adotada pelas famílias é constituir um colchão de ativos líquidos para amortecer o impacto sobre o padrão de vida de uma eventual queda da sua renda no futuro. O tamanho desse colchão deverá guardar alguma relação de proporcionalidade com o padrão de vida das famílias, pois à medida que o seu padrão de vida aumenta, as famílias deverão aumentar o tamanho do seu colchão de liquidez, para serem capazes de sustentar um padrão de vida mais alto face a uma queda inesperada de seus rendimentos em algum momento no futuro (Carvalho, 1992, p. 142). Essa também é a razão pela qual a reação imediata a uma variação da renda não necessariamente será a mesma que as famílias apresentarão em períodos mais longos, uma vez que elas deverão avaliar se as mudanças verificadas na renda são ou não permanentes, de maneira a ensejar uma variação no seu padrão de vida e, dessa forma, as suas provisões para o futuro. Uma versão fraca da hipótese da renda permanente de Friedman é, portanto, compatível com a abordagem de Keynes sobre os determinantes da propensão a consumir (Ibid., p. 192).

3.3 A Propensão Marginal a Consumir e o Multiplicador

Como o consumo depende da renda (medida em unidades de salário), qualquer incremento do investimento que altere a renda afetará o consumo, de forma que o aumento inicial do investimento terá tanto um efeito indireto como um efeito direto na renda e no emprego, desencadeando uma espécie de *reação em cadeia*. Com efeito, o aumento direto na renda, produzido pelo aumento do investimento, produzirá uma primeira onda de aumento de consumo. Como o gasto realizado por um indivíduo representa a renda de outro indivíduo, segue-se que o aumento do consumo induzido pelo aumento inicial da renda produzirá um novo incremento de renda, o qual, por seu turno, deverá produzir um novo acréscimo da demanda de consumo. Temos, então, o equivalente no sistema econômico a uma *reação em cadeia*, tal como ocorre durante o processo de fissão nuclear que leva à detonação de uma bomba atômica. De forma similar à física nuclear, não existe a possibilidade de uma *reação em cadeia infinita*, ou seja, que uma vez iniciado o aumento de renda por intermédio do investimento, o aumento acumulado de renda, ao longo das ondas sucessivas de aumento do consumo e aumento induzido de renda, seja infinito. Isso porque, como a propensão marginal a consumir é menor do que um, ao longo desse processo cada acréscimo de renda produzirá um aumento menos do que proporcional do consumo, fazendo com que parte da renda recentemente criada acabe vazando para fora do sistema na forma de poupança. Em algum momento, os acréscimos de renda gerados a partir do choque inicial serão tão pequenos que não mais terão um efeito perceptível sobre a demanda de consumo. Nesse momento, a renda alcançará seu novo patamar de equilíbrio, pois o gasto de consumo das famílias se encontrará na proporção que as famílias desejam com respeito à sua renda.

Com base nesse raciocínio, podemos deduzir facilmente que (i) a renda criada ao longo do processo — o qual denominaremos de multiplicador do investimento — será mais do que proporcional ao aumento inicial do investimento, em outras palavras, será um múltiplo do acréscimo do investimento; (ii) a magnitude do acréscimo de renda criada por esse processo depende do vazamento de demanda para fora do sistema, cuja magnitude é determinada, nas condições supostas acima, pela propensão marginal a consumir.

Seja ΔY_w o acréscimo de renda medido em unidades de salário, ΔC_w o acréscimo de consumo medido em unidades de salário e ΔI_w o acréscimo de investimento medido em unidades de salário. Temos, então, que:

$$\Delta Y_w = \Delta C_w + \Delta I_w \tag{3.2}$$

Defina-se $\frac{dC_w}{dY_w}$ como a propensão marginal a consumir, e que a relação entre consumo e renda está no seu nível normal ou desejado pelas famílias. Dessa forma, podemos escrever que:

$$\Delta C_w = \frac{dC_w}{dY_w}\Delta Y_w \tag{3.3}$$

Substituindo (3.3) em (3.2) temos que:

$$\Delta Y_w = \frac{1}{1-\frac{dC_w}{dY_w}}\Delta I_w \tag{3.4}$$

Defina-se $k = \frac{1}{1-\frac{dC_w}{dY_w}}$ como o multiplicador do investimento, temos que:

$$\Delta Y_w = k\Delta I_w \tag{3.5}$$

Como $0 < \frac{dC_w}{dY_w} < 1$ segue-se que $\infty > k > 1$.

O multiplicador do investimento foi uma derivação do conceito de *multiplicador do emprego* desenvolvido pioneiramente por Richard Kahn num artigo publicado no *Economic Journal* em junho de 1931[5]. Em seu ensaio *Means to Prosperity*, publicado em 1933, Keynes utiliza o multiplicador do emprego de Kahn para argumentar que as críticas de senso comum aos programas de criação de empregos por intermédio de um aumento do investimento público eram baseadas num entendimento incorreto do funcionamento de uma economia monetária. Em particular, a crítica de senso comum baseava-se na ideia de que o investimento público seria capaz de criar uma quantidade reduzida de novos postos de trabalho, ao mesmo tempo que implicava numa

[5] Ver Kahn (1931).

pressão adicional sobre os orçamentos dos governos nacional e locais, num contexto em que eles já operavam, há muito tempo, com grandes déficits orçamentários.

Keynes argumentou que:

> Costuma-se dizer que, na Grã-Bretanha, custa 500 libras de despesas de capital em obras públicas dar emprego a um homem durante um ano. Isso se baseia na quantidade de mão de obra diretamente empregada para esse fim. Mas é fácil perceber que os materiais utilizados e o transporte necessário também dão emprego. Se adicionarmos esses fatores como deveríamos, as despesas de capital por homem/ano de emprego adicional são normalmente estimadas, no caso do exemplo da construção, em 200 libras.
>
> Mas se a nova despesa for adicional e não apenas em substituição a outras despesas, o aumento do emprego não fica por aqui. Os salários adicionais e outros rendimentos pagos são gastos em compras adicionais, que por sua vez levam a mais empregos [...] além disso, na medida em que o aumento da demanda por alimentos, resultante do aumento do poder de compra das classes trabalhadoras, serviu para aumentar os preços ou para aumentar as vendas da produção dos produtores primários no país e no exterior, devemos hoje saudá-lo positivamente. Seria muito melhor aumentar o preço dos produtos agrícolas aumentando a procura dos mesmos do que restringindo artificialmente a sua oferta.
>
> Nem terminamos ainda. Os recém-empregados que suprem o aumento das compras dos empregados nas novas obras de capital gastarão, por sua vez, mais, aumentando o emprego de outros; e assim por diante. Alguns entusiastas, percebendo o fato dessas repercussões, exageraram muito o resultado total, e supuseram que a quantidade de novos empregos assim criados é limitada apenas pelos intervalos necessários entre o recebimento da receita oriunda dessa despesa, ou seja, pela velocidade de circulação do dinheiro. Infelizmente não é tão simples. Pois em cada estágio há, por assim dizer, uma certa proporção de vazamento. Em cada fase, uma certa proporção do aumento da renda não é repercutida no aumento do emprego. Uma parte será poupada pelo beneficiário, outra parte aumenta os preços e, por conseguinte, diminui o consumo noutros locais, exceto na medida em que os produtores gastam os seus acréscimos de lucros, uma parte será gasta em importações; uma parte é apenas uma substituição das despesas anteriormente feitas com a caridade privada ou poupanças pessoais; e parte pode chegar ao Tesouro sem desonerar o contribuinte em igual medida. Assim, para somar o efeito

> líquido sobre o emprego da série de repercussões, é necessário fazer suposições razoáveis quanto à proporção perdida em cada uma dessas formas (Keynes, 1933, p. 339-340).

Uma vez definido o conceito do multiplicador do investimento, devemos analisar as questões relativas (i) ao intervalo de tempo necessário para a obtenção da relação desejada entre consumo e renda e (ii) aos determinantes do tamanho do efeito multiplicador.

No capítulo 10 da Teoria Geral, no qual Keynes discute a relação entre a propensão marginal a consumir e o multiplicador, a questão do horizonte temporal para o término do efeito multiplicador é tratada de forma bastante superficial. Com efeito, Keynes sugere (Keynes, 1936, p. 124) que, exceto em situações em que as indústrias produtoras de bens de consumo estejam operando próximo da plena utilização da capacidade, o intervalo de tempo para que a produção e o emprego em tais indústrias aumente em paridade com o aumento da produção, e do emprego das indústrias produtoras de bens de capital, é relativamente curto. Dessa forma, pode-se supor que o intervalo de tempo de operação do efeito multiplicador coincide com o curto período (Asimakopoulos, 1991, p. 68), de tal forma que ao final deste, diante de um aumento da demanda de investimento, o emprego e a renda terão aumentado na magnitude necessária para fazer com que a poupança que as famílias estejam realizando esteja na relação desejada com a sua renda medida em unidades de salário. Além disso, as empresas obterão uma receita derivada do nível de emprego por elas oferecido, que é não só igual à receita esperada, como também igual à receita necessária para induzi-las a oferecer esse nível de emprego.

Um dos problemas com essa análise é que ela supõe implicitamente que não existe um intervalo de tempo entre a tomada da decisão de investimento e a sua execução. Dessa forma, toda a variação do investimento desejada pelos empresários é executada no mesmo curto período. Em outras palavras, não há uma distinção entre o investimento planejado e o investimento realizado, ou então o intervalo de tempo entre ambos é tão pequeno que pode ser incluído no curto período.

Evidências empíricas coletadas por Reddaway (1964, p. 121) para a indústria britânica de construção civil mostraram, contudo, que o intervalo de tempo requerido para a finalização de um projeto de construção no final da década de 1950 era, na média, de 38 meses, ou seja, superior a três anos. Trata-se de um intervalo de tempo muito superior a qualquer estimativa minimamente plausível sobre a duração do curto período. Nesse contexto, o equilíbrio de curto período na Teoria Geral deve ser visto como o resultado do investimento realizado no período corrente, mas decidido em períodos passados (Asimakopoulos, 1991, p. 80). Mudanças no estado de expectativas de longo período ou da taxa de juros num dado curto período só terão impacto sobre a renda e o emprego nos períodos subsequentes[6]. O equilíbrio de longo período seria, portanto, uma situação na qual o estado de expectativas de longo período permaneceu inalterado por uma sequência suficientemente longa de curtos períodos para que o nível de emprego esteja perfeitamente ajustado a esse estado de expectativas. Dada a prevalência da incerteza no processo de tomada de decisão, notadamente na tomada da decisão de investimento, o conceito de equilíbrio de longo período é irrelevante para a análise de Keynes.

Keynes (1933, p. 342) argumenta que o tamanho do multiplicador depende de duas proporções a saber: (i) a proporção do dispêndio que se converte na renda de algum agente e (ii) a proporção dessa renda que é gasta. O resultado da multiplicação dessas proporções fornece o tamanho do multiplicador.

Um aumento do investimento não necessariamente gera um aumento imediato em igual magnitude da renda das famílias. Com efeito, os novos trabalhadores contratados pelas indústrias de bens de capital para aumentar a produção de máquinas e equipamentos poderiam estar recebendo seguro-desemprego do governo ou consumindo uma parte de suas poupanças

6 Essa observação é particularmente relevante para se refutar o modelo IS/LM como representativo da teoria de Keynes. Como se sabe, o modelo IS/LM é um modelo estático no qual passado e presente são iguais. Nesse contexto, a determinação do nível de renda e de emprego se dá de forma simultânea à determinação da taxa de juros. Dessa forma, o caso de Keynes — no qual a taxa de juros é um fenômeno estritamente monetário e, portanto, independente da propensão a consumir ou do incentivo a investir — seria decorrente da existência de uma elasticidade infinita da demanda de moeda a variações da taxa de juros, ou seja, uma situação de armadilha da liquidez. Como se trata de um caso particular do modelo IS/LM, no qual a elasticidade da demanda de moeda está situada entre zero e infinito; então a teoria de Keynes seria apenas um caso particular de uma teoria mais geral, representada pelo modelo IS/LM.

previamente acumuladas para poder manter o seu padrão de vida prévio. Nesse caso, parte do aumento do investimento substituirá um gasto realizado pelo governo (o seguro-desemprego) ou consumo financiado a partir da venda de ativos financeiros. Nesse caso, a primeira proporção será relativamente baixa. Em países onde o seguro-desemprego é inexistente ou de reduzida extensão, ou onde o desemprego permanece em patamares elevados por um longo período (o assim chamado desemprego de longa duração), essa substituição será praticamente nula pois os trabalhadores desempregados terão reduzido seu padrão de consumo apenas ao mínimo necessário para a sobrevivência. Daqui se segue que as instituições do mercado de trabalho, os ativos possuídos pelos trabalhadores e a duração do desemprego são variáveis que afetam o tamanho do multiplicador.

A proporção da renda adicional que será destinada ao aumento do dispêndio depende, fundamentalmente, da classe social que se apropriará dessa nova renda. A renda que for apropriada pelos trabalhadores será quase que inteiramente consumida (Keynes, 1933, p. 343); ao passo que a renda que for apropriada na forma de lucros e salários dos funcionários administrativos e profissionais liberais será, em larga medida, poupada. Daqui se segue que a magnitude da propensão marginal a consumir depende da distribuição funcional da renda.

Assumindo um valor de 0,7 para a primeira razão, e de 0,7 para a segunda razão (Keynes, 1933, p. 343), chegamos a um valor de 0,49 para o resultado da multiplicação de ambas as proporções, o que nos dá um multiplicador do investimento da ordem de 2, o que parece ser uma estimativa bastante conservadora de acordo com a evidência empírica disponível[7].

O conceito do multiplicador do investimento foi fundamental, como dito no início deste capítulo, para fundamentar a política de aumento do investimento público proposta por Keynes (1933) como meio de conciliar a geração de empregos com a sustentabilidade fiscal. Embora exista um certo exagero na ideia de uma expansão fiscal autofinanciável, o ponto levantado por Keynes é que o efeito líquido de um aumento do investimento público sobre

---

7 Resende e Pires (2021) estimam o multiplicador do investimento público para o Brasil para o período 1997–2018. Os autores encontram um valor de 2,37 para o multiplicador de impacto e de 3,40 no acumulado de 4 trimestres.

o déficit fiscal é muito menor do que a simples adição contábil do gasto adicional ao déficit previamente existente.

Para compreender esse ponto, consideremos uma situação na qual o governo aumenta o investimento público em 100 libras esterlinas. O efeito cumulativo desse aumento da renda será de 200 libras esterlinas, supondo um multiplicador igual a 2.

Na visão tradicional de economia do setor público, o déficit fiscal deverá aumentar na mesma magnitude do aumento do investimento público, ou seja, 100 libras esterlinas. Mas esse valor está sobre-estimado. Em primeiro lugar, temos que levar em conta o impacto do aumento da renda e do emprego sobre os gastos assistenciais do governo. Parte significativa dos trabalhadores contratados para executar as obras de investimento do setor público estava desempregada, recebendo seguro-desemprego ou algum tipo de benefício assistencial como o bolsa família, no caso brasileiro. Ao serem contratados pelas empresas de engenharia que executarão os novos projetos de investimento, tais trabalhadores deixarão de receber os benefícios sociais e passarão a ganhar salários. Outra parte dos novos trabalhadores poderão ter vindo do setor informal da economia, no qual obtinham algum rendimento, mas não pagavam nenhum tipo de imposto ou contribuição para o governo. Dessa forma, das 100 libras esterlinas que o governo gasta com investimentos públicos, deve-se deduzir uma certa quantia referente aos gastos assistenciais que o governo deixará de realizar devido ao aumento do nível de emprego.

Keynes (1933, p. 345) estimava que 2/3 do aumento da renda é apropriado por trabalhadores que anteriormente recebiam o seguro-desemprego. Dessa forma, um aumento de 100 libras esterlinas do investimento público gera uma redução de 66 libras nos gastos com o seguro-desemprego. Assim, o aumento líquido do déficit público será de apenas 33 libras.

Mas os benefícios para as contas públicas não param por aí. O aumento de 200 libras na renda aumentará a receita de impostos do Tesouro. Keynes supõe que aproximadamente 10% da renda adicional é apropriada pelo Tesouro na forma de aumento de receita de impostos. Isso significa um acréscimo de receita de 20 libras esterlinas. Dessa forma, o aumento líquido do déficit público será de apenas 13 libras esterlinas, ou seja, 13% do aumento inicial do investimento público[8].

Esse exemplo mostra o completo equívoco da *posição fiscalista* que afirma existir um dilema entre aumentar o emprego por intermédio de programas de aumento do investimento público e o equilíbrio das contas públicas. Nas palavras de Keynes (1933, p. 347):

> Vemos que é um completo erro acreditar que há um dilema entre esquemas para aumentar o emprego e esquemas para equilibrar o orçamento — que devemos ir devagar e cautelosamente com os primeiros por medo de prejudicar os segundos. Muito pelo contrário. Não há possibilidade de equilibrar o orçamento a não ser aumentando a renda nacional, o que é a mesma coisa que aumentar o emprego.

3.4 A Eficiência Marginal do Capital e a Decisão de Investimento

O multiplicador do investimento, descrito na seção anterior, mostra como um aumento inicial do dispêndio de investimento se propaga para todo o sistema econômico como numa espécie de reação em cadeia. Agora é o momento de analisar o processo de tomada de decisão de investimento, ou seja,

---

[8] Os números obtidos por Keynes (1933) são significativamente diferentes dos que estamos reproduzindo neste texto. A diferença se deve, a nosso juízo, à ambiguidade no valor contabilizado por Keynes para a redução dos gastos com assistência social. Com efeito, Keynes supõe que 2/3 do emprego criado pelo aumento do investimento público em 100 libras esterlinas advém de trabalhadores que anteriormente estavam recebendo o seguro-desemprego. Supondo um multiplicador igual a dois, então a renda adicional será de 200 libras esterlinas, sendo que 2/3 da mesma será destinada a pagar os salários de trabalhadores que estavam anteriormente recebendo o seguro-desemprego, o que resulta numa redução de 66 libras esterlinas nessa rubrica do orçamento. Mas Keynes supõe que os 2/3 incidem, não sobre a renda adicional resultante do investimento público, mas sobre o valor do seguro-desemprego por homem/ano o qual ele estima em 50 libras. Aplicando 2/3 sobre esse valor temos uma redução de apenas 33 libras no gasto com seguro-desemprego. Somando essas 33 libras às 20 libras esterlinas de aumento da receita tributária, temos um valor de 53 libras de redução de gastos com assistência social + aumento de receita tributária, de maneira que o aumento líquido do déficit público, decorrente de um aumento do investimento equivalente a 100 libras esterlinas, será de 47 libras, ou seja, 47% do valor do investimento inicial.

a decisão a respeito da compra de equipamento de capital junto aos fabricantes desse equipamento.

O investimento em equipamento de capital é apenas uma das formas possíveis de acumulação de riqueza numa economia monetária. Com efeito, os empresários, ao decidirem comprar uma unidade adicional de capital, estão interessados no fluxo de caixa que esperam poder obter com a utilização desse equipamento no processo produtivo. Esse fluxo de caixa é constituído, portanto, dos rendimentos que o empresário espera obter com a venda da produção resultante do equipamento de capital recentemente adquirido ao longo de todo o período de vida útil desse equipamento. Vamos denominar esse fluxo de rendimentos esperados por $(Q_1, Q_2, Q_3, \dots, Q_n)$.

As expectativas que envolvem o fluxo de quase-rendas ao longo de todo o período de vida útil de um equipamento de capital recentemente produzido são dadas pelo *estado de expectativas de longo período* que mencionamos no capítulo anterior.

Uma primeira observação é necessária sobre a natureza desses rendimentos. O equipamento de capital gera uma *quase-renda* definida como a diferença entre o preço de venda do produto e o custo médio de produção multiplicada pelo número de unidades vendidas (CWJMK, vol. XIII, p. 538)[9]. Esse rendimento não está relacionado com a produtividade física do equipamento de capital, como ocorre, por exemplo, na teoria austríaca do capital; mas se origina da escassez do capital com relação ao tamanho do mercado (Keynes, 1936, p. 213). Em outras palavras, o fluxo de rendimentos esperados do equipamento de capital não tem sua origem na (suposta) maior produtividade dos métodos indiretos de produção, com relação aos métodos diretos (Bawerk, 1888, p. 37), ou seja, na produtividade marginal do capital; mas do fato de que o estoque de capital não pode se ajustar ao tamanho e à composição da demanda dos consumidores, a não ser no longo prazo.

Esse ajuste incompleto do estoque de capital ao tamanho e à composição da demanda permite às empresas operarem com uma escala de produção menor do que a escala eficiente de longo prazo, na qual ocorre a igualação entre o preço do produto, o custo marginal e o custo médio de produção. Esses rendimentos têm uma natureza similar à renda da terra de Ricardo, ressaltando-se a diferença de que, no caso da renda da terra, a escassez é um

9 Ver figura 3.1.

atributo permanente; ao passo que para os bens de capital a escassez pode ser, a princípio, eliminada no longo prazo.

Figura 3.1 Determinação da Quase-Renda do Equipamento de Capital

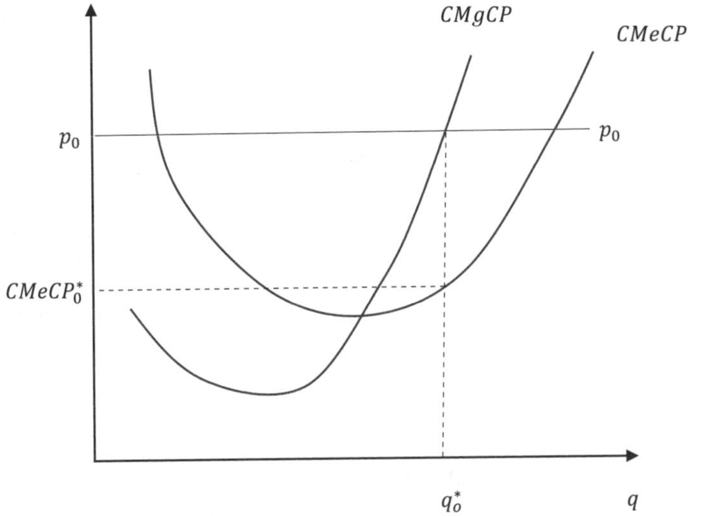

Fonte: Elaboração do autor.

Na figura 3.1, observamos as curvas de custo de uma firma que opera, com uma dada capacidade produtiva, num mercado em concorrência perfeita. A curva de custo médio é dada por *CMeCP*, e a curva de custo marginal é dada por *CMgCP*. A empresa maximizará lucros no ponto em que o preço de venda de seus produtos no mercado, p_0 , se igualar ao custo marginal de produção. A quantidade ótima produzida é dada por q_o^*. Nesse contexto, a empresa operará com um lucro extranormal dado por $[(p_0 - CMeCP_o)q_0^*]$. Esse valor corresponde à quase-renda esperada pelo uso do equipamento de capital em algum curto período ao longo da sua vida útil.

A partir do fluxo de quase-rendas esperadas, Keynes define o conceito de *eficiência marginal do capital* entendido como a taxa de desconto que equaliza o valor presente desse fluxo de quase-rendas com o *preço de oferta* do equipamento de capital, ou seja, o preço que é requerido pelos fabricantes de equipamento de capital para produzir uma unidade adicional desse equipamento (Keynes, 1936, p. 135). Temos, assim, que:

$$P_K^s = \sum_{i=1}^{n} \frac{Q_i}{(1+d)^i} \tag{3.6}$$

Onde: P_K^s é o preço de oferta do equipamento de capital, d é a eficiência marginal do capital.

A eficiência marginal do capital nada mais é do que o retorno esperado (por período) da compra de uma unidade de capital recentemente produzido. Como o investimento em capital físico é apenas uma das formas possíveis de acumulação de riqueza numa economia monetária, segue-se que o empresário-capitalista deverá comparar o retorno esperado do equipamento de capital com o retorno que poderia obter das demais formas de acumulação de riqueza. Uma alternativa possível à compra de bens de capital, como forma de valorização da riqueza, é a aquisição de títulos de dívida, em particular, títulos da dívida pública; os quais são ativos com menor risco de inadimplência dentro de todo o espectro de títulos de dívida. A rentabilidade dos títulos públicos com prazo de maturidade superior a um ano consiste na taxa de juros de longo prazo, a qual denominaremos de i_{LP}.

Deve-se ressaltar que o cálculo da eficiência marginal do capital não supõe que o estoque de capital seja dado em termos de valor, mas apenas em termos físicos. Cada unidade de bem de capital recentemente produzido gera um fluxo de quase-rendas esperadas, as quais se originam do ajuste incompleto da capacidade produtiva ao tamanho do mercado no curto prazo. Não é necessário o cálculo do valor agregado do estoque de capital pare se determinar a eficiência marginal do capital, mas apenas o valor monetário do investimento que cada firma avalia implementar. *A teoria do capital não é necessária como fundamento da teoria do investimento de Keynes.*

Numa economia na qual as empresas podem financiar a aquisição de bens de capital por intermédio da combinação entre capital próprio e capital de terceiros, o custo de oportunidade do investimento será dado pelo que é conhecido na literatura de finanças como *custo médio ponderado do capital* (CMPK), o qual é dado por:

$$CMPK = r_p \left[\frac{K_p}{K}\right] + r_t \left[\frac{K_T}{K}\right] = \quad r_p\alpha + \; r_t\,(1-\alpha) \tag{3.7}$$

Onde: r_p é a taxa de juros do capital próprio, r_t é a taxa de juros do capital de terceiros, $\alpha = \frac{K_p}{K}$ é a participação do capital próprio no capital total da empresa.

Devido à presença de incerteza e distorções tributárias, a taxa de retorno do capital próprio é menor do que a taxa de retorno do capital de terceiros, ou seja:

$$r_p < r_t \quad \textbf{(3.8)}$$

A taxa de retorno do capital próprio, por seu turno, é igual à soma entre a taxa de juros livre de risco — a qual iremos supor que é dada pela taxa de juros dos títulos de governo — e o prêmio de risco específico da empresa que planeja adquirir uma unidade adicional de equipamento de capital. Dessa forma, temos que:

$$r_p = i_{LP} + \beta_i \quad \textbf{(3.9)}$$

Onde: β_i é o prêmio de risco da i-ésima empresa.

A racionalidade capitalista impõe que os empresários irão adquirir todos as unidades de bens de capital para as quais a eficiência marginal do capital é maior ou igual ao custo médio ponderado do capital, ou seja:

$$d \geq (i_{LP} + \beta_i)\alpha + r_t(1 - \alpha) \quad \textbf{(3.10)}$$

Na expressão (3.10) observamos que a política monetária conduzida pelo Banco Central pode afetar a decisão de investimento em equipamento de capital na medida em que ela é um dos fatores que determina o custo de oportunidade do capital próprio e, dessa forma, o custo médio ponderado do capital.

Keynes supõe que a eficiência marginal do capital é uma função decrescente do volume de investimento por duas razões. A primeira delas é que um aumento do volume de investimento *realizado* resultará, devido à atuação dos rendimentos marginais decrescentes na indústria produtora de equipamento de capital, num aumento do preço de oferta desse equipamento e, dado o fluxo esperado de quase-rendas, numa redução da eficiência marginal do capital. A segunda razão é que o aumento do investimento significa, no longo prazo, uma redução da escassez do capital e, dessa forma, do fluxo de quase-rendas esperadas, gerando assim uma diminuição da eficiência marginal do capital.

Ambas as razões apontadas por Keynes, contudo, envolvem uma confusão entre a decisão de investimento (*ex ante*) e os resultados da implementação da decisão de investimento (*ex post*). Em outras palavras, o decréscimo da eficiência marginal do capital com o aumento do volume de investimento não é um resultado antecipado pelos empresários de suas decisões de investimento, mas o resultado da implementação dessas decisões (Asimakopoulos, 1991, p. 74). Essa igualação entre a decisão de investimento e a sua implementação só faz sentido se o intervalo de tempo entre a tomada da decisão de investimento e a sua efetiva implementação for suficientemente curto para ser delimitado no interior do curto período. No entanto, vimos anteriormente que as evidências empíricas apontam para a existência de um hiato temporal considerável entre o momento no qual as empresas tomam suas decisões de investimento e o momento no qual são implementadas. Dessa forma, necessitamos de outra explicação comportamental para a determinação do investimento planejado.

Essa explicação pode ser facilmente obtida pela análise da relação entre a estrutura de capital da empresa e o custo médio ponderado do capital, conforme as expressões (3.7) e (3.8). Com efeito, à medida que a empresa aumenta o volume planejado de investimento, uma fração maior dele será financiado com capital de terceiros, cuja taxa de retorno é maior do que a taxa de retorno do capital próprio, ou seja, o custo médio ponderado do capital será uma função crescente do volume de investimento a partir do ponto em que a fração do investimento financiada com capital de terceiros se torna positiva.

O financiamento do investimento com capital de terceiros introduz dois elementos adicionais na análise da decisão de investimento: *o risco do tomador e o risco do emprestador* (Keynes, 1936, p. 144-145). O risco do tomador refere-se à confiança que o tomador de empréstimos tem na capacidade dos rendimentos esperados do equipamento de capital recentemente adquirido serem capazes de superar, com alguma margem, os comprometimentos financeiros realizados para a aquisição do referido equipamento. Dessa forma, a eficiência marginal do capital — calculada pela expressão (3.6) — deve ser reduzida por uma margem que capte o risco do tomador a partir do ponto em que o financiamento da aquisição de equipamento de capital se faz por intermédio do capital de terceiros.

Analogamente, o custo médio ponderado do capital é crescente com o volume de investimento devido à atuação do risco do emprestador, ou seja, da inadimplência voluntária (*risco moral*) ou involuntária (*desapontamento de expectativas*) dos tomadores de empréstimos.

O risco do tomador e do emprestador são crescentes no volume de investimento, fazendo com que o investimento decidido pelas firmas se dê no ponto em que a eficiência marginal do capital — deduzida do risco do tomador — se iguale ao custo médio ponderado do capital, o qual é uma função crescente do volume de investimento, conforme figura 3.2 a seguir.

Figura 3.2 Determinação do investimento planejado pela firma

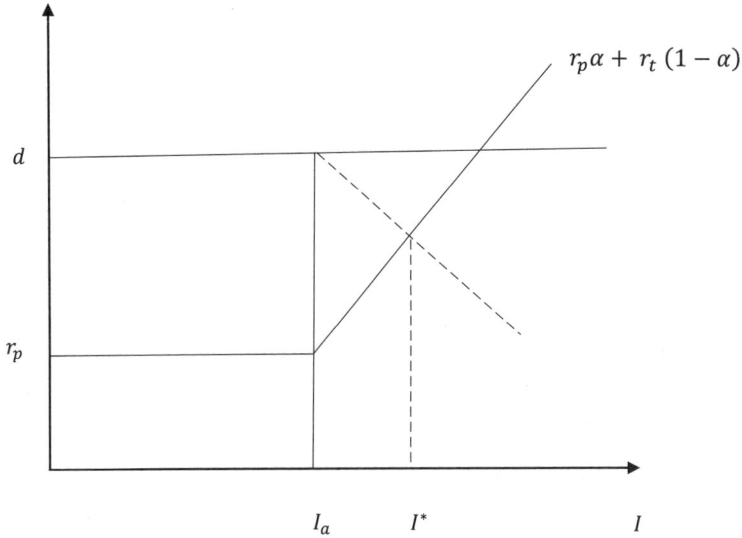

Fonte: Elaboração do autor.

Onde: I_a é o investimento financiado com recursos próprios, I^* é o investimento desejado pelas firmas.

O que acontece com o investimento desejado pela firma se a taxa de juros de longo prazo aumentar? Conforme podemos verificar na equação (3.9), um aumento da taxa de juros de longo prazo aumentará o custo de oportunidade do capital próprio. Dada a estrutura de capital da empresa e a taxa de juros do capital de terceiros, a elevação do custo de oportunidade do capital próprio resultará num aumento do custo médio ponderado do capital. Dessa forma, a igualdade entre a eficiência marginal do capital e o custo médio ponderado do capital se dará a um nível menor de investimento, conforme podemos visualizar na figura 3.3 a seguir:

Figura 3.3 Efeito de uma elevação da taxa de juros de longo prazo

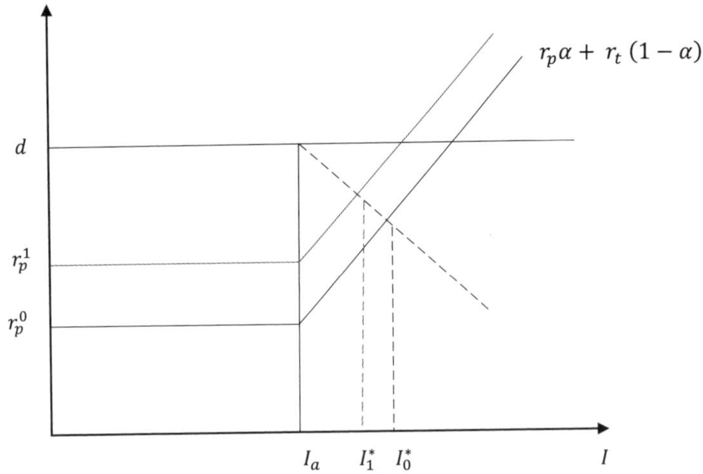

Fonte: Elaboração do autor.

Na figura 3.3 observamos que o aumento do custo médio ponderado do capital de r_p^0 para r_p^1 faz com que o investimento planejado pelas firmas se reduza de I_0^* para I_1^*. Dessa forma, obtemos uma relação inversa entre a taxa de juros (de longo prazo) e o volume de investimento, conforme podemos verificar na figura 3.4 a seguir.

Figura 3.4 Relação entre investimento e taxa de juros de longo prazo

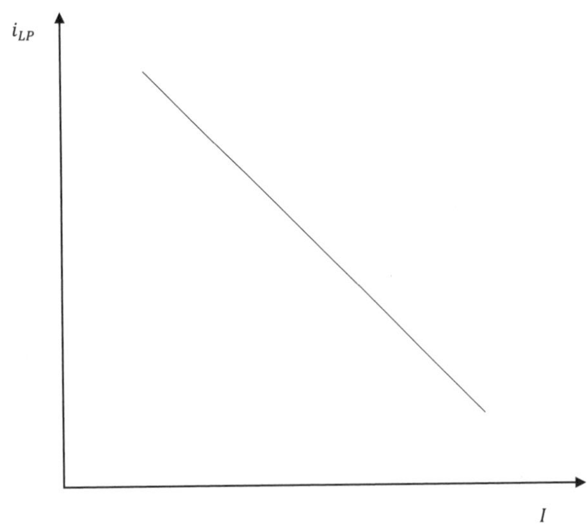

Fonte: Elaboração do autor.

Com base no que foi apresentado até o presente momento, podemos considerar que o investimento planejado pelas firmas é uma função da diferença entre a *eficiência marginal do capital* e a *taxa de juros de longo prazo*, tomando-se como dados o estado de expectativas de longo período, o preço de oferta do equipamento de capital e a estrutura de capital da empresa. Temos, então, que:

$$I_t^p = \theta_0 + \theta_1(d - i_{LP}) \quad \textbf{(3.11)}$$

Onde: $\theta_0 > 0$; $\theta_1 > 0$

O investimento realizado em cada curto período será suposto como uma média ponderada das decisões de investimento tomadas nos dois períodos anteriores, conforme equação (3.12) a seguir:

$$I_t = \theta I_{t-1}^p + (1 - \theta)I_{t-2}^p \quad \textbf{(3.12)}$$

3.5 Incerteza, Convenções e o Estado de Expectativas de Longo Período

No artigo *The General Theory of Employment*, publicado em 1937, Keynes (1937a) afirma que uma das principais inovações da sua Teoria Geral foi analisar a relação entre incerteza e a acumulação de riqueza e, em especial, a demanda de moeda (Carvalho, 2015, p. 18). Apesar da centralidade da incerteza na argumentação apresentada no artigo de 1937, o fato é que Keynes não apresentou uma definição precisa desse conceito (Carvalho, 2015, p. 18). Com efeito, Keynes acabou adotando uma estratégia de definir o conceito de incerteza de forma imprecisa, por intermédio de exclusão e de exemplos, como numa das passagens mais conhecidas do artigo de 1937:

> Desejo explicar que por conhecimento "incerto" não pretendo apenas distinguir o que é conhecido como certo, do que apenas é provável. Nesse sentido, o jogo da roleta não está sujeito à incerteza; nem sequer a possibilidade de se ganhar na loteria. Ou ainda a própria esperança de vida é apenas moderadamente incerta. Até as condições meteorológicas são apenas moderadamente incertas. O sentido em que estou usando o termo é aquele segundo o qual a perspectiva de uma guerra europeia é incerta, o mesmo ocorrendo com o preço do cobre e a taxa de juros daqui a vinte anos, ou a obsolescência de uma nova invenção, ou a posição dos

> proprietários particulares de riqueza no sistema social de 1970. Sobre esses temas não existe qualquer base científica para um cálculo probabilístico. Simplesmente nada sabemos a respeito (KEYNES, 1937a *apud* SZMRECSÁNI, 1984, p. 171).

Para Carvalho (1992, p. 56-62), uma noção mais precisa de incerteza na obra de Keynes pode, no entanto, ser obtida a partir da análise do conceito de "peso do argumento", apresentado no *Tratado sobre a Probabilidade*, publicado em 1923. Nessa obra, Keynes estava preocupado em entender até que ponto é racional aceitar como verdade uma proposição obtida por intermédio de argumentação a partir de outra proposição. Nesse contexto, Keynes define a *crença racional* como a plausibilidade lógica de uma proposição derivada a partir de uma proposição inicial. Assumindo que o ponto de partida é correto, então a teoria da probabilidade nada mais é do que a aplicação da lógica a um conjunto inicial de proposições para obter outro conjunto de proposições. Mas se as premissas sobre as quais a argumentação é construída são verdadeiras e se os argumentos são derivados logicamente, então por que razão as conclusões são meramente *prováveis* ao invés de certas? A resposta a essa pergunta é que o conjunto de premissas sobre as quais a argumentação é baseada pode ser incompleto, fazendo com que seja impossível obter conclusões certas, mas apenas conclusões sobre as quais é possível ter algum grau de crença racional.

As relações de probabilidade entre o conjunto inicial de premissas e as proposições que podem ser logicamente derivadas a partir delas ganham uma nova dimensão quando se leva em conta a possibilidade de as *premissas iniciais serem incorretas*, por não se basearem em evidências concretas, mas construídas a partir da imaginação dos indivíduos (Carvalho, 1992, p. 61). Nesse caso, além da relação de probabilidade deve-se levar em conta também o que Keynes denominou de *peso do argumento*, o qual não é determinado pela comparação "entre a evidência favorável e desfavorável, mas entre os montantes absolutos de conhecimento e ignorância relevantes respectivamente" (Keynes, 1923, *apud* Carvalho, 1992, p. 58). Esse tipo de evidência não revela nenhum elo lógico novo entre as proposições, como também não nega ou invalida qualquer uma das mesmas; mas apenas corrobora alguns argumentos já conhecidos, tanto de forma positiva como negativa. Nessas condições, a nova evidência pode não afetar a relação de probabilidade entre duas proposições; mas apenas o *grau de confiança* que se tem na mesma.

A partir dessas considerações, podemos afirmar que a **incerteza de uma relação nada mais é do que o grau de completude da informação disponível para os indivíduos no momento da tomada de decisão**, o qual se expressa no *peso do argumento* ou no *estado de confiança* do tomador de decisão.

Deve-se observar que a incerteza não reflete métodos defeituosos de obtenção e processamento das informações, mas resulta da natureza dos processos estocásticos que governam os resultados dos processos de tomada de decisão (Carvalho, 1992, p. 62-63). Se tais processos forem ergódicos — ou seja, processos nos quais as médias temporais de uma única realização do processo estocástico convergem para a média espacial de todo o universo de realizações possíveis desse processo estocástico num dado ponto do tempo (Davidson, 2002, p. 50) —, então, por intermédio de um processo de tentativa e erro, seria possível que os tomadores de decisão conseguissem eventualmente obter toda a informação necessária para orientar suas ações. O problema é que a ergodicidade demanda replicabilidade, o que exige que os processos sociais sejam invariantes no tempo. A replicabilidade, por seu turno, demanda a ausência de *decisões cruciais*, ou seja, decisões que uma vez tomadas mudam de forma irreversível as condições iniciais nas quais o processo decisório foi implementado (Carvalho, 1992, p. 65).

A existência de incerteza que não pode ser reduzida ao cálculo de probabilidades é de importância fundamental para o entendimento a respeito do funcionamento das economias modernas porque muda o comportamento dos agentes, relativamente ao que ocorre numa situação em que os resultados futuros de qualquer curso de ação podem ser previstos com base no cálculo probabilístico (Carvalho, 1992, p. 94). Com efeito, se os processos econômicos e sociais forem ergódicos, então será possível analisar o processo de tomada de decisão no mundo estocástico com o mesmo ferramental teórico desenvolvido para lidar com esse problema no mundo determinístico. Nesse aspecto, deve-se ressaltar que na *Teoria Neoclássica Moderna,* a "incerteza" impõe apenas uma redefinição do conceito de bens, mas não uma redefinição de comportamentos (Carvalho 1992, p. 94).

No capítulo 12 da Teoria Geral, onde Keynes discute o estado de expectativas de longo período, um dos determinantes fundamentais da eficiência marginal do capital, vemos que as expectativas de longo período englobam duas dimensões. A primeira consiste no melhor prognóstico que o empresário pode formular a respeito dos resultados de sua decisão de investimento. A segunda dimensão se refere à confiança que os empresários têm em seus próprios prognósticos, ou seja, sua avaliação de quão possível é que seus melhores prognósticos se mostrem incorretos (Keynes, 1936, p. 148). É nessa segunda dimensão do estado de expectativas de longo período que a incerteza, entendida como a percepção dos agentes a respeito do grau de completude do conjunto de informações que baseia a sua tomada de decisão, atua.

A precariedade da base de conhecimento que os empresários têm para formar suas expectativas sobre o fluxo de quase-rendas, geradas pelo uso do equipamento de capital recentemente adquirido, faz com que as decisões de investimento sejam baseadas no *espírito animal* dos empresários, ou seja, na sua propensão a agir sem demora ao invés de não fazer nada (Keynes, 1936, p. 161). Essa propensão a agir ou otimismo espontâneo dos empresários é um fator que torna o estado de expectativas de longo período sujeito a mudanças súbitas e violentas (CWJMK, vol. XIV, p. 114).

A incerteza, como vimos, afeta o comportamento dos empresários. Em primeiro lugar, faz com que o processo de tomada de decisão seja mais baseado no otimismo espontâneo dos empresários do que no cálculo racional dos benefícios e custos esperados de cada curso de ação. Em segundo lugar, a incerteza leva os empresários a adotarem regras práticas de tomada de decisão como, por exemplo, projetar no futuro a rentabilidade corrente dos bens de capital em uso, modificando essa projeção apenas na extensão em que existem razões mais ou menos definidas, para se esperar uma mudança com respeito à situação atual (Keynes, 1936, p. 148). Trata-se daquilo que Keynes denominou de *convenção* (Keynes, 1936, p. 152).

Nesse contexto, a eficiência marginal do capital pode ser estimada, pelos empresários, a partir da taxa corrente de retorno sobre os ativos de capital em uso nas suas empresas, desde que eles possam confiar na manutenção dessa convenção. A ocorrência de eventos imprevistos pode, contudo, afetar a confiança dos empresários na manutenção dessa convenção; levando assim a uma revisão do estado de expectativas de longo período, com reflexo no investimento desejado pelos empresários.

A incerteza tem como efeito tornar potencialmente volátil a relação entre a taxa de juros de longo prazo e o investimento planejado pelos empresários, de forma a produzir grandes oscilações no volume de investimento e também, por intermédio do multiplicador do investimento, no nível de renda e de emprego. A instabilidade da função investimento torna a política monetária pouco eficaz como instrumento de política anticíclica (Keynes, 1936, p. 164). Mesmo que a autoridade monetária seja capaz de gerar a variação desejada na taxa de juros de longo prazo por intermédio de variações da taxa de juros de curto prazo (analisaremos essa questão no próximo capítulo), as mudanças na taxa de juros de longo prazo podem se mostrar insuficientes para amortecer as flutuações do investimento decorrentes de uma mudança no estado de expectativas de longo período.

Para Keynes, diante da instabilidade do estado de confiança, a melhor maneira de estabilizar o nível de renda e de emprego é por intermédio de um processo de *socialização do investimento*, ou seja, pela transferência para o Estado de parcela relevante das decisões de acumulação de capital. No manifesto *Can Lloyd George Do It?*, escrito em 1929, Keynes (1931, p. 113) afirma que setores como transportes, serviços de utilidade pública e construção residencial são particularmente propícios para a realização de investimento público, porque a iniciativa privada, dada a dimensão do comprometimento de recursos e a incerteza envolvida, tem pouco apetite para realizar os investimentos necessários. Nas suas palavras:

> Gostemos ou não, é fato que o ritmo de desenvolvimento do capital no sistema de transportes, nos serviços públicos e na habitação deste país depende em grande parte da política do Tesouro e do governo da época.
>
> Se restringem e reduzem, nada é feito. Se eles optarem por dormir, a gente fica para trás. Mas se facilitam e inspiram, os equipamentos do país avançam. A escolha entre uma estrutura produtiva nacional bem equipada, atualizada, aprovada e eficiente depende do humor e da política do governo.
>
> Não se trata, portanto, de escolher entre a iniciativa privada e a empresa pública nestas matérias. A escolha já foi feita. Em muitas direções — embora não em todas — trata-se de o Estado colocar a mão no trabalho ou então nada será feito.
>
> Estradas, arborização, recuperação e drenagem, eletrificação, limpeza de favelas e urbanismo, desenvolvimento de canais, docas e portos; essas são as coisas que precisam absorver grandes somas de capital hoje, e em todos os casos a iniciativa é necessariamente de uma autoridade pública (Keynes, 1933, p. 113).

3.6 Reprise das Conclusões

Ao longo deste capítulo, fizemos uma análise detalhada dos dois componentes da função de demanda agregada apresentada no capítulo anterior, ou seja, da demanda de consumo e de investimento. Inicialmente foram apresentados os determinantes da propensão a consumir, a qual regula a relação entre o gasto de consumo das famílias e a sua renda medida em unidades de salário. Essa relação depende de uma série de fatores objetivos e subjetivos, mas pode ser considerada como estável no curto período. Diante da incerteza, as famílias decidem destinar ao consumo apenas uma parte de qualquer acréscimo na sua renda corrente, ou seja, a propensão marginal a consumir é menor do que um.

A partir da propensão marginal a consumir, definimos o multiplicador do investimento o qual é o resultado dos efeitos diretos e indiretos de um aumento do gasto de investimento sobre os níveis de renda e de emprego. Vimos que, nas condições normais de operação de uma economia monetária, o multiplicador do investimento é consideravelmente superior à unidade, fazendo com que uma expansão fiscal, com o objetivo de aumentar o nível de emprego, seja, ao menos em parte, autofinanciável, de maneira que não existe um dilema entre os objetivos de criação de emprego e equilíbrio das contas públicas.

Vimos também que a decisão de investimento em capital fixo depende da diferença entre a eficiência marginal do capital e a taxa de juros de longo prazo, tomando-se como dados o estado de expectativas de longo período, o preço de oferta dos bens de capital e a estrutura de capital da empresa. Nesse contexto, apresenta-se uma relação inversa entre investimento e taxa de juros que não depende da possibilidade de se mensurar o valor do estoque de capital, sem cair em problemas de circularidade lógica como ocorre com a teoria neoclássica do capital[10].

Por fim, constatamos que, devido à incerteza, a decisão de investimento em capital físico depende mais do otimismo espontâneo dos empresários do que do cálculo racional de benefícios e custos esperados. Essa dependência torna a função investimento instável, sendo assim uma fonte de choques

[10] A esse respeito ver Oreiro (2018, capítulo 2).

sobre o nível de renda e de emprego. Essa instabilidade, por sua vez, torna a política monetária relativamente ineficaz como instrumento de política anticíclica. A melhor solução para o problema da instabilidade do capitalismo é a socialização do investimento, entendida como a transferência para o Estado de uma parcela relevante das decisões de investimento, notadamente nos setores de transporte, utilidades públicas e construção civil.

3.7 Questões para Discussão

- **1° Questão**: Uma crítica comum dos autores neorricardianos à teoria keynesiana é que ela permitiu que a "Lei de Say" retornasse à cena "pela porta dos fundos", devido ao conceito de eficiência marginal do capital. Isso porque tal conceito restabeleceu a existência de uma relação inversa entre a quantidade demandada do fator de produção capital e a taxa de juros, condição *sine qua non* para a tendência ao pleno emprego no sistema neoclássico. Você concorda com essa crítica? Mais especificamente, você concorda que o conceito de eficiência marginal do capital é equivalente ao conceito de produtividade marginal do capital? Se não, quais os fundamentos microeconômicos para a existência de uma relação inversa entre o volume de investimento e a taxa de juros na Teoria Geral de Keynes? Qual o papel que a intensidade de fatores (entendido como a relação K/L) desempenha para esse resultado? Explique.
- **2° Questão**: Uma proposição importante da teoria keynesiana é a ideia de "profecias autorrealizáveis", ou seja, de que mudanças no estado de confiança dos empresários, a respeito do estado futuro da economia, podem acabar se tornando realidade. Para que isso ocorra, contudo, é necessário que a mudança do estado de confiança seja compartilhada pelos empresários, isto é, que seja uma mudança do estado de ânimo generalizado. Explique de que forma uma crença compartilhada é compatível com a incerteza keynesiana. Qual o papel do multiplicador do investimento para esse resultado?

- **3° Questão**: Na discussão dos determinantes do multiplicador, vimos que as instituições do mercado de trabalho e o estado do ciclo econômico são variáveis que afetam o tamanho do multiplicador. Pergunta-se:
  a. Qual a influência da taxa de desemprego sobre o valor do multiplicador do investimento? A duração do desemprego afeta o multiplicador? Por quê?
  b. Qual a influência da legislação de proteção do emprego (multa para rescisão unilateral do contrato de trabalho, negociações salariais feitas por intermédio de acordo coletivo, entre outras) sobre o multiplicador do investimento?

04

PREFERÊNCIA PELA LIQUIDEZ, MOEDA E POLÍTICA MONETÁRIA

4.1 Introdução

No capítulo anterior, vimos que o nível de renda e de emprego de equilíbrio de curto período é determinado pelo investimento realizado e pelo multiplicador, o qual depende da propensão marginal a consumir. O investimento realizado foi suposto como uma média ponderada entre o investimento desejado ao longo de uma sequência de curtos períodos, em particular, como uma média ponderada entre as decisões de investimento tomadas no presente e no período anterior. O investimento desejado, por sua vez, resulta da comparação entre a eficiência marginal do capital e o custo médio ponderado do capital, o qual depende, em larga medida, da taxa de juros de longo prazo.

Uma das proposições fundamentais de Keynes na sua Teoria Geral, reforçada nos escritos posteriores à mesma, é que a taxa de juros é um fenômeno estritamente monetário, ou seja, determinada pela relutância dos tomadores de decisão em renunciar à posse de moeda, em vez de ser determinada pela relutância deles em trocar consumo presente por consumo futuro. Na verdade, numa economia monetária com mercados futuros desenvolvidos e organizados, cada mercadoria transacionada nesses mercados tem uma taxa de juros definida em termos de si mesma, ou seja, *a sua taxa própria de juros*. A moeda também tem uma taxa de juros, que nada mais é do que o prêmio que pode ser obtido na troca entre moeda hoje por moeda em algum ponto no futuro. Trata-se da *taxa monetária de juros*, a qual, segundo Keynes, determinaria o valor mínimo abaixo do qual as demais taxas próprias de juros não podem cair. A questão fundamental para a Teoria do Emprego e da Renda é que o nível da taxa monetária de juros, determinada pela preferência pela liquidez dos tomadores de decisão, pode ser alto demais para permitir que os empresários estejam dispostos a investir o volume necessário para que todos os trabalhadores, que estejam dispostos a trabalhar ao salário nominal vigente no mercado de trabalho, consigam encontrar emprego. Nesse caso, a economia se encontrará numa posição de equilíbrio de curto período com desemprego involuntário da força de trabalho.

Neste capítulo, analisaremos a relação entre preferência pela liquidez, taxa de juros e política monetária. Nos livros de macroeconomia, geralmente se apresenta uma única taxa de juros, determinada pela combinação entre a demanda de moeda — vista como sinônimo de preferência pela liquidez — e a oferta de moeda, tida como determinada pela autoridade monetária. Essa forma de apresentação da determinação da taxa de juros não é apenas uma simplificação drástica, como também é essencialmente errada.

Em primeiro lugar, não existe "a" taxa de juros, mas um *espectro de taxa de juros*, com as taxas de juros se diferenciando com base no período pelo qual o tomador de decisão se mostra disposto a renunciar à posse de moeda.

Em segundo lugar, o Banco Central não fixa a quantidade de moeda, mas apenas o nível de taxa de juros ao qual os bancos comerciais podem emprestar ou tomar emprestado do Banco Central, ou seja, a taxa de juros do mercado interbancário. *A quantidade de moeda é uma variável endógena*, determinada pela demanda de reservas bancárias por parte dos bancos comerciais, a qual depende, por sua vez, do volume de crédito concedido pelos bancos comerciais.

Por fim, mas não menos importante, o Banco Central pode fixar ao seu bel-prazer o valor da taxa de juros do mercado interbancário, mas não o nível da taxa de juros de longo prazo, ou seja, a taxa de juros dos contratos de permuta entre dinheiro hoje e dinheiro no futuro para prazos mais longos, superiores a um ano. Isso porque o *spread* entre a taxa curta e a taxa longa depende: (i) das expectativas do mercado financeiro sobre a evolução futura da taxa curta, isto é, sobre o comportamento futuro da política monetária conduzida pelo Banco Central; e (ii) da preferência pela liquidez dos tomadores de decisão. As expectativas do mercado financeiro sobre a evolução futura da taxa de juros dependem daquilo que Keynes denominou de taxa de juros segura (Keynes, 1936, p. 201), ou seja, o valor da taxa de juros que os tomadores de decisão acreditam que prevalecerá a longo prazo. Embora o Banco Central possa influenciar o valor da taxa de juros segura, existem circunstâncias nas quais esse poder é limitado, tornando assim a política monetária ineficaz (Modenesi et al., 2013).

4.2 Moeda e Sistema de Contratos

Em função do papel essencial que a moeda desempenha na *visão de mundo* de Keynes, uma pergunta que obviamente se coloca diz respeito à definição de moeda — e quais ativos devem ser incluídos nessa definição. Na obra de Keynes, a definição e o papel da moeda no sistema econômico estão intimamente relacionados ao sistema de contratos em moeda, com base no qual a produção é organizada nas economias monetárias modernas. Qualquer transação numa economia de mercado pode ser vista como um contrato entre duas partes: uma parte que se compromete a entregar um bem ou serviço agora ou no futuro; outra parte que se compromete a realizar um pagamento por esse bem ou serviço agora ou no futuro (Carvalho, 1992, p. 100). Os contratos, por sua vez, podem ser de dois tipos: (i) *contratos à vista ou implícitos*, nos quais ambas as partes da transação se comprometem, de maneira *informal*, a entregar um produto ou serviço, e o pagamento referente ao mesmo no ato de realização da transação; e (ii) *contratos a termo ou explícitos* nos quais uma das partes da transação se compromete formalmente (por escrito, via assinatura de documentos) a entregar um bem ou serviço no futuro em troca de um pagamento a ser realizado agora ou no futuro.

Os contratos a termo têm uma importância fundamental na organização do processo produtivo nas economias modernas devido ao fato de que a produção é um processo que demanda tempo (*princípio da temporariedade dos processos econômicos*). Dessa forma, a decisão de contratação dos insumos e fatores de produção antecede temporalmente a venda da produção acabada no mercado. Assim sendo, a decisão de produção deve ser tomada sem que o empresário tenha o conhecimento prévio do preço de venda (em mercados perfeitamente competitivos) ou da quantidade demandada dos seus produtos (em mercados imperfeitamente competitivos). Os contratos a termo reduzem a incerteza ao estabelecer o fluxo de recursos (reais ou financeiros), a sua data de entrega e os seus termos (preços). Dessa forma, tais contratos asseguram aos produtores a disponibilidade de insumos e os preços aos quais podem ser comprados. Além disso, os contratos funcionam também como um mecanismo de controle de custos por parte dos produtores, permitindo aos mesmos calcularem a rentabilidade relativa das diversas opções de produção (Carvalho, 1992, p. 48).

Para que o sistema de contratos possa funcionar, contudo, alguns requerimentos devem ser atendidos. Em primeiro lugar, deve ser definida uma unidade na qual os valores das mercadorias a serem entregues agora ou no futuro são medidas, ou seja, deve-se definir uma *unidade de conta*. Em segundo lugar, deve ser definido um instrumento no qual os contratos possam ser liquidados, ou seja, um instrumento que seja aceito como contrapartida das mercadorias a serem entregues agora ou no futuro, o qual servirá então como meio de pagamento. Por fim, deve existir algum mecanismo social que garanta o cumprimento dos contratos, estabelecendo punições para as partes que não cumprirem os termos estabelecidos nos contratos.

A definição da unidade de conta e do instrumento que pode ser utilizado para a liquidação dos contratos é feita na *Lei dos Contratos*, cujo cumprimento é garantido pelo Estado. Isso significa que qualquer ativo que seja aceito ou que possa ser usado para liquidar contratos é a *moeda corrente* da economia (*legal tender*). Se existirem substitutos perfeitos para a moeda corrente — porque existe um *market maker* que garante a conversão de um ativo em moeda corrente a uma taxa fixa —, então eles também serão moeda (Carvalho, 1992, p. 101).

Quanto maior for a proporção de atividades reguladas por contratos a termo, e quanto maior a maturidade destes, maior será o "valor real" da unidade de conta, e, consequentemente, mais estável será o poder de compra da moeda. Se existir um sistema extenso de contratos a termo; então o objeto que é usado para liquidar obrigações correntes pode ser visto também como um objeto para liquidar obrigações futuras. Dessa forma, o meio de pagamento da economia torna-se também reserva de valor. Daqui se segue, portanto, que a existência de contratos a termo denominados em moeda — ou seja, contratos nos quais a unidade de conta é constituída do mesmo ativo que o meio de pagamento — é o que torna a moeda um ativo (Carvalho, 1992, p. 102).

Carvalho (2015, p. 50-51) enfatiza que, enquanto o público acreditar na estabilidade dos preços no futuro, os contratos a termo, em particular os contratos de trabalho, continuarão sendo denominados e liquidados na moeda legal; de maneira que o sistema de contratos reforçará a crença na estabilidade dos preços futuros, fazendo com que o prêmio de liquidez da moeda seja maior do que seu custo de carregamento. Para que essa crença seja sustentada é necessário, contudo, que a moeda seja mantida relativamente escassa, ou seja, que a demanda futura pela moeda como ativo seja tida pelos tomadores de decisão com valor igual ou maior do que a sua oferta futura; do contrário poderá se formar uma expectativa de redução do valor da moeda no futuro, rompendo assim a confiança no sistema de contratos. Nesse caso, a moeda perderá o seu atributo de liquidez.

A relação existente entre moeda e sistema de contratos nos permite entender com mais clareza o que é moeda. Nos últimos anos, o desenvolvimento das tecnologias do tipo *blockchain*[1] levaram ao surgimento do que foi denominado de *criptomoedas*, ou seja, um meio de troca, produzido de forma descentralizada, que se utiliza da tecnologia *blockchain* e da criptografia para assegurar a validade das transações e a criação de novas unidades desse meio de troca. Existe muita especulação sobre se as criptomoedas seriam uma forma de moeda, criada de forma descentralizada pelos agentes de mercado. Aqui temos que ter clareza da distinção entre meio de troca e meio de pagamento. Qualquer objeto pode ser usado como meio de troca, basta a anuência das duas partes de uma transação. Mas meio de pagamento é aquilo que o Estado define como (i) unidade de conta dos contratos e (ii) instrumento utilizado para liquidação deles. Na imensa maioria dos países — excetuando-se os casos folclóricos de El Salvador e da República Centro-Africana —, as criptomoedas não desempenham nenhuma das duas funções, razão pela qual não podem ser consideradas como moeda, mas sim como um ativo cujo preço de mercado — ou seja, o seu preço em termos da moeda corrente de cada país — flutua de acordo com a oferta e demanda por esse tipo de ativo especulativo.

---

[1] Sobre blockchain ver *Blockchain* - Wikipédia, a enciclopédia livre (wikipedia.org). https://pt.wikipedia.org/wiki/Blockchain.

Na verdade, se desconsiderarmos motivações criminais, como ocultar transações ilícitas, a demanda por criptomoedas se baseia unicamente na expectativa de valorização delas em termos da moeda corrente de cada país e, mais especificamente, em termos da moeda corrente dos Estados Unidos. As regras de criação de criptomoedas — usualmente denominadas de *mineração* — tem precisamente como objetivo garantir que a oferta desse tipo de ativo cresça, na maior parte do tempo, abaixo da demanda, de forma a garantir uma valorização constante desse ativo em termos de dólares americanos.

Outro problema com as criptomoedas, especialmente as bitcoins, é que a sua, por assim dizer, mineração demanda um consumo muito grande de eletricidade, consumo esse atendido, na sua maior parte, por fontes não renováveis[2]. Dessa forma, a criação de unidades adicionais de criptomoedas é uma fonte extra de emissões de CO_2 e outros gases causadores do efeito estufa na atmosfera, agravando assim o problema das mudanças climáticas em curso no planeta.

4.3 Incerteza e Preferência pela Liquidez

Vimos no capítulo anterior que a existência de incerteza — que não pode ser reduzida ao cálculo de probabilidades — é de importância fundamental para o entendimento a respeito do funcionamento das economias modernas, pois ela muda o comportamento dos agentes em relação ao que ocorre numa situação em que os resultados futuros de qualquer curso de ação podem ser previstos com base no cálculo probabilístico.

Se o futuro é incerto, então os tomadores de decisão precisam de proteção contra eventos imprevistos e não especificáveis que possam ocorrer no futuro, e que tenham o potencial de afetar de forma adversa a sua situação econômico-financeira (Carvalho, 2015, p. 20). Como a moeda é o instrumento no qual todas as obrigações contratuais são especificadas e liquidadas; então ela é poder de compra na forma geral, tornando-se o seguro universal contra eventos adversos, principalmente no caso em que os tomadores de decisão possuem dívidas que os obrigam a fazer uma série de pagamentos contratuais agora e no futuro. Nesse contexto, a posse de moeda funciona

[2] Ver preço do Bitcoin e gasto de energia para mineração estão altamente correlacionados, diz relatório da ONU (cointelegraph.com). https://br.cointelegraph.com/news/bitcoin-price-mining-energy-highly-correlated-un-report.

como um *ansiolítico* contra as limitações nas quais qualquer previsão sobre o resultado futuro de decisões tomadas no presente é feita.

A demanda por proteção contra eventos imprevistos e não especificáveis pode ser atendida pela moeda e por outros ativos que possam ser rápida e facilmente conversíveis em meio de pagamento. Em outras palavras, essa demanda por proteção é, na verdade, uma demanda por liquidez. Como lembra Carvalho (1992, p. 83), *a liquidez é a capacidade de converter um ativo em meio de pagamento e, portanto, em qualquer coisa que possa ser adquirida com moeda*. A liquidez é, dessa forma, um conceito *bidimensional*, pois ela se refere simultaneamente ao intervalo de tempo para a realização de um ativo (ou seja, o intervalo de tempo entre a decisão de venda do ativo e a concretização dessa decisão) e a capacidade desse ativo de conservar seu valor ao longo do tempo (Carvalho, 1992, p. 85). Nesse contexto, um ativo será tão mais líquido quanto menor for a influência do prazo de realização sobre o preço de venda do mesmo (Hicks, 1974, p. 42-43).

Os ativos existentes numa economia moderna podem ser classificados com base no seu grau de liquidez. A moeda é, por definição, o ativo mais líquido que existe, pois se trata do único ativo existente na economia cuja conversão em meio de pagamento está assegurada a priori e de forma continua à taxa de um para um. Daqui se segue que a elevada liquidez da moeda advém do fato de que ela é o único ativo que é simultaneamente meio de pagamento. A liquidez dos demais ativos depende da facilidade com a qual os mesmos podem ser convertidos em moeda. Essa facilidade vai depender do grau de organização dos mercados secundários nos quais esses ativos são transacionados (Carvalho, 1992, p. 86).

O grau de organização dos mercados secundários depende de três atributos (Carvalho, 1992, p. 89). O primeiro atributo é a *densidade*, a qual depende do tamanho do mercado, ou seja, do número de compradores em potencial do ativo que atuem como uma reserva de demanda que possa absorver de forma rápida e sem grandes pressões os preços das quantidades postas à venda num instante qualquer do tempo. A densidade depende, fundamentalmente, da *substitubilidade* entre os itens individuais de certa classe de ativos. Quanto menor o grau de *substitubilidade*, ou seja, quanto mais específicos forem os itens individuais, menor a densidade do mercado.

O segundo atributo é a *permanência*. Esse atributo refere-se ao tempo de operação dos mercados. Quanto mais permanente for um mercado, mais líquido será o ativo para o seu possuidor, pois maior será a probabilidade de que ele seja capaz de encontrar um comprador para esse ativo, caso seja necessário se desfazer dele.

Por fim, o terceiro atributo é a existência de *market makers*. Um mercado organizado é aquele no qual são evitadas as flutuações excessivas dos preços dos ativos neles transacionados. A função dos *market makers* é precisamente evitar as flutuações excessivas dos preços dos ativos, atuando como compradores ou vendedores residuais desses ativos quando o excesso de oferta ou de demanda pelos mesmos excede alguma margem aceitável.

Com base nessa discussão, os diferentes ativos existentes numa economia podem ser classificados em três grandes grupos com base nos seus graus de liquidez. O primeiro grupo é formado pelos ativos ilíquidos, ou seja, pelos ativos cujos mercados de revenda são pouco organizados, de tal forma que, para todos os fins práticos, esses ativos não podem ser revendidos durante sua vida útil. A maior parte do equipamento de capital é composta por ativos desse tipo.

O segundo grupo é constituído por ativos financeiros que são transacionados em mercados à vista bem organizados, de tal forma que os agentes que transacionam com esses ativos acreditam que os preços deles mudarão ao longo do tempo de maneira ordenada. Tais ativos são demandados tanto pelo fluxo de caixa que se pode obter dos mesmos quanto pela receita que se pode obter com a revenda desse ativo no mercado secundário.

O último grupo é constituído por ativos plenamente líquidos, os quais são ativos que podem ser imediatamente convertidos em dinheiro por intermédio da sua venda num mercado à vista no qual um *market maker* garante a conversão desse ativo na moeda legal a uma taxa fixa e preestabelecida. Os depósitos à vista são um exemplo de ativo plenamente líquido.

Anteriormente, vimos que a existência de incerteza gera uma demanda por proteção contra eventos imprevistos e não especificados, a qual pode ser atendida diretamente pela posse de moeda ou por ativos que possam ser rápida e facilmente convertidos em moeda. Dessa forma, num contexto de incerteza, os tomadores de decisão valorizam a posse de ativos líquidos em seu portfólio; o que significa dizer que estão dispostos a sacrificar a possibilidade de ter um maior retorno monetário em troca da posse de ativos líquidos. O rendimento que os tomadores de decisão estão dispostos a sacrificar em troca da liquidez é o *prêmio de liquidez*, o qual é definido como o retorno implícito (subjetivo) que os indivíduos atribuem à posse de ativos líquidos. Esse retorno implícito será tão maior quanto maior for a percepção de incerteza por parte dos tomadores de decisão.

Carvalho (1992, p. 97) chama atenção para o fato de que, na estrutura de agregação suposta nos capítulos 13 e 15 da Teoria Geral, existem apenas dois ativos, a saber: moeda e títulos. Nesse arcabouço, a taxa de juros nada mais é do que o diferencial de retorno exigido pelos indivíduos para reter títulos em vez de moeda em seus portfólios, ou seja, a taxa de juros é, nesse contexto, o prêmio pela renúncia à liquidez.

A preferência pela liquidez não se reduz, contudo, à demanda de moeda no contexto mais geral em que existe um *espectro de liquidez*, no qual um dos extremos é constituído por ativos ilíquidos, e o outro extremo por ativos perfeitamente líquidos. Nesse arcabouço, *a preferência pela liquidez determinará não o nível da taxa de juros; mas os preços e as taxas de retorno de todos os ativos existentes na economia*. Isso porque, a preferência pela liquidez fará com que, em equilíbrio, os ativos menos líquidos proporcionem aos seus possuidores uma taxa de retorno mais alta do que os ativos menos líquidos, como compensação por sua menor liquidez. Entendida dessa forma, a *Teoria de Preferência pela Liquidez* é, na verdade, uma *teoria de apreçamento de ativos*, não uma teoria da demanda de moeda (Carvalho, 1992, p. 98).

4.4 Preferência pela Liquidez e Determinação da Taxa de Juros[3]

No capítulo 13 da Teoria Geral, Keynes faz uma distinção entre a decisão de consumo-poupança e a decisão de composição de portfólio. A primeira de tais decisões seria governada pela propensão a consumir, ou seja, o conjunto de fatores objetivos e subjetivos que determinam a parcela da renda corrente que os indivíduos alocam para o gasto com bens de consumo, a qual foi analisada no capítulo anterior. A segunda decisão seria governada pela preferência pela liquidez, isto é, pelo desejo dos indivíduos em manter a sua

[3] Esta seção se baseia em Oreiro (2000a).

riqueza sob a forma de ativos líquidos (Keynes, 1936, p. 166). A princípio não haveria nenhum motivo pelo qual as decisões a respeito do ritmo de acumulação de riqueza devam ter alguma influência sobre as decisões a respeito da forma pela qual a riqueza é mantida ao longo do tempo; em outras palavras, um aumento/redução da propensão a consumir não irá impor um aumento/redução da preferência pela liquidez. Sendo assim, pode-se afirmar que tais decisões podem ser analisadas *separadamente* uma da outra.

Tendo feito a separação entre as decisões de consumo-poupança e de composição de portfólio, Keynes afirma que a taxa de juros está relacionada com esta última decisão, não com a primeira (Keynes, 1936, p. 166). A taxa de juros não poderia estar relacionada com a decisão de consumo-poupança porque os indivíduos podem armazenar as suas poupanças em ativos que não rendem juros como, por exemplo, a moeda. Nesse caso, o *sacrifício* envolvido na troca de consumo presente por consumo futuro não teria nenhuma recompensa, ou seja, a taxa de juros não poderia ser vista como um prêmio pela renúncia ao consumo presente[4]. Sendo assim, ele deve estar relacionado com a decisão de composição de portfólio (Keynes, 1936, p. 166-167).

Numa economia sujeita à incerteza não redutível ao cálculo de probabilidades, os indivíduos valorizam a posse de ativos líquidos em seus portfólios (Keynes, 1937b, p. 116). Dessa forma, eles só estarão dispostos a reter ativos ilíquidos em seus portfólios se lhes for oferecida uma recompensa explícita pela renúncia à posse de ativos líquidos. Essa recompensa é precisamente a taxa de juros (Keynes, 1936, p. 167). A *Teoria da Preferência pela Liquidez* afirma, portanto, que ativos com diferentes graus de liquidez devem proporcionar aos indivíduos que os retêm recompensas monetárias inversamente proporcionais ao seu grau de liquidez (Carvalho, 1992, p. 98).

4 Essa afirmação pode ser entendida de outra forma. A teoria "clássica" (fisheriana) da taxa de juros afirma que a existência de uma taxa de juros positiva se deve ao fato de que os consumidores só estarão dispostos a desistir de consumir a totalidade de seus recursos hoje — ou seja, só estarão dispostos a poupar — se e somente se tiverem acesso a uma quantidade maior de bens no futuro. Keynes afirma que tal explicação a respeito da existência de uma taxa de juros positiva é incompatível com o fato empiricamente observado de que os indivíduos acumulam uma parte de sua riqueza sob a forma de ativos que não rendem juros. Dessa forma, se o objetivo do ato de poupança fosse a obtenção de uma taxa de juros explícita, por que indivíduos racionais destinam uma parte de suas poupanças para o aumento de suas reservas monetárias?

Ao longo da maior parte da Teoria Geral, no entanto, Keynes considera uma economia na qual existem apenas dois únicos ativos: moeda e títulos (Carvalho, 1992, p. 97). O ativo moeda se constitui num agregado de ativos com alto grau de liquidez, ou seja, ativos cujo prazo de realização tem pouca ou nenhuma influência sobre o seu preço de mercado (Hicks, 1989, p. 226). O ativo títulos, por seu turno, seria um agregado de ativos com baixo grau de liquidez. Nesse contexto, a preferência pela liquidez se identifica com a demanda por moeda: aqueles indivíduos que desejarem reter ativos líquidos não terão outra opção a não ser a retenção do ativo moeda; em outras palavras, os motivos pelos quais os indivíduos preferem ativos líquidos aos ativos ilíquidos podem ser explicados em termos dos motivos pelos quais os indivíduos demandam moeda.

De acordo com Keynes, os indivíduos demandam moeda para atender os seguintes motivos básicos:

I. **Motivo transação**, ou seja, a demanda por moeda que se origina do descasamento entre as datas de pagamento e de recebimento, no caso das famílias (motivo renda); e da falta de sincronização entra as datas de obtenção de receitas e efetivação de pagamentos, no caso das firmas (motivo negócios). A retenção de moeda em portfólio, em vez de títulos, evita os custos referentes à constante conversão destes em meios de pagamento.

II. **Motivo precaução**, ou seja, a demanda por moeda que se origina da incerteza a respeito do comportamento futuro da taxa de juros. Tal incerteza será particularmente relevante na eventualidade de que os agentes se defrontem com a necessidade de possuir recursos líquidos para enfrentar contingências futuras desfavoráveis ou para explorar oportunidades não antecipadas de lucro. A retenção de títulos em portfólio implica que, se os agentes se virem forçados a vendê-las para fazer frente a tais contingências, eles estarão sujeitos a uma perda de capital e/ou algum custo de transação quando eles forem convertidos em meio de pagamento.

III. **Motivo especulação**, ou seja, a demanda por moeda que se origina da divergência de opinião[5] entre os indivíduos a respeito do comportamento futuro da taxa de juros. Os indivíduos que acreditarem que a taxa de juros no futuro será maior do que a taxa de juros corrente, anteciparão uma redução futura nos preços dos títulos. Sendo assim, esperam realizar lucros com a venda de títulos no presente e a sua recompra no futuro. Durante esse período, eles reterão moeda em seus portfólios.

Segundo Keynes, a demanda por moeda para atender aos motivos transação e precaução pode ser apresentada como uma função do nível de renda (Keynes, 1936, p. 196); ao passo que a demanda por moeda para atender ao motivo especulação seria uma função inversa do nível de taxa de juros[6].

---

5 Nas palavras de Keynes: "Este fenômeno tem muita analogia com o que já abordamos, com certa amplitude, ao tratar da eficiência marginal do capital. Assim como achamos que a eficiência marginal do capital não é determinada pela 'melhor' opinião e sim pela avaliação do mercado tal como ela resulta da psicologia de massas, assim também as expectativas quanto ao futuro da taxa de juros, fixada pela psicologia de massa, têm seus reflexos na preferência pela liquidez; com o acréscimo, porém, de que o indivíduo, para quem as futuras taxas de juros estarão acima daquelas previstas pelo mercado, tem motivos para conservar dinheiro líquido em caixa, ao passo que quem diverge do mercado em sentido oposto terá motivos para pedir dinheiro emprestado a curto prazo, a fim de adquirir débitos a prazo mais longo. O preço do mercado se fixará no nível em que a venda dos 'baixistas' se equilibrar com as compras dos 'altistas'". (Keynes, 1936, p. 176) [tradução do autor].

6 A relação inversa entre a demanda especulativa de moeda e a taxa de juros se deve à *heterogeneidade de opiniões* nos mercados de títulos a respeito da evolução futura da taxa de juros. Grosso modo, o mercado de títulos — como qualquer outro mercado especulativo — é caracterizado pela presença de *altistas*, ou seja, de agentes que acreditam que os preços dos títulos subirão no futuro — e, portanto, a taxa de juros cairá — e *baixistas*, ou seja, agentes que acreditam que os preços dos títulos cairão no futuro — e, assim, a taxa de juros subirá. O preço dos títulos e o nível da taxa de juros é estabelecido no ponto em que altistas e baixistas se equilibram. Se a taxa de juros subir, os preços de mercado dos títulos cairão fazendo com que alguns baixistas se tornem altistas porque os preços de mercado caíram abaixo do esperado por eles. Esses novos altistas trocarão moeda por títulos, reduzindo assim a demanda especulativa de moeda.

Segue-se, portanto, que a função de demanda por moeda pode ser expressa pela seguinte equação[7]:

$$M^d = L(Y, i) \tag{4.1}$$

Onde: M^d corresponde à demanda por moeda, Y corresponde ao nível de renda, i corresponde ao nível de taxa de juros.

Keynes considera que a oferta de moeda é uma variável que está totalmente sob o controle das autoridades monetárias, ou seja, a oferta de moeda é exógena. Supondo que a oferta de moeda (M^s) é constante e igual a $\overline{M}$, temos a seguinte condição de equilíbrio no mercado monetário:

$$\overline{M} = L(Y, i) \quad \frac{\partial L}{\partial Y} > 0; \frac{\partial L}{\partial i} < 0 \tag{4.2}$$

Na equação (4.2), o nível de renda é uma variável pré-determinada, sendo dado pela equação (2.17), apresentada no capítulo 2. Dessa forma, a taxa de juros é a única incógnita a ser determinada na equação (4.2). A função da taxa de juros é, nesse contexto, compatibilizar a demanda de moeda com a quantidade disponível dela no sistema econômico. Dada a suposta separação entre as decisões de consumo-poupança e composição de portfólio segue-se que a função L(.) não guarda nenhuma relação direta com a eficiência marginal do capital ou com a propensão a poupar. Sendo assim, a taxa de juros é um *fenômeno estritamente monetário*: ela está relacionada unicamente com a demanda e oferta de moeda.

A visualização da determinação da taxa de juros pode ser feita por intermédio da figura 4.1 a seguir.

---

7 Hicks (1937) sugere que Keynes teria construído a sua argumentação com base numa função de demanda de moeda do tipo M = L(i). Essa interpretação é aparentemente confirmada pelo próprio Keynes (1936, p. 168) ao apresentar o formato funcional da demanda de moeda. Contudo, algumas páginas adiante (Ibid., p. 199), Keynes reescreve a função demanda de moeda da seguinte forma: M = M1 + M2 = L1(Y) + L2 (i); admitindo, portanto, que tanto a taxa de juros como o nível de renda são variáveis que influenciam a demanda de moeda.

Figura 4.1 Determinação da taxa de juros

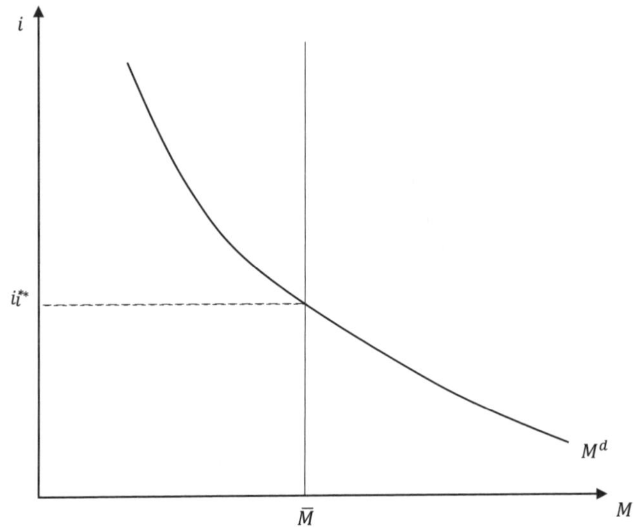

Elaboração do autor.

4.5 Introduzindo os Bancos Comerciais no Modelo de Determinação da Taxa de Juros

Na exposição feita na seção anterior, foi suposto que a oferta de moeda era não apenas controlada como também inteiramente criada pelo Banco Central. Essa hipótese foi explicitamente formulada por Keynes ao longo de sua exposição do modelo de determinação da taxa de juros na Teoria Geral (Keynes, 1936, p. 205). Essa hipótese marcou um grave retrocesso com relação ao entendimento que o próprio Keynes tinha sobre o papel dos bancos comerciais no sistema econômico, e que havia sido exposto de forma bastante detalhada no seu Tratado sobre a Moeda (1930). No prefácio da Teoria Geral, Keynes (1936, p. xxii) afirma que optou deliberadamente por deixar de lado os "detalhes técnicos" sobre questões monetárias para focar os determinantes do nível de produção e emprego como um todo, pois somente assim seria possível ter um entendimento da forma essencial e peculiar pela qual a moeda afeta o sistema econômico. Em outros termos, Keynes acreditava que a preferência pela liquidez, não a forma concreta pela qual o dinheiro é criado, era a razão fundamental para entender o porquê do equilíbrio com desemprego. Nesse contexto, assumir uma oferta de moeda vertical era apenas uma forma de simplificar a apresentação da teoria de Keynes, sem comprometer a essência dela.

Dito isso introduziremos, nesta seção, os bancos comerciais no modelo de determinação da taxa de juros. Ao fazê-lo, constataremos que a oferta de reservas bancárias por parte do Banco Central torna-se não apenas uma variável endógena como ainda uma função positiva da taxa monetária de juros.

Consideremos uma economia composta por famílias, bancos comerciais e Banco Central. A base monetária é definida como a soma entre as reservas bancárias e o papel-moeda em poder do público, tal como verificamos na equação (4.3) abaixo:

$$H = C + R \tag{4.3}$$

Onde: H é o volume de base monetária, C é o papel-moeda em poder do público, e R é o volume de reservas bancárias.

O volume de meios de pagamento é definido como a soma entre o papel-moeda em poder do público e o volume de depósitos à vista nos bancos comerciais. Temos, então que:

$$M = C + D \tag{4.4}$$

Onde: M é o volume de meios de pagamento e D é o montante de depósitos à vista.

Na seção anterior vimos que as famílias podem manter a sua riqueza financeira na forma de títulos ou moeda. Dessa forma, a demanda de moeda deve ser definida como uma fração da riqueza das famílias, fração essa que depende da taxa de juros e do nível de renda. Temos, então, que:

$$M^d = m(i, Y)W; \ \frac{\partial m}{\partial i} < 0; \ \frac{\partial m}{\partial Y} > 0 \tag{4.5}$$

Onde: m é a fração da riqueza financeira que os agentes desejam manter na forma de meios de pagamento, i é a taxa de juros básica, Y é o nível de renda real e W é o estoque de riqueza financeira.

As famílias podem manter a moeda que desejam possuir, tanto na forma de depósitos à vista como na forma de papel-moeda. Para fins de simplificação, iremos supor que as famílias desejam manter uma fração c dos seus saldos monetários na forma de papel-moeda e *1-c* na forma de depósitos à vista. Assim, a demanda por papel-moeda é dada por:

$$C^d = cM^d \, , \, 0 < c < 1 \tag{4.6}$$

A demanda por depósitos à vista será dada por:

$$D^d = (1 - c)M^d \tag{4.7}$$

Supondo que o Banco Central exige que uma fração θ dos depósitos à vista seja mantida compulsoriamente na forma de reservas bancárias, temos que:

$$R^d = \theta D^d \tag{4.8}$$

Substituindo (4.7) em (4.8), temos que:

$$R^d = \theta(1 - c)M^d \tag{4.9}$$

Substituindo (4.5) em (4.9), obtemos a seguinte expressão:

$$R^d = \theta(1 - c)m(i, Y)W \tag{4.10}$$

A equação (4.10) nos dá a demanda de reservas pelos bancos comerciais, a qual é uma função inversa da taxa de juros e da fração do estoque monetário que os agentes desejam manter na forma de papel-moeda; e uma função direta da alíquota do compulsório, do nível de renda e do estoque de riqueza agregada.

A oferta de reservas por parte do Banco Central é dada por:

$$R^s = H - C^d \tag{4.11}$$

Substituindo (4.5) em (4.6) e a resultante em (4.11), temos:

$$R^s = H - cm(i, Y) \, W \tag{4.12}$$

Na equação (4.12) verificamos que a oferta de reservas bancárias não é um dado, mas depende da taxa de juros. Em particular, uma elevação da taxa de juros reduzirá a fração da riqueza que as famílias desejam manter na forma de moeda e, dadas as suas preferências entre depósitos à vista e papel-moeda, reduzirá a demanda por papel-moeda. Dada a base monetária[8], uma redução da quantidade de papel-moeda em poder do público implica num aumento das reservas bancárias.

O mercado de reservas bancárias estará em equilíbrio quando a oferta e a demanda de reservas forem iguais entre si. Temos que:

$$R^s = R^d \tag{4.13}$$

Substituindo (4.10) e (4.12) em (4.13) temos que:

$$m(i, Y)W = \frac{H}{1 + \theta(1 - c)} = k_m H \tag{4.14}$$

Onde: $k_m = \frac{1}{1+\theta(1-c)}$ é o multiplicador monetário.

A equação (4.14) é similar à equação (4.2), pois ambas definem o equilíbrio no mercado monetário, entendido como o mercado de reservas bancárias, como uma situação na qual a demanda e a oferta de moeda (reservas bancárias) são iguais entre si. Dado o multiplicador monetário e a base monetária, a oferta de moeda na equação (4.14) pode ser considerada como uma variável exógena ao processo de determinação da taxa de juros. A introdução de bancos no modelo de determinação da taxa de juros em si mesma não afeta a natureza dessa determinação.

A determinação da taxa de juros de equilíbrio no mercado interbancário pode ser visualizada por intermédio da figura 4.2 a seguir:

8 Faz sentido supor que o Banco Central tem controle sobre a base monetária? À primeira vista, sim, pois a base monetária é a diferença entre o ativo e o passivo não monetário do Banco Central (Carvalho et al., 2000, p. 106). A expansão (contração) da base monetária só pode ocorrer se o Banco Central decidir aumentar (diminuir) seu ativo ou diminuir (aumentar) o seu passivo não monetário. Contudo, a prática dos bancos centrais tem sido a fixação da taxa de juros no mercado interbancário, razão pela qual lhes é impossível controlar a base monetária, a qual se torna uma variável endógena. Voltaremos a esse ponto mais à frente neste livro.

Figura 4.2 Determinação da taxa de juros de equilíbrio no mercado interbancário

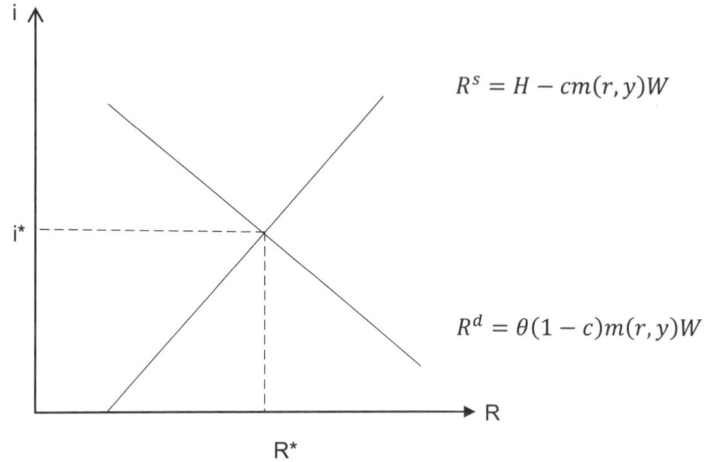

Fonte: Elaboração do autor.

4.6 A Taxa de Juros Segura e a Eficácia da Política Monetária

A taxa de juros determinada no final da seção anterior é, na verdade, a taxa de juros de curto prazo, ou seja, a taxa de juros que o Banco Central cobra (ou paga) para emprestar reservas para os bancos comerciais. No entanto, essa não é a taxa de juros relevante para determinar o custo médio ponderado do capital o qual, em conjunto com a eficiência marginal do capital, determinará o investimento planejado pelas firmas. A taxa de juros relevante é a taxa de juros de longo prazo, ou seja, a taxa de juros dos títulos com prazo de maturidade superior a um ano.

Na Teoria Geral, Keynes não desenvolve uma teoria da estrutura a termo da taxa de juros. Aliás a sua exposição a respeito da determinação da taxa de juros é confusa, especialmente no capítulo 15, pois é feita menção a duas taxas de juros, a saber: a taxa de juros a curto prazo e a taxa de juros a longo prazo. Não fica claro se a distinção se refere ao prazo de maturidade dos títulos ou se ao nível em torno do qual a taxa básica de juros flutua no longo prazo. A menção à taxa de juros a longo prazo aparece na seguinte passagem da Teoria Geral:

> A autoridade monetária controla, com facilidade, a taxa de juros a curto prazo, não só pelo fato de não ser difícil criar a convicção de que sua política não mudará sensivelmente em um futuro muito próximo, como também em virtude de a possível perda ser pequena, quando comparada com o rendimento corrente (a não ser que este chegue a ponto de ser quase nulo). Mas a taxa a longo prazo pode mostrar-se mais recalcitrante quando caia a um nível que, com base na experiência passada e nas expectativas correntes da política monetária futura, a opinião abalizada considera "inseguro". (Keynes, 1936, p. 203) [Tradução do autor]

Aqui, Keynes introduz o conceito de *taxa de juros segura*, definida como o nível da taxa de juros que os tomadores de decisão esperam que prevalecerá no longo prazo. Trata-se claramente de uma convenção social, ou seja, uma expectativa compartilhada pelos agentes econômicos, a qual pode estar amparada parcialmente no comportamento histórico da taxa de juros ou em algum entendimento socialmente aceito a respeito de como a taxa de juros é determinada.

Na citação mencionada, verificamos que a taxa de juros segura funciona como uma âncora para as expectativas dos tomadores de decisão sobre a dinâmica da taxa de juros ao longo do tempo. Se a taxa de juros estiver acima do nível considerado seguro, então os tomadores de decisão irão esperar uma redução da taxa de juros em algum momento no futuro. Caso a taxa de juros esteja abaixo desse nível, então a expectativa será de uma elevação futura da taxa de juros.

A fim de tornar mais inteligível essa discussão, vamos recorrer à teoria da estrutura a termo das taxas de juros, desenvolvida, entre outros, por Kaldor (1939). A taxa de juros de um título com *n* anos de prazo de maturidade é definida como a taxa de retorno que pode ser obtida com a compra de um título com prazo de maturidade de *n* anos e a sua manutenção na carteira de ativos do tomador de decisão até o final desse prazo. Seja C_i o pagamento de *Copom* no i-ésimo período ($i = 1, \dots n$) e assumindo por simplicidade que o valor de face do título é igual a zero, o preço de mercado do título de *n* anos de maturidade no período *t* será dado pelo valor presente do fluxo de pagamentos de *Copom* descontados pela taxa de juros na maturidade, ou seja:

$$p_t^n = \sum_{i=1}^{n} \frac{C_i}{(1 + j^n)^i} \qquad \textbf{(4.15)}$$

Onde: j^n é a taxa de juros na maturidade de um título de *n* anos; p_t^n é o preço corrente de mercado de um título de prazo de maturidade de *n* anos.

Um título nada mais é do que uma operação padronizada de crédito, na qual o emissor do título pede uma certa soma de dinheiro emprestado ao tomador, por intermédio de um contrato padronizado, transacionado no mercado de capitais, em vez de ser negociado no balcão de uma instituição financeira. Do ponto de vista do emprestador, um título de *n* anos pode ser visto como equivalente a um empréstimo de 1 ano renovável por mais (*n* – 1) anos. A diferença entre comprar um título de *n* anos e comprar um título de 1 ano e reaplicar o valor obtido no vencimento do título (*n* – 1) vezes é que o tomador de decisão não conhece a taxa de juros de curto prazo que prevalecerá nos períodos (2, 3, 4 ..., *n*), ele pode apenas formar uma expectativa a respeito dessa sequência de taxas de juros de curto prazo, expectativas essas que podem se mostrar incorretas a posteriori.

Assumindo, inicialmente, que os tomadores de decisão são neutros ao risco, o preço corrente de mercado de um título de prazo de maturidade de *n* anos pode ser expresso por:

$$p_t^n = \sum_{i=1}^{n} \frac{C_i}{(1 + E_1 j_i)^i} \tag{4.16}$$

Onde: $E_1 j_i$ é a expectativa formada em *t=1* sobre o valor da taxa de juros de curto prazo no i-ésimo período. $E_1 j_1 = j_1$.

Por fim, supondo que $C_i = \bar{C}$, ou seja, que o pagamento de *Copom* é constante ao longo de todo o prazo de maturidade dos títulos, ao igualar as equações (4.15) e (4.16), obtemos:

$$(1 + j^n) = \sqrt[n]{(1 + j_1)(1 + E_1 j_2)(1 + E_1 j_3) \ldots (1 + E_1 j_n)} \tag{4.17}$$

A equação (4.17) mostra que a taxa de juros na maturidade de um título de *n* anos é equivalente à média geométrica entre o valor corrente da taxa de juros de curto prazo e à sequência de valores esperados da taxa de juros de curto prazo ao longo de toda a maturidade do título.

Tal como Kaldor (1939, p. 65), assumiremos juros simples, ao invés de juros compostos. Dessa forma, a equação (4.17) pode ser reescrita como:

$$j^n = \frac{j_1 + E_1 j_2 + E_1 j_3 + \cdots + E_1 j_n}{n} \tag{4.18}$$

A equação (4.18) nos permite entender o conceito de taxa de juros segura e seu efeito sobre o valor da taxa de juros de longo prazo. Se a taxa de juros segura é o valor da taxa de juros que os agentes esperam que prevalecerá a longo prazo, então as expectativas sobre o valor futuro da taxa de juros de curto prazo são dadas pela taxa de juros segura. Seja j^s o valor da taxa de juros segura, temos que:

$$j^n = \frac{j_1 + (n-1)j^s}{n} \tag{4.19}$$

Se $j_1 = j^s$ então $j^n = j^s$, ou seja, se a taxa de juros de curto prazo for igual à taxa segura, então a taxa de juros de longo prazo também será igual à taxa segura.

O que ocorre, contudo, se o Banco Central decidir reduzir a taxa de juros de curto prazo relativamente à taxa segura? Na equação (4.19), observamos que uma redução da taxa de juros de curto prazo que não seja seguida por uma redução da taxa de juros segura terá um impacto relativamente pequeno sobre a taxa de juros de longo prazo, reduzindo assim a capacidade da política monetária de estimular o investimento por intermédio de uma redução do custo médio ponderado do capital. Além disso, uma redução da taxa de juros de curto prazo abaixo do nível considerado seguro pelos tomadores de decisão fará com que eles antecipem um aumento futuro da taxa curta, o que estimulará a troca de títulos por moeda em seus portfólios. Em outras palavras, haverá um aumento da demanda especulativa por moeda, a qual, dada a oferta, resultará num aumento da taxa de juros de curto prazo, anulando assim o afrouxamento monetário inicial.

Nas palavras de Keynes:

> Assim sendo, uma política monetária que a opinião pública considere experimental em sua natureza, e facilmente sujeita a mudanças, pode falhar no seu objetivo de reduzir consideravelmente a taxa de juros a longo prazo, porque M2 [a demanda especulativa por moeda] pode levar a um aumento quase sem limite em resposta a uma redução de *r* abaixo de certa cifra. A mesma política, por outro lado, pode ser facilmente bem-sucedida se a opinião pública julgá-la razoável e compatível com o interesse público, baseada em convicção sólida e promovida por uma autoridade que não corra risco de ser suplantada (Keynes, 1936, p. 203-204) [Tradução do autor].

Em suma, para que a política monetária possa afetar a taxa de juros de longo prazo, é necessário que seja capaz de alterar as convenções, prevalecente ao valor seguro da taxa de juros. Convenções, devido à natureza de crença compartilhada (Oreiro, 2000b), não podem ser mudadas facilmente, exceto quando os agentes percebem que não existem mais motivos razoáveis para manter suas crenças inalteradas. Daí a insistência de Keynes sobre a importância da *credibilidade da autoridade monetária*, entendida como a percepção de que a autoridade monetária esteja atuando em defesa do interesse comum da sociedade, em vez de atender aos caprichos do governo de ocasião ou, é importante frisar, atender aos *interesses corporativos do sistema financeiro*. Nesse contexto, a autonomia operacional do Banco Central pode ser um fator relevante[9] para a credibilidade da autoridade monetária, facilitando assim o controle da taxa de juros de longo prazo por intermédio de manipulações da taxa de juros de curto prazo.

Até agora assumimos que os tomadores de decisão são risco neutros, de forma que eles só se importam com os valores esperados da sequência de taxas de juros de curto prazo ao longo do prazo de maturidade dos títulos. Chegou o momento de introduzir a preferência pela liquidez na teoria da estrutura a termo da taxa de juros. A ocorrência de eventos não previstos (um "cisne negro") pode forçar os possuidores de títulos a uma liquidação antecipada deles, ou seja, a vendê-los antes do seu prazo de maturidade. Nesse caso, a depender do valor da taxa de juros de curto prazo no momento da venda, é possível a ocorrência de uma perda de capital relativamente ao preço pago no momento da compra do título. Caso vários possuidores de títulos sejam obrigados a uma liquidação antecipada ao mesmo tempo — como ocorreu após o evento da falência do Lehman Brothers em 15 de setembro de 2008 —, então a perda de capital poderá ser significativa, fazendo com que alguns agentes se tornem insolventes. Em suma, títulos longos são menos líquidos do que títulos curtos, isto é, estão sujeitos a grandes flutuações de preço no caso de uma liquidação antecipada. Dessa forma, a taxa de juros de

---

[9] No caso brasileiro, a autonomia operacional do Banco Central deve ser capaz também de impedir a captura da autoridade monetária por intermédio do sistema financeiro. Para tanto, é fundamental que a quarentena a que são submetidos os ex-diretores do COPOM (Conselho de Política Monetária) seja redefinida para impedir que eles tenham qualquer tipo de relação (direta ou indireta) com o sistema financeiro por um prazo consideravelmente maior do que o atual. Uma quarentena de 48 meses parece um prazo adequado.

longo prazo deverá exceder a taxa de juros de curto prazo por uma margem suficientemente alta para compensar a percepção de incerteza por parte dos compradores de títulos. Essa margem é, por definição, o prêmio de liquidez dos títulos de longo prazo.

Seja δ^n o prêmio de liquidez de um título de prazo de maturidade de *n anos*, e introduzindo esse termo na equação (4.19), obtemos:

$$j^n = \frac{j_1 + (n-1)j^s}{n} + \delta^n \qquad \textbf{(4.20)}$$

Assumindo que $j_1 = j^s$, temos:

$$j^n = j_1 + \delta^n \qquad \textbf{(4.21)}$$

A equação (4.21) mostra que a taxa de juros de longo prazo é igual à taxa de juros de curto prazo acrescida do prêmio de liquidez. Dito de outra forma, nas condições acima supostas, o diferencial entre a taxa de juros de longo prazo e a taxa de juros de curto prazo é determinado pelo prêmio de liquidez.

Esse resultado é fundamental para entendermos o papel da preferência pela liquidez na determinação da taxa de juros nas economias monetárias modernas. Já foi dito que a prática dos bancos centrais em todo o mundo tem sido fixar a taxa de juros de curto prazo, tornando a base monetária uma variável endógena. Nesse contexto, alguns economistas heterodoxos, chamados de "horizontalistas", têm apontado para uma suposta irrelevância da preferência pela liquidez nas economias monetárias modernas, uma vez que a taxa de juros é uma variável determinada por uma decisão de política econômica, sendo independente da percepção de incerteza por parte dos tomadores de decisão. Como vimos acima, o Banco Central determina a taxa de juros de curto prazo e, apenas no caso em que a preferência pela liquidez do público (expressa por δ^n) permanece inalterada, pode controlar a taxa de juros de longo prazo. A questão é que a política monetária convencional[10] *não tem influência direta sobre o prêmio de liquidez dos títulos longos*. Dessa forma, a taxa de juros de longo prazo é determinada conjuntamente pela política monetária do Banco Central — expressa pelo nível da taxa de juros de

[10] Por política monetária convencional entendemos a situação na qual o Banco Central está preocupado apenas em fixar o nível da taxa de juros de curto prazo, ajustando o tamanho da base monetária de maneira a fazer com que a taxa de juros do mercado interbancário seja igual à meta definida pela autoridade monetária.

curto prazo — e pela preferência pela liquidez do público — expressa pelo prêmio de liquidez. A elasticidade da oferta de moeda às variações da taxa de juros de curto prazo não afetam a natureza essencial da determinação da taxa de juros de longo prazo.

Uma última observação é necessária sobre a questão da possível ineficácia da política monetária. Como o leitor deve ter constatado, em nenhum momento falamos da *armadilha da liquidez* — atualmente denominada de *limite zero da taxa de juros* — como possível fonte de ineficácia da política monetária em estimular o gasto de investimento. Keynes menciona a armadilha da liquidez em uma única passagem no capítulo 15 da Teoria Geral (Keynes, 1936, p. 207), na qual considera uma situação em que a taxa de juros tenha caído a um nível tão baixo (próximo ou igual a zero) em que a preferência pela liquidez se torna absoluta e a autoridade monetária perde a capacidade de determinar a taxa de juros de curto prazo. Sobre essa possibilidade, Keynes comenta que:

> Mas, embora este caso limitante possa tornar-se importante no futuro, não conheço nenhum exemplo até agora (Ibid., p.207) [Tradução do autor].

Essa citação é de importância fundamental para comprovar que a argumentação de Keynes, ao contrário do que é difundido nos livros de macroeconomia desde o artigo original de Hicks (1937), não se baseia na hipótese de armadilha da liquidez. Para Keynes, as economias capitalistas poderiam apresentar uma situação de desemprego persistente porque a taxa de juros "pode flutuar durante décadas em torno de um nível cronicamente alto demais para o pleno emprego" (Keynes, 1936, p. 204). Esse nível de taxa de juros depende, contudo, das convenções prevalecentes a respeito da taxa de juros segura, a qual pode ser significativamente maior do que zero.

A economia do Japão após o estouro da bolha imobiliária em 1991, e dos países da Área do Euro após a crise financeira internacional de 2008 e da crise do Euro de 2012, passaram a exibir taxas de juros de curto e longo prazo próximas de zero e até mesmo negativas por um período longo, no caso japonês por quase três décadas (Koo, 2022). Esse comportamento anômalo das taxas de juros no Japão e nos países europeus decorre, primeiramente, do efeito devastador que a *desalavancagem do setor privado* após o estouro de uma bolha especulativa teve sobre os gastos de consumo e investimento do setor privado e da resposta envergonhada e tíbia da política fiscal desses países a esse tipo de evento.

Em segundo lugar, esses países passaram a enfrentar um problema de *estagnação secular* devido à redução das oportunidades de investimento lucrativas em função do aumento da concorrência no comércio internacional, resultante da ascensão das novas potências industriais no leste da Ásia, sendo a China o caso mais emblemático (Koo, 2022, capítulo 3). O esgotamento das oportunidades lucrativas de investimento resultou numa demanda agregada cronicamente fraca, incapaz de sustentar um nível razoável de atividade econômica. Na ausência de uma resposta mais forte da política fiscal, a saída foi tornar a política monetária o mais expansionista possível, o que implicou numa redução sem precedentes das taxas de juros.

A questão colocada é se a existência de taxas de juros negativas seria contrária à ideia de preferência pela liquidez. A resposta é não. Uma taxa de juros de curto prazo negativa significa apenas que os bancos comerciais estão dispostos a pagar para ter reservas no Banco Central. Essa situação pode ser interpretada como um caso em que a percepção de incerteza dos bancos comerciais seja tão grande que estejam dispostos a pagar ao Banco Central para manter um colchão de liquidez disponível a qualquer momento. A alternativa de manter as reservas em espécie numa caixa forte implicaria num elevado custo de carregamento destas (imaginem os custos que os bancos comerciais teriam que arcar para manter gigantescas caixas-fortes abarrotadas de dinheiro em espécie, sendo um alvo potencial para todas as quadrilhas de ladrões de banco do mundo), o que mais do que compensa a taxa de juros negativa recebida pela manutenção dessas reservas no Banco Central.

Alguém poderia argumentar que nas economias monetárias modernas não faz sentido a manutenção de reservas em excesso ao que o Banco Central exige (depósito compulsório), e que na maior parte do mundo desenvolvido o requerimento compulsório de reservas é igual a zero. Existem dois problemas com essa argumentação. O primeiro é que, como vimos anteriormente, apenas o dinheiro produzido pelo Banco Central é um ativo perfeitamente líquido, todos os demais ativos têm um grau de liquidez inferior ao da moeda, o qual depende do grau de organização dos mercados secundários nos quais são transacionados. Isso significa que numa situação em que ocorre uma *fuga para a liquidez*, como ocorreu após a falência do Lehman Brothers, a liquidez desses ativos desaparece pois não haverá compradores para eles. Dessa forma, manter reservas em excesso no Banco Central, mesmo que a uma taxa de juros negativa, pode ser um seguro contra um evento tipo Lehman Brothers.

Em segundo lugar, bancos centrais não permitem que os bancos comerciais façam pagamentos entre si com obrigações emitidas por eles, mas apenas com o dinheiro produzido pelo Banco Central, ou seja, as reservas bancárias. Num sistema de crédito puro, onde não existissem pagamentos por intermédio de dinheiro em espécie, o Banco Central atuaria apenas como uma *casa de compensações*[11] (Lavoie, 2022, capítulo 4) e os bancos comerciais não necessitariam de reservas, pois o saldo líquido do setor bancário na casa de compensações seria sempre igual a zero. A introdução de dinheiro em espécie, contudo, faz com que seja possível que o saldo do setor bancário como um todo na casa de compensações seja negativo, obrigando os bancos comerciais a utilizarem suas reservas para liquidar suas posições em aberto ao final de cada dia, ou então a tomarem emprestado essas reservas no Banco Central.

Em suma, o comportamento recente das taxas de juros no Japão e nos países da Área do Euro não é incompatível com a Teoria da Preferência pela Liquidez.

4.7 Taxa Própria de Juros, Preferência pela Liquidez e Acumulação de Capital

A apresentação da Teoria da Preferência pela Liquidez como uma teoria do apreçamento de ativos é feita por Keynes no capítulo 17 da Teoria Geral. Nesse capítulo, Keynes apresenta a determinação dos preços à vista (*spot*) e a termo (*forward*) dos diversos ativos existentes numa economia monetária. A relação entre esses preços induzirá mudanças nos fluxos de oferta dos ativos, permitindo assim o ajuste das quantidades ofertadas às quantidades demandadas.

[11] Em inglês, *clearing house*.

Para Keynes, todos os ativos possuem os seguintes atributos em maior ou menor grau. O primeiro atributo consiste nas *quase-rendas* (q), ou seja, nas receitas monetárias que o possuidor de riqueza espera obter da utilização do ativo no processo produtivo (lucros) ou da simples posse deles (juros). Essas expectativas são formadas num contexto de incerteza não probabilística no qual os indivíduos sabem que eventos inesperados podem ocorrer. Nesse contexto, um elemento importante na formação das expectativas de quase-rendas é o grau no qual os indivíduos confiam em suas próprias previsões. Essas expectativas envolvem assim dois elementos: o melhor prognóstico que o agente é capaz de formular a respeito das *quase-rendas* e o estado de confiança que ele tem em suas próprias expectativas. Uma redução do estado de confiança gera, portanto, uma redução das quase-rendas esperadas.

O segundo atributo é o *custo de carregamento* (c) que consiste nos rendimentos negativos associados à manutenção de um ativo no portfólio dos possuidores de riqueza. Esses custos podem envolver custos de armazenamento seguros ou o pagamento de juros caso a aquisição do ativo tenha sido financiada com empréstimos.

O terceiro atributo consiste nos *ganhos ou perdas esperadas de capital* (a), definidos pela diferença entre o preço esperado de venda e o preço de compra do referido ativo.

Por fim, o último atributo é o *prêmio de liquidez* (l), o qual é definido como o rendimento implícito atribuído pelo indivíduo à posse de ativos líquidos em seu portfólio.

A partir desses atributos, é possível definir o *conceito de taxa própria de juros em termos monetários*, o qual é uma medida do rendimento total do ativo, o que inclui não apenas os seus rendimentos monetários explícitos, como também o rendimento implícito que a maior ou menor liquidez do ativo proporciona para o seu possuidor. Dessa forma, os indivíduos escolherão aqueles ativos que proporcionam a maior taxa própria de juros possível, em termos monetários. A concorrência entre os agentes econômicos para obter os melhores ativos induzirá uma variação nos preços desses ativos até que a taxa própria de juros de todos eles se equalizem. Esse processo determinará o preço à vista (*spot*) dos diferentes ativos existentes na economia. Se o preço à vista do ativo for maior do que o preço para entrega futura (*forward*); então será possível para os produtores desses ativos aumentarem de forma lucrativa a produção. A quantidade disponível desse ativo no mercado aumentará de forma gradual, reduzindo o seu preço à vista até que se ajuste ao preço para entrega futura. No ponto em que o preço para entrega imediata do ativo se igualar ao preço para entrega futura; então não haverá produção adicional do ativo, de maneira que a economia estará em equilíbrio de longo período.

O modelo de *taxa própria de juros em termos monetários* desenvolvido no capítulo 17 da Teoria Geral possui os seguintes pressupostos (Carvalho, 1992, p. 81-90). Em primeiro lugar, o horizonte temporal suposto para a escolha de portfólio é de apenas um período. Dessa forma, todos os ativos existentes na economia possuem o mesmo período de retenção, devendo ser realizados obrigatoriamente ao final de um período. Esse expediente evita o cálculo de valor presente, o qual exigiria o uso de uma taxa de juros exógena para determinar os preços à vista dos diferentes ativos. Em segundo lugar, a dimensão temporal dos diferentes ativos não é ignorada; mas embutida em outra variável, o prêmio de liquidez. Assim sendo, quanto maior for a liquidez de um ativo, maior será a capacidade de seu possuidor de vendê-lo "antecipadamente, sem perdas" no interior do período de retenção. Em outras palavras, quanto maior a liquidez do ativo, mais curto será o período efetivo de retenção do mesmo para o agente econômico. Por fim, todos os atributos dos ativos são medidos numa unidade que é proporcional ao preço do ativo no mercado à vista. Dessa forma, a soma do valor de todos os atributos do ativo fornece a taxa de retorno total dele, ou seja, a taxa própria de juros em termos monetários.

Dados esses pressupostos, iremos considerar uma economia na qual existam apenas três ativos, a saber: moeda, títulos e capital. A moeda é o meio de pagamento e unidade de conta usada na economia, de forma que seu prêmio de liquidez (l_m) é máximo, ao passo que as quase-rendas esperadas, o custo de carregamento e o ganho esperado de capital são todos iguais a zero, ou seja, $q_m = c_m = a_m = 0$. Os títulos são ativos negociados em mercados secundários bem organizados, de forma que seu prêmio de liquidez (l_b) é positivo, porém menor do que o prêmio de liquidez da moeda. Iremos supor que a soma entre os ganhos esperados de capital e as quase-rendas esperadas ($a_b + q_b$) pela posse desses ativos é superior ao seu custo de carregamento (c_b). O capital, por sua vez, é um ativo que não é transacionado em mercados secundários; sendo, portanto, ilíquido. Em outras palavras, o prêmio de liquidez dos ativos de capital é igual a zero, da mesma forma que os ganhos esperados de capital, ou seja, $l_k = a_k = 0$. Por fim, as quase-rendas esperadas pelo uso do capital no processo produtivo são superiores ao custo de carregamento desse ativo, isto é, $q_k > c_k > 0$.

A condição de equilíbrio de portfólio consiste na igualdade entre as taxas próprias de juros em termos monetários para todos os ativos existentes na economia, o que para o caso em consideração é dada pela seguinte expressão:

$$l_m = l_b + a_b + q_b - c_b = q_k - c_k \quad \textbf{(4.22)}$$

Essa igualdade é assegurada de forma contínua, no curto período, pela variação do preço do ativo para entrega imediata (o preço à vista do ativo no mercado secundário) em relação ao preço esperado do ativo para entrega futura, fechando assim eventuais divergências entre as taxas próprias de juros em termos monetários.

A título de exemplo, suponhamos que um aumento do estado de confiança dos empresários eleve a taxa própria de juros em termos monetários do capital. Nesse caso, uma situação inicial de desequilíbrio de portfólio é produzida onde:

$$l_m = l_b + a_b + q_b - c_b < q_k - c_k \quad \textbf{(4.23)}$$

Diante desse desequilíbrio, em termos monetários, entre as taxas próprias de juros dos diferentes ativos, os possuidores de riqueza irão rever a composição do seu portfólio, reduzindo a participação da moeda e dos títulos no seu estoque de riqueza, para aumentar a participação do capital. Nesse processo de ajuste de portfólio, o preço dos títulos no mercado à vista reduzirá, ao passo que o preço de demanda do ativo de capital aumentará[12], fazendo com que a igualdade entre as taxas próprias de juros em termos monetários seja restabelecida.

[12] Como o capital é um ativo ilíquido por não ser negociável em mercados secundários, não podemos falar em preço à vista ou para entrega imediata desse ativo. Dessa forma, a quase-renda esperada do capital é definida pela razão entre a receita monetária esperada desse ativo (Q) e o preço de demanda (P_k^D) do equipamento de capital, ou seja, o preço máximo que os empresários estão dispostos a pagar por uma unidade adicional desse ativo.

O aumento do preço de demanda do equipamento de capital, por seu turno, criará um hiato entre o preço de demanda e o preço de oferta do referido ativo. Mais especificamente, o preço máximo que os empresários estarão dispostos a pagar por uma unidade adicional de capital será maior do que o preço desse ativo para entrega futura (via encomenda de novos bens de capital aos fabricantes desse equipamento). Dessa forma, haverá um claro sinal de mercado para os empresários encomendarem novas unidades de capital junto aos fabricantes desses equipamentos, resultando assim num estímulo ao investimento (Carvalho, 1992, p. 92).

Qual seria o efeito sobre os preços dos ativos e sobre o investimento de um aumento da percepção de incerteza por parte dos possuidores de riqueza? Nesse caso, o prêmio de liquidez da moeda aumentaria, produzindo um desequilíbrio entre as taxas próprias de juros em termos monetários dos diversos ativos. Esse desequilíbrio induzirá uma mudança da composição de portfólio, no sentido de aumentar a participação da moeda e reduzir a participação dos títulos e do capital. Esse movimento, por seu turno, levará a uma queda tanto dos preços dos títulos como do preço de demanda do equipamento de capital, restabelecendo-se assim a igualdade entre as taxas próprias de juros em termos monetários de todos os ativos. A queda do preço de demanda do equipamento de capital, no entanto, resultará numa situação em que o preço máximo que os empresários estão dispostos a pagar por uma unidade adicional de capital é menor do que o preço desse equipamento para entrega futura; desestimulando assim o investimento em capital fixo, com reflexos negativos sobre o nível de produção e de emprego da economia com um todo.

Outra implicação do modelo de taxa própria de juros é que é a taxa própria de juros da moeda que regula ou determina as taxas de retorno de todos os demais ativos da economia. Dessa forma, Keynes inverte a relação de causalidade entre as taxas de juros natural e de mercado da teoria wickselliana, de acordo com a qual a taxa de juros de mercado (ou a taxa monetária de juros) se ajusta ao valor da taxa natural no longo prazo, o qual é determinado pela produtividade marginal do capital e pelas preferências intertemporais das famílias.

No artigo "A Teoria da Taxa de Juros", publicado em 1937, Keynes afirma que:

> Muito resumidamente, a teoria ortodoxa mantém que as forças que determinam o valor comum da eficiência marginal dos vários ativos são independentes do dinheiro [...] e que os preços variarão até que a eficiência marginal do dinheiro, isto é, a taxa de juros, se alinhe pelo valor comum da eficiência dos outros ativos, determinada por outras forças. A minha teoria em contrapartida, mantém que é um caso especial e que, num variado leque de casos possíveis se passa quase o contrário, isto é, a eficiência marginal do dinheiro é determinada por forças que lhe são parcialmente apropriadas, e os preços dos outros ativos se alinhem pela taxa de juros (CWJMK, vol. XIV, p. 103).

Vimos anteriormente que a taxa própria de juros de um ativo medido em termos de moeda inclui a valorização ou desvalorização esperada do ativo. No longo prazo, o preço esperado de um ativo reprodutível (por exemplo, máquinas e equipamentos) deverá ser igual ao preço de oferta do equipamento de capital, o qual depende da produtividade do trabalho nas indústrias produtoras de equipamento de capital e da taxa monetária de salários. O preço de oferta é, nessas condições, o preço para entrega futura do ativo. Se o ativo em consideração puder ser transacionado em mercados secundários, ainda que pouco organizados e, portanto, com baixa liquidez; então podemos definir um preço para a entrega imediata do ativo. Se o preço para entrega futura do ativo for menor do que o preço para entrega imediata, então haverá um estímulo para a produção de unidades adicionais desse ativo; do contrário não.

Nesse contexto, o que acontece com a economia se houver um aumento da percepção de incerteza que leve a um aumento da preferência pela liquidez dos agentes? O resultado imediato será um aumento da taxa própria de juros da moeda, produzindo um desequilíbrio com relação à taxa própria de juros dos demais ativos. Para que o equilíbrio seja restabelecido, é necessário que o preço para entrega imediata dos demais ativos caia relativamente ao preço para entrega futura, o que no caso dos bens de capital corresponde ao seu preço de oferta. Como o preço do ativo de capital para entrega futura está mais baixo do que o preço do ativo de capital para entrega imediata, não há nenhum estímulo para a produção de novas unidades de bens de capital, o que gera uma retração do investimento.

Dessa forma, uma variação da taxa própria de juros da moeda terá causado uma variação da taxa própria de juros dos demais ativos. Trata-se de uma relação de causalidade inversa à da "teoria convencional".

Dado isso, é importante frisar que a diferença fundamental entre a teoria keynesiana e a teoria neoclássica dos juros não se encontra no processo de criação da moeda, ou seja, na elasticidade da oferta de moeda com relação à taxa de juros, dando ensejo a uma curva de oferta de moeda mais "vertical" ou mais "horizontal"; mas sim, como mostramos ao longo deste capítulo, no papel da moeda (e ativos líquidos) para o funcionamento da economia. Isto diz respeito à Teoria da Preferência pela Liquidez, e sua relação com a tomada de decisões sob condições de incerteza, que pode afetar abruptamente o estado de expectativas dos agentes, com implicações sobre as variáveis reais da economia (produto e emprego). É neste sentido que Keynes disse que "a moeda afeta motivos e decisões dos agentes", ou seja, é moeda é não neutra no curto e no longo prazo.

4.8 Reprise das Conclusões

Ao longo deste capítulo, apresentamos a Teoria da Preferência pela Liquidez de Keynes: uma teoria da precificação de ativos em condições de incerteza. Essa teoria estabelece que a taxa de retorno dos ativos menos líquidos tem que ser superior à taxa de retorno dos ativos mais líquidos, para compensar os tomadores de decisão pela sua menor liquidez. Esse diferencial de retorno depende da percepção de incerteza por parte dos demandantes de ativos, podendo assim variar ao longo do tempo em função de variações do estado de confiança deles.

Vimos também que a autoridade monetária pode determinar facilmente a taxa de juros de curto prazo, mas não a taxa de juros de longo prazo, a qual depende das convenções que os participantes do mercado financeiro formulam a respeito do valor seguro da taxa de juros, bem como do prêmio de liquidez dos títulos de longo prazo. Dessa forma, se a autoridade monetária não foi capaz de alterar essas convenções, uma política monetária expansionista feita de forma convencional, ou seja, por intermédio de um aumento da oferta de reservas bancárias, terá um efeito reduzido sobre a taxa de juros de longo prazo e, portanto, sobre a decisão de investimento dos empresários.

Nesse contexto, o desemprego involuntário da força de trabalho é capaz de persistir por um período muito longo, dada a incapacidade da autoridade monetária de reduzir a taxa de juros de longo prazo para um patamar compatível com o pleno emprego da força de trabalho. Deve-se ressaltar, contudo, que essa incapacidade não está relacionada com a existência de um *limite inferior à queda da taxa de juros*, ou seja, com a armadilha da liquidez ou o limite zero da taxa de juros monetária; mas a natureza convencional da taxa de juros de longo prazo.

Por fim, verificamos que a Teoria da Preferência pela Liquidez inverte a relação de causalidade entre a taxa de juros real (a taxa natural no modelo wickselliano) e a taxa monetária de juros (a taxa de juros de mercado no modelo wickselliano). Com efeito, como podemos constatar a partir do modelo da taxa própria de juros, são as taxas próprias de juros de todos os demais ativos que se ajustam ao valor da taxa própria de juros da moeda, e não o contrário. Dessa forma, a Teoria da Preferência pela Liquidez tem como implicação mais fundamental a não neutralidade da moeda no longo prazo.

4.9 Questões para Discussão

- **1° Questão**: Considere a seguinte afirmação de Keynes extraída do seu artigo "The Theory of the Rate of Interest" (1937): "Muito resumidamente, a teoria ortodoxa mantém que as forças que determinam o valor comum da eficiência marginal dos vários ativos são independentes do dinheiro [...] e que os preços variarão até que a eficiência marginal do dinheiro, isto é, a taxa de juros, se alinhe pelo valor comum da eficiência dos outros ativos, determinada por outras forças. A minha teoria em contrapartida, mantém que é um caso especial e que, num variado leque de casos possíveis, se passa quase o contrário, isto é, a eficiência marginal do dinheiro é determinada por forças que lhe são parcialmente apropriadas, e os preços dos outros ativos se alinhem pela taxa de juros". Pede-se:
  - **a.** Qual o papel que a elasticidade zero da oferta agregada desempenha na teoria ortodoxa da taxa de juros? Em outras palavras, por que essa hipótese é necessária para que a taxa de juros monetária se ajuste à eficiência marginal dos ativos de capital?

b. Como a eficiência marginal da moeda é determinada? Como se dá o processo de ajuste da eficiência marginal dos ativos não monetários (em especial o capital) com respeito à eficiência marginal da moeda? Qual o papel que os preços dos ativos de capital desempenham nesse processo? O que acontece quando o preço *spot* desses ativos é maior do que o seu preço de oferta?

- **2° Questão**: Segundo Keynes, uma economia monetária de produção seria aquele sistema no qual a "moeda afeta os motivos e as decisões dos agentes econômicos" de tal forma que o curso dos acontecimentos não pode ser previsto sem que se saiba o comportamento da quantidade de moeda. Com base no modelo de taxa própria de juros, mostre de que forma um aumento da preferência pela liquidez dos agentes econômicos pode afetar o ritmo de acumulação de capital e o nível de emprego de uma economia capitalista.
- **3° Questão**: Qual a relação entre preferência pela liquidez e incerteza? Explique de que forma um enfraquecimento do estado de confiança pode gerar um aumento da preferência pela liquidez dos agentes econômicos.
- **4° Questão**: Por que razão a Teoria da Preferência pela Liquidez não pode ser considerada como uma simples teoria a respeito dos determinantes da demanda de moeda? Qual a relação entre preferência pela liquidez e a taxa de retorno dos ativos? O que é prêmio de liquidez?

05

MODELANDO UMA ECONOMIA MONETÁRIA DE PRODUÇÃO

5.1 Introdução

Nos capítulos anteriores apresentamos o núcleo teórico de um modelo formal a respeito do funcionamento de uma economia monetária de produção. No capítulo 2 apresentamos o processo de determinação do nível de renda e de emprego no curto período com base no princípio da demanda efetiva, elaborado por Keynes nos capítulos 2, 3 e 5 da sua Teoria Geral. Vimos então que o nível de renda de equilíbrio de curto período é determinado pelo investimento realizado pelos empresários e pelo multiplicador do investimento, o qual depende da propensão marginal a consumir.

No capítulo 3 aprofundamos a análise da relação entre a propensão a consumir e o multiplicador, como também apresentamos uma teoria da determinação do investimento planejado pelos empresários com base na interação entre a eficiência marginal do capital e a taxa de juros de longo prazo. A eficiência marginal do capital depende da interação entre o preço de oferta do equipamento de capital e do estado de expectativas de longo período, o qual definirá o fluxo de quase-rendas que os empresários esperam obter do equipamento de capital recentemente adquirido ao longo de todo o seu período de vida útil. Essas expectativas são formadas num contexto de incerteza não redutível ao cálculo de probabilidades, o que adiciona uma nova dimensão ao processo de tomada de decisão que é o *estado de confiança*. Flutuações do estado de confiança irão alterar o estado de expectativas de longo período, o que tornará instável o nível de investimento que os empresários planejam a cada curto período. Essa instabilidade da decisão de investimento se traduzirá também em instabilidade do nível de renda e de emprego.

No capítulo 4 vimos que a incerteza que circunda o processo de tomada de decisão cria uma demanda por proteção a qual só pode ser atendida, em todas as circunstâncias, pela posse de moeda e seus substitutos próximos. Nesse contexto, apresentamos a Teoria da Preferência pela Liquidez segundo a qual o diferencial de retorno monetário entre as diversas classes de ativos se deve ao diferencial de liquidez entre eles; ou seja, ativos mais líquidos devem proporcionar uma taxa de retorno mais elevada do que ativos menos líquidos como recompensa pela sua menor liquidez. Se a preferência pela liquidez explica o diferencial de retorno entre os ativos, qual seria o determinante da taxa monetária de juros, ou seja, da taxa de juros da moeda em termos de si mesma? Vimos, no capítulo 4, que nos sistemas monetários modernos a taxa de juros da moeda em termos de si mesma é determinada pela autoridade monetária, ou seja, o Banco Central fixa a taxa de juros no mercado de reservas bancárias, tornando assim a base monetária e o volume de meios de pagamento uma variável endógena. Ao fixar a taxa de juros de curto prazo, ou seja, a taxa de juros no mercado de reservas bancárias, o Banco Central tenta influenciar na determinação da taxa de juros de longo prazo, ou seja, a taxa de retorno dos títulos de dívida com prazo de maturidade maior do que um ano. A relação entre a taxa de juros de curto prazo e a taxa de juros de longo prazo depende, contudo, das expectativas que os tomadores de decisão têm a respeito do comportamento futuro da taxa de juros de curto prazo, as quais dependem da *convenção* prevalecente entre eles a respeito do valor seguro da taxa de juros. Se o Banco Central não for capaz de alterar essa convenção, então a taxa de juros de longo prazo será determinada pela soma entre a taxa de juros segura e o prêmio de liquidez dos títulos de longo prazo, o qual depende da preferência pela liquidez dos tomadores de decisão.

Dessa forma, o equilíbrio com desemprego involuntário da força de trabalho poderá resultar de um nível de taxa de juros de longo prazo mais alto do que o requerido para induzir os empresários a investirem a quantia requerida para gerar uma demanda de trabalho equivalente ao número de trabalhadores disposto a trabalhar ao salário de mercado.

Ao longo deste capítulo, reuniremos todas as peças apresentadas nos capítulos anteriores num modelo matemático capaz de determinar a dinâmica ao longo do *tempo histórico* do nível de renda e emprego, bem como da evolução do estoque de capital e seu impacto sobre a eficiência marginal do capital e o incentivo ao investimento nos períodos subsequentes. Em outras palavras, *o modelo aqui apresentado irá além da análise das condições de determinação da posição de equilíbrio de curto período* e buscará avaliar como os valores de equilíbrio de um dado curto período afetam as condições iniciais do curto período subsequente, e como isso interfere nos valores de equilíbrio do próximo curto período. Dessa forma, em vez de focarmos nossa atenção na análise da determinação do nível de atividade econômica num dado ponto do tempo, analisaremos como esse nível de atividade se move ao longo de uma *sequência de curtos períodos*.

Nesse contexto, estaremos particularmente interessados em duas questões. Em primeiro lugar, se a economia apresenta uma tendência a convergir para alguma posição de repouso a longo prazo, ou seja, se os valores das variáveis endógenas convergem para um vetor no qual elas são constantes ao longo do tempo. Caso a resposta seja afirmativa, qual a natureza dessa posição de equilíbrio? Em particular, avaliaremos se a posição de repouso para a qual a economia eventualmente converge no longo prazo é uma posição de equilíbrio com desemprego involuntário da força de trabalho.

Em segundo lugar, quais os possíveis efeitos de autoalimentação entre as variáveis endógenas e os parâmetros do modelo? Em particular, estamos interessados em analisar quais os possíveis efeitos entre o desemprego involuntário e a taxa nominal de salários, a qual consideramos como dada no início de cada curto período. Uma extensa literatura se desenvolveu no período posterior à publicação da Teoria Geral de Keynes, segundo a qual o equilíbrio com desemprego seria o resultado da hipótese de rigidez dos salários nominais (Pigou, 1943; Modigliani, 1944; Patinkin, 1948). O fato curioso sobre essa literatura é que ela aparentemente ignora o capítulo 19 da Teoria Geral, onde Keynes, uma vez tendo apresentado seu modelo estático de determinação do nível de emprego de curto período no capítulo anterior, analisa as repercussões do desemprego sobre os salários nominais. No capítulo 19, Keynes rejeita a ideia de que a flexibilidade dos salários nominais seja capaz de eliminar o desemprego involuntário, ao contrário, Keynes conclui que a flexibilidade salarial pode colocar a economia numa espiral deflacionária que irá aumentar, em vez de reduzir, o desemprego involuntário (Oreiro, 1997). Essa questão também será tratada neste capítulo.

5.2 A Estrutura de Equações do Modelo no Curto Período

Iremos considerar uma economia fechada e sem governo que produz um bem homogêneo, o qual pode ser usado tanto para consumo como para investimento. A população e a força de trabalho são constantes. O estoque de capital é dado no curto período, mas aumentará ao longo do tempo com base no investimento líquido realizado a cada curto período. A tecnologia de produção é descrita por uma função de produção do tipo Cobb-Douglas com retornos constantes de escala, de forma que a quantidade de bens e serviços que pode ser produzida a cada curto período é dada por:

$$Y_t = K_t^{\alpha} N_t^{1-\alpha} \tag{5.1}$$

Como foi discutido no capítulo 2, a estrutura de mercado é concorrência perfeita, de maneira que vale o primeiro princípio da Teoria Clássica, ou seja, o salário real é igual à produtividade marginal do trabalho. Nessas condições, o coeficiente do fator de produção trabalho na equação (5.1) será igual à participação dos salários na renda nacional, ao passo que o coeficiente do capital será igual à participação dos lucros. Nesse contexto, a distribuição de renda é exógena ao processo de determinação do nível de renda e emprego, sendo determinada por fatores relacionados à tecnologia.

Se os empresários formularem expectativas corretas a respeito do ponto de demanda efetiva, então o nível de renda de equilíbrio de curto período será dado por:

$$Y_t = \frac{I_t}{1 - c_w \omega} = \frac{I_t}{1 - c_w(1 - \alpha)} \tag{5.2}$$

Onde: $\omega = (1 - \alpha)$ é a participação dos salários na renda.

O investimento realizado no atual curto período corresponde a uma média ponderada entre o investimento planejado nos dois curtos períodos subsequentes, ou seja:

$$I_t = \theta I_{t-1}^{p} + (1 - \theta) I_{t-2}^{P} \tag{5.3}$$

Devido à *irreversibilidade do tempo*, as decisões tomadas em períodos anteriores são um dado do ponto de vista do período corrente. Dessa forma, o investimento realizado no curto período atual é um dado, determinado por decisões que foram tomadas em períodos passados.

Dentro de cada curto período, o estoque de capital, a força de trabalho, os coeficientes técnicos de produção e o investimento são variáveis dadas ou pré-determinadas. As variáveis endógenas são o nível de produção e de emprego e o nível de salário real.

Para calcular o nível de emprego de equilíbrio de curto período iremos, inicialmente, reescrever a equação (5.1) da seguinte forma:

$$N_t = \left[Y_t^{\left(\frac{1}{1-\alpha}\right)}\right]\left[K_t^{-\left(\frac{\alpha}{1-\alpha}\right)}\right] \quad \textbf{(5.4)}$$

A equação (5.4) mostra que a quantidade empregada de trabalho é uma função direta do nível de produção, mas inversa do tamanho do estoque de capital. Este último resultado, aparentemente contraintuitivo, precisa ser mais bem explicado. Dado o tamanho do estoque de capital, o nível de emprego será tão maior quanto maior for o nível de produção; o qual, pela equação (5.2), depende do volume de demanda efetiva, determinada pelo investimento realizado e pelo multiplicador. Dada a demanda efetiva e, portanto, o nível de produção que as empresas sabem que são capazes de vender de forma lucrativa no mercado, o nível de emprego oferecido pelas empresas vai depender da quantidade empregada de capital por trabalhador. Quanto maior a intensidade do capital, maior será a produtividade do trabalho e, portanto, menos trabalhadores serão necessários para produzir a mesma quantidade de produto. Daqui se segue que a acumulação de capital, à medida que aumenta a produtividade do trabalho, reduz o nível de emprego que as empresas estão dispostas a oferecer. Para que as empresas desejem contratar uma quantidade adicional de trabalhadores é necessário que elas estejam dispostas a aumentar a sua produção, o que só ocorrerá caso antecipem um aumento da demanda efetiva.

Sob concorrência perfeita e retornos constantes de escala, o salário real será igual à produtividade marginal do trabalho. Assim, o salário real de equilíbrio de curto período será dado por:

$$V_t = \frac{\overline{w}}{p_t} = (1-\alpha)K_t^{\alpha}N_t^{-\alpha} \quad \textbf{(5.5)}$$

Onde: V_t é o salário real no curto período atual e $\overline{w}$ é o salário nominal determinado contratualmente.

5.3 Equilíbrio de Curto Período

No curto período, o estoque de capital e o investimento são variáveis pré-determinadas, ou seja, determinadas nos períodos anteriores. A participação dos salários na renda, a propensão a consumir a partir dos salários e o salário monetário são variáveis exógenas ou parâmetros. O nível de emprego, o nível de produção, o salário real e o nível geral de preços são variáveis endógenas.

O modelo é dado pelo seguinte sistema de equações:

$$Y_t = \frac{I_t}{1 - c_w(1-\alpha)} \tag{5.2}$$

$$N_t = \left[Y_t^{\left(\frac{1}{1-\alpha}\right)}\right]\left[K_t^{-\left(\frac{\alpha}{1-\alpha}\right)}\right] \tag{5.4}$$

$$V_t = \frac{\overline{w}}{p_t} \tag{5.5a}$$

$$V_t = (1-\alpha)K_t^{\alpha}N_t^{-\alpha} \tag{5.5b}$$

No sistema formado pelas equações (5.2), (5.4), (5.5*a*) e (5.5*b*), temos *quatro equações linearmente independentes e quatro incógnitas*, a saber: Y_t, N_t, V_t e p_t. Uma característica importante desse modelo é que ele é bloco-recursivo (Sargent, 1987), ou seja, a interdependência entre as equações do modelo não é geral, possibilitando que o sistema de equações pode ser resolvido de maneira sequencial. Com efeito, o nível de produção de equilíbrio é determinado pela equação (5.2). Uma vez determinado o nível de produção de equilíbrio, o nível de emprego de equilíbrio de curto período será determinado ao se substituir a equação (5.2) em (5.4), tomando-se como dado o estoque de capital no curto período. Uma vez determinado o nível de emprego de equilíbrio por intermédio da equação resultante da substituição de (5.2) em (5.4), pode-se determinar o salário real de equilíbrio de curto período por intermédio da substituição dessa resultante na equação (5.5*b*). Por fim, determinado o nível de salário real de equilíbrio de curto período pela equação resultante da última substituição, pode-se determinar o nível de preços de equilíbrio de curto período ao se substituir essa resultante na equação (5.5*a*).

Seja $\overline{N}$ a quantidade de trabalhadores disponíveis no curto período. Exceto por uma *feliz coincidência*, não existe nenhum mecanismo que garanta que o nível de emprego de equilíbrio de curto período será igual ao número de trabalhadores disponíveis. Em geral teremos que $N_t^* < \overline{N}$, ou seja, teremos *desemprego involuntário* da força de trabalho. Observe que a única variável que pode ser afetada por uma variação da taxa monetária de salário no equilíbrio de curto período é o nível geral de preços: quanto menor for a taxa monetária de salários menor será o nível geral de preços, sem nenhum efeito sobre o salário real ou sobre o emprego de equilíbrio de curto período. Em outras palavras, o equilíbrio de curto período com desemprego involuntário da força de trabalho não depende do valor da taxa monetária de salários, sendo, portanto, independentemente de qualquer hipótese sobre o grau de rigidez dos salários nominais. **Esse é o resultado que Keynes obteve na sua Teoria Geral.**

5.4 Análise Dinâmica e a Persistência do Desemprego Involuntário

Na seção anterior, apresentamos um modelo formal no qual os valores de equilíbrio de curto período do nível de produção e de emprego foram determinados. No interior do curto período não existe nenhum mecanismo pelo qual o nível de emprego seja o requerido para fazer com que todos os indivíduos que desejem trabalhar ao salário de mercado consigam um posto de trabalho. Esse resultado não depende de erros de expectativas ou de rigidez nominal de salários ou preços. Trata-se, portanto, de um modelo no qual o desemprego involuntário representa uma situação de equilíbrio, dados os parâmetros e as variáveis pré-determinadas do mesmo.

Isso, contudo, não é suficiente para explicar a *persistência* do desemprego involuntário ao longo de uma sequência de curtos períodos. Ao contrário do apregoado pelos manuais de macroeconomia, Keynes não estava interessado em explicar a determinação do nível de emprego num dado ponto do tempo[1], mas porque as economias capitalistas apresentam flutuações da atividade econômica em torno de um nível que é cronicamente insuficiente para proporcionar o pleno emprego da força de trabalho (Keynes, 1936, p. 249). Nesse contexto, o equilíbrio de curto período não é suficiente. Temos

[1] Essa interpretação é endossada por Lucas (1981).

que analisar como a economia se move entre as posições de equilíbrio de curto período e se esse movimento gera algum tipo de "norma" ou "tendência" de longo prazo, entendida como uma posição de repouso do sistema, na qual ele se acha desprovido de dinâmica endógena (Vercelli, 1991, p. 14-16). Se essa norma for tal que, uma vez esgotada a dinâmica endógena, o nível de atividade econômica seja insuficiente para proporcionar o pleno emprego da força de trabalho, então o desemprego involuntário será persistente e o paradigma da economia monetária de produção terá sido bem-sucedido no que se refere a "mudar a forma pela qual o mundo pensa os problemas econômicos".

Para tanto será necessário, inicialmente, levar em conta os efeitos da decisão de investimento sobre o estoque de capital e, dessa forma, sobre a "escassez do capital", a qual é a origem do fluxo de quase-rendas esperadas do equipamento de capital ao longo de sua vida útil e, portanto, um dos fatores determinantes da eficiência marginal do capital. O investimento realizado no atual curto período é o resultado de decisões de investimento tomadas em períodos anteriores quando o estoque de capital era inferior ao estoque de capital no presente. A implementação dessas decisões de investimento aumentará o estoque de capital nos períodos subsequentes, tendo impacto na eficiência marginal do capital e, dessa forma, no investimento planejado no futuro. Essa relação entre *estoques e fluxos cria uma dinâmica intrínseca ao modelo*[2], ou seja, uma dinâmica que resulta da interação entre essas variáveis em vez de ser imposta de forma *ad hoc*.

A dinâmica do estoque de capital é dada pela seguinte equação:

$$K_t = (1 - \delta)K_{t-1} + I_t \tag{5.6}$$

Onde: δ é a taxa de depreciação do estoque de capital e I_t é o investimento bruto realizado no curto período t.

No capítulo 3 vimos que o investimento planejado é dado pela seguinte equação:

$$I_t^P = \theta_0 + \theta_1(d_t - i_{lp}) \tag{5.7}$$

[2] Essa é a característica fundamental dos modelos macroeconômicos com consistência entre estoques e fluxos desenvolvidos a partir do trabalho pioneiro de Godley e Lavoie (2007). A abordagem deste capítulo segue, em parte, essa metodologia de construção de modelos macroeconômicos.

Onde: θ_0 é o investimento autônomo, d_t é a eficiência marginal do capital no curto período t e i_{lp} é a taxa de juros de longo prazo.

Consoante com a análise feita no capítulo 3 sobre a natureza das quase--rendas esperadas a partir das quais os empresários calculam a eficiência marginal do capital de seus projetos de investimento, iremos supor que:

$$d_t = d_0 + d_1 v_{t-1} \tag{5.8}$$

Onde: $d_0 > 0$; $d_1 > 0$; $v_{t-1} = \frac{Y_{t-1}}{K_{t-1}}$ é a relação produto-capital no curto período anterior, a qual será considerada como um *índice de escassez do capital*, quanto menor esse índice menos escasso será o capital na comparação com o tamanho do mercado e, portanto, maior será o fluxo esperado de quase-rendas.

Por fim, conforme apresentado no capítulo 4, a taxa de juros de longo prazo é dada por:

$$i_t^{lp} = \bar{\imath} + \delta^{LP} \tag{5.9}$$

Onde: $\bar{\imath}$ é a taxa de juros segura e δ^{LP} é o prêmio de liquidez dos títulos de longo prazo relativamente aos títulos de curto prazo.

Substituindo (5.8) e (5.9) em (5.7), temos que:

$$I_t^P = \theta_0 + \theta_1(d_0 + d_1 v_{t-1} - \bar{\imath} - \delta^{LP}) \tag{5.10}$$

Substituindo (5.9) em (5.3) temos que:

$$\begin{aligned} I_t = \theta[\theta_0 + \theta_1(d_0 + d_1 v_{t-2} - \bar{\imath} - \delta^{LP})] \\ + (1-\theta)[\theta_0 + \theta_1(d_0 + d_1 v_{t-3} - \bar{\imath} - \delta^{LP})] \end{aligned} \tag{5.11}$$

Simplificando a equação (5.11) temos:

$$I_t = \theta_0 + \theta\theta_1 d_1(v_{t-2} - v_{t-3}) + \theta_1 d_1 v_{t-3} - (\bar{\imath} + \delta^{LP}) \tag{5.12}$$

O sistema dinâmico é composto pelas seguintes equações:

$$Y_t = \frac{I_t}{1 - c_w(1-\alpha)} \tag{5.2}$$

$$N_t = \left[Y_t^{\left(\frac{1}{1-\alpha}\right)}\right]\left[K_t^{-\left(\frac{\alpha}{1-\alpha}\right)}\right] \tag{5.4}$$

$$V_t = \frac{\bar{w}}{p_t} \tag{5.5a}$$

$$V_t = (1-\alpha)K_t^{\alpha}N_t^{-\alpha} \tag{5.5b}$$

$$K_t = (1-\delta)K_{t-1} + I_t \tag{5.6}$$

$$d_t = d_0 + d_1 v_{t-1} \tag{5.8}$$

$$v_t = \frac{Y_t}{K_t} \tag{5.8a}$$

$$i_t^{lp} = \bar{\iota} + \delta^{LP} \tag{5.9}$$

$$I_t = \theta_0 + \theta\theta_1 d_1(v_{t-2} - v_{t-3}) + \theta_1 d_1 v_{t-3} - (\bar{\iota} + \delta^{LP}) \tag{5.12}$$

Vimos na seção (5.3) que os valores de equilíbrio de curto período são determinados pelo subsistema formado pelas equações (5.2), (5.4), (5.5*a*) e (5.5*b*). Esses valores, no entanto, dependem de uma série de *variáveis pré-determinadas*, como o estoque de capital herdado do período anterior, e das *decisões de investimento tomadas em outros períodos*, as quais dependem dos valores passados de equilíbrio de curto período. Temos, assim, um sistema cujo presente depende do passado e no qual o futuro será moldado no presente. Em suma, temos uma *economia que se move ao longo do tempo histórico*.

A solução desse sistema de equações envolve o uso de *métodos recursivos*. Precisamos definir os valores das condições iniciais do sistema e os valores dos parâmetros para então calcular os valores de equilíbrio de curto período um a um ao longo de uma sequência de períodos.

Para facilitar esse processo é conveniente calcular o *estado estacionário do sistema*, ou seja, os valores das variáveis endógenas num contexto que o sistema está desprovido de dinâmica endógena de tal forma que as variáveis endógenas são constantes ao longo do tempo.

No estado estacionário, o nosso sistema de equações é composto por:

$$Y = \frac{I}{1 - c_w\alpha} \tag{5.2a}$$

$$N = Y^{\left(\frac{1}{1-\alpha}\right)}K^{-\left(\frac{1}{1-\alpha}\right)} \tag{5.4a}$$

$$V = \frac{\overline{w}}{p} \quad \textbf{(5.5}\textit{c}\textbf{)}$$

$$V = (1-\alpha)K^{\alpha}N^{-\alpha} \quad \textbf{(5.5}\textit{d}\textbf{)}$$

$$I = \delta\, K \quad \textbf{(5.6}\textit{a}\textbf{)}$$

$$d = d_0 + d_1 v \quad \textbf{(5.8}\textit{b}\textbf{)}$$

$$v = \frac{Y}{K} \quad \textbf{(5.8}\textit{c}\textbf{)}$$

$$i^{LP} = \overline{\iota} + \delta^{LP} \quad \textbf{(5.9}\textit{a}\textbf{)}$$

$$I = \theta_0 + \theta_1 d_1 v - (\overline{\iota} + \delta^{LP}) \quad \textbf{(5.12}\textit{a}\textbf{)}$$

O sistema acima é formado por 9 equações linearmente independentes e 9 variáveis endógenas $(Y, N, K, V, p, d, v, I, i^{lp})$. Os parâmetros são $(c_w, \alpha, \overline{w}, \delta, \overline{\iota}, \delta^{LP}, d_0, d_1, \theta_0, \theta_1)$. Temos, portanto, um *sistema determinado*.

Substituindo (5.6ª) em (5.2ª), temos:

$$\frac{Y}{K} = \frac{\delta}{1 - c_w\alpha} \quad \textbf{(5.13)}$$

Substituindo (5.13) em (5.8*c*), temos que

$$v^* = \frac{\delta}{1 - c_w\alpha} \quad \textbf{(5.14)}$$

A equação (5.14) determina o valor de estado estacionário da relação produto-capital.

Substituindo (5.14) em (5.8*b*), temos:

$$d^* = d_0 + d_1 v^* = d_0 + d_1\left(\frac{\delta}{1 - c_w\alpha}\right) \quad \textbf{(5.15)}$$

A equação (5.15) determina o valor de estado estacionário da eficiência marginal do capital.

Substituindo (5.14) em (5.12*a*), temos:

$$I^* = \theta_0 + \theta_1 d_1 v^* - (\overline{\iota} + \delta^{LP}) = \theta_0 + \theta_1 d_1\left(\frac{\delta}{1 - c_w\alpha}\right) - (\overline{\iota} + \delta^{LP}) \quad \textbf{(5.16)}$$

A equação (5.16) determina o valor de estado estacionário do gasto de investimento.

Substituindo (5.16) em (5.6a), temos:

$$K^* = \frac{I^*}{\delta} = \frac{\left[\ \theta_0 + \theta_1 d_1 \left(\frac{\delta}{1 - c_w \alpha}\right) - (\bar{\imath} + \delta^{LP})\ \right]}{\delta} \tag{5.17}$$

Substituindo (5.16) em (5.2a), temos que:

$$Y^* = \frac{I^*}{1 - c_w \alpha} = \frac{\left[\theta_0 + \theta_1 d_1 \left(\frac{\delta}{1 - c_w \alpha}\right) - (\bar{\imath} + \delta^{LP})\ \right]}{1 - c_w \alpha} \tag{5.18}$$

A equação (5.18) determina o valor de estado estacionário do nível de produto da economia. Este é provavelmente o resultado mais interessante do modelo. O nível de atividade econômica de estado estacionário é determinado pelo investimento autônomo, pela propensão a consumir a partir dos salários, pela participação dos salários na renda, pela taxa de juros segura e pelo prêmio de liquidez dos títulos de longo prazo. A não ser por uma feliz coincidência, o nível de produção de estado estacionário não será equivalente ao nível de produção compatível com o pleno emprego da força de trabalho. Além disso, o leitor deve observar que o nível de produção de estado estacionário depende exclusivamente das condições de demanda da economia, o lado da oferta não interfere na determinação do nível de utilização dos recursos existentes. **A validade do princípio da demanda efetiva não está, portanto, restrita ao curto período**. Por fim, a preferência pela liquidez do público interfere diretamente na determinação do nível de atividade econômica: uma maior percepção de incerteza por parte dos tomadores de decisão refletirá num maior prêmio de liquidez dos títulos de longo prazo ou num nível mais elevado da taxa de juros segura, reduzindo assim o investimento e o nível de produção no estado estacionário.

Para encontrar o nível de emprego de estado estacionário, basta substituir as equações (5.17) e (5.18) em (5.4a). Temos que:

$$N^* = \left\{\frac{I^*}{1 - c_w \alpha}\right\}^{\left(\frac{1}{1-\alpha}\right)} \left\{\frac{I^*}{\delta}\right\}^{-\left(\frac{\alpha}{1-\alpha}\right)} = I^*\ \delta^{\left(\frac{\alpha}{1-\alpha}\right)} (1 - c_w \alpha)^{-\left(\frac{1}{1-\alpha}\right)} =$$

$$\left[\theta_0 + \theta_1 d_1 \left(\frac{\delta}{1 - c_w \alpha}\right) - (\bar{\imath} + \delta^{LP})\right] \left[\delta^{\left(\frac{\alpha}{1-\alpha}\right)} (1 - c_w \alpha)^{-\left(\frac{1}{1-\alpha}\right)}\right] \tag{5.19}$$

Na equação (5.19), podemos observar que a situação do mercado de trabalho não tem nenhuma influência sobre o nível de emprego de estado estacionário, o qual depende apenas dos determinantes da demanda efetiva por bens e serviços, em particular do nível de investimento realizado pelas firmas.

Uma vez determinados os valores de estado estacionário do estoque de capital e do nível de emprego, podemos determinar o valor de estado estacionário do salário real. Para tanto, basta substituir as equações (5.17) e (5.19) em (5.5*d*). Temos, então, que:

$$V^* = (1-\alpha)(K^*)^{\alpha}(N^*)^{-\alpha} =$$

$$(1-\alpha)\left(\frac{\left[\theta_0 + \theta_1 d_1\left(\frac{\delta}{1-c_W\alpha}\right) - (\bar{\imath} + \delta^{LP})\right]}{\delta}\right)^{\alpha} \quad \textbf{(5.20)}$$

$$\left(\left[\theta_0 + \theta_1 d_1\left(\frac{\delta}{1-c_W\alpha}\right) - (\bar{\imath} + \delta^{LP})\right]\left[\delta^{\left(\frac{\alpha}{1-\alpha}\right)}(1-c_W\alpha)^{-\left(\frac{1}{1-\alpha}\right)}\right]\right)^{-\alpha}$$

As equações (5.17)-(5.19) mostram que um aumento da demanda de investimento resultará num aumento dos valores de estado estacionário do nível de produto, do estoque de capital e do nível de emprego.

Por fim, o nível geral de preços no estado estacionário pode ser determinado pela substituição da equação (5.20) em (5.5*c*), obtendo assim a seguinte expressão:

$$p^* = \frac{\bar{w}}{V^*} =$$

$$\frac{\bar{w}}{\left\{(1-\alpha)\left\{\left(\frac{\left[\theta_0+\theta_1 d_1\left(\frac{\delta}{1-c_W\alpha}\right) - (\bar{\imath}+\delta^{LP})\right]}{\delta}\right)^{\alpha}\right\}\left\{\left(\left[\theta_0+\theta_1 d_1\left(\frac{\delta}{1-c_W\alpha}\right) - (\bar{\imath}+\delta^{LP})\right]\left[\delta^{\left(\frac{\alpha}{1-\alpha}\right)}(1-c_W\alpha)^{-\left(\frac{1}{1-\alpha}\right)}\right]\right)^{-\alpha}\right\}\right\}} \quad \textbf{(5.21)}$$

Para uma análise das propriedades dinâmicas do modelo é necessária uma *simulação numérica*, a qual requer a definição dos valores das condições iniciais e dos parâmetros do sistema de equações apresentado anteriormente.

O quadro 5.1, a seguir, apresenta os valores dos parâmetros e das condições iniciais supostas no exercício de simulação.

Quadro 5.1 Valores dos parâmetros e das condições iniciais do modelo para a simulação

Parâmetro	Valor
α	0,5
c_w	1
$\bar{w}$	10
δ	0,10
d_0	0,03
d_1	0,1
$\bar{i}$	0,015
δ^{LP}	0,005
θ_0	100
θ_1	50
L	100
$K_0 = K_1$	100
$I_0 = I_1$	100
$Y_0 = Y_1$	100

Fonte: Elaboração do autor.

Tendo como base os valores apresentados no quadro 5.1, podemos utilizá-los no sistema formado pelas equações (5.14) e (5.21) para calcular os valores de estado estacionário do nível de produto, do estoque de capital, do nível de emprego, do volume de investimento, da relação produto-capital, da eficiência marginal do capital, do salário real e do nível geral de preços. Esses valores são apresentados no quadro 5.2:

Quadro 5.2 Valores de estado estacionário das variáveis endógenas

Variável	Valor de Estado Estacionário
Y^*	203,0
K^*	1015
N^*	40,6
I^*	101,5
v^*	0,2
d^*	0,05
V^*	2,5
p^*	4,0
U^*	0,59

Fonte: Elaboração do autor.

Duas coisas que chamam a atenção no quadro 5.2 são os valores de estado estacionário da relação produto-capital e da taxa de desemprego, o primeiro por ser extremamente baixo e o segundo por ser muito elevado. No que se refere ao valor de estado estacionário da relação produto-capital, a equação (5.14) mostra que ele é igual ao produto entre a taxa de depreciação do estoque de capital, δ, e o multiplicador do investimento, $\left(k = \frac{1}{1-c_w\omega}\right)$. Na simulação numérica, estamos assumindo um valor de 10% por período para a taxa de depreciação, o qual está bem longe de ser um valor baixo, sendo que o multiplicador do investimento é igual a 2,00 para os valores considerados da propensão a consumir a partir dos salários e da participação dos salários na renda. Um multiplicador entre 1,7 e 2,3 é consistente com a literatura empírica existente sobre o assunto, como já argumentamos no capítulo 3. Nesse contexto, o valor reduzido da relação capital-produto deve ser o resultado da ausência de um componente autônomo da demanda além do investimento. Mais especificamente, no modelo aqui apresentado, **não existe um componente autônomo da demanda que não crie capacidade produtiva**. A adição de um consumo autônomo deve ter o efeito de estabilizar a relação produto-capital de estado estacionário num patamar mais elevado. Deixo para o leitor a extensão do modelo para o caso em que a demanda de consumo possui um componente autônomo, assim como a demanda de investimento.

Um valor de estado estacionário de 59,4% para a taxa de desemprego parece ser irrealisticamente elevado. Com efeito, mesmo que consideremos os trabalhadores desalentados e subutilizados como parte das estatísticas oficiais de desemprego, um patamar acima de 30% não parece ser condizente com a experiência dos países desenvolvidos ou em desenvolvimento, exceto em períodos de grave crise econômica. Esse valor extremamente elevado para a taxa de desemprego é, na verdade, resultado das hipóteses que estamos adotando a respeito da tecnologia e da composição da demanda autônoma.

Ao descrever a tecnologia de produção, decidimos utilizar uma função de produção do tipo Cobb-Douglas com retornos constantes de escala. Essa opção se deveu a uma estratégia deliberada de *minimizar as divergências com respeito à teoria econômica tradicional,* de forma a ressaltar a generalidade dos resultados aqui apresentados. Uma função de produção Cobb-Douglas assume que capital e trabalho são substituíveis entre si, ou seja, a mesma quantidade de produto pode ser produzida a partir de diferentes combinações entre capital e trabalho. Essa hipótese é inaceitável para a maior parte, senão a totalidade, da heterodoxia mundial; mas a questão teórica a ser ressaltada é que o desemprego involuntário persistente não requer a complementariedade técnica entre os fatores de produção. Dessa forma, pelo *Princípio da Simplicidade de Occam*, devemos utilizar a hipótese mais simples — no caso a mais aceita — a respeito da tecnologia, qual seja, uma tecnologia na qual os fatores de produção podem ser substituíveis entre si.

De que forma a substituição entre os fatores de produção afeta o valor da taxa de desemprego de estado estacionário? Na equação (5.4) podemos ver que o valor de estado estacionário do nível de emprego depende diretamente do valor de estado estacionário do nível de produção, e inversamente do valor de estado estacionário do estoque de capital. Assim, quanto menor for a relação produto-capital, menor deve ser o nível de emprego criado para um dado nível de demanda efetiva. Isso porque quanto maior for o estoque de capital relativamente ao tamanho da produção das firmas, maior será a produtividade do trabalho e, portanto, menor a quantidade de trabalhadores requeridos para produzir a quantidade de bens que as firmas são capazes de vender no mercado. Para reduzir o valor de estado estacionário da taxa de desemprego, seria necessário aumentar a relação produto-capital, o que requer, como vimos anteriormente, a adição de um componente autônomo da demanda que não crie capacidade.

Uma vez analisadas as propriedades do estado estacionário do modelo, é chegado o momento da análise dinâmica. Para tanto, simularemos o modelo para um intervalo de tempo de 73 curtos períodos, tomando como base os valores apresentados no quadro 5.1. Os resultados da *simulação padrão* podem ser visualizados nas figuras 5.1-5.4 a seguir.

As figuras 5.1 a 5.5 mostram que a dinâmica das variáveis endógenas é compatível com a convergência assintótica para os seus valores de equilíbrio estacionário. No entanto, alguns comentários se fazem necessários.

O primeiro diz respeito ao comportamento dinâmico da eficiência marginal do capital apresentado na figura 5.2, na qual observa-se uma nítida tendência de queda da eficiência marginal do capital ao longo de uma sequência de curtos períodos. No capítulo 3, vimos que Keynes, ao não fazer uma distinção entre a decisão de investimento e a sua implementação, acaba por incorrer num erro ao considerar que, na decisão de investimento, os empresários levariam em conta o efeito da implementação de suas decisões de investimento sobre a *escassez do capital*, o que resultaria numa eficiência marginal decrescente com o volume de investimento planejado. No modelo que estamos apresentando a tendência à queda da eficiência marginal do capital é o resultado *ex post* das decisões de investimento, as quais resultam num aumento do estoque de capital que é mais do que proporcional ao aumento do nível de atividade econômica, reduzindo assim a escassez do capital. Aliás é a tendência da queda da eficiência marginal do capital ao longo do tempo histórico, não num dado ponto do tempo, que acaba por conduzir a economia a um estado estacionário no qual a acumulação de capital se interrompe.

Figura 5.1 Evolução do estoque de capital e do nível de produto

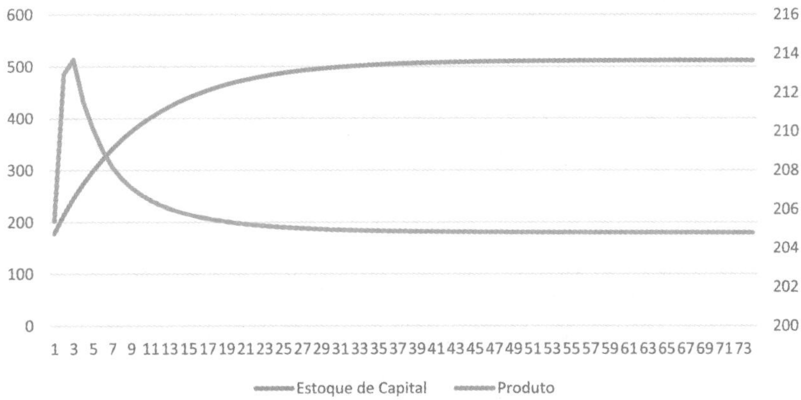

Fonte: Elaboração do autor.

Figura 5.2 Dinâmica do índice de escassez do capital (esquerda) e da eficiência marginal do capital (direita)

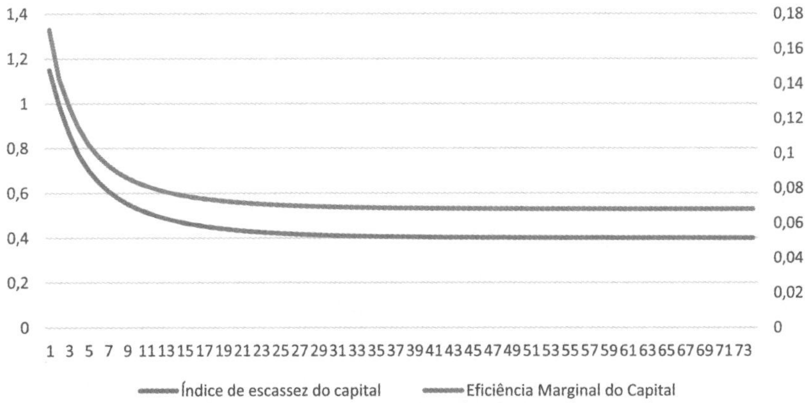

Fonte: Elaboração do autor.

O segundo comentário diz respeito à relação entre nível de emprego e salário real ao longo do tempo. A partir das trajetórias apresentadas nas figuras 5.3 e 5.4, podemos constatar a existência de uma correlação negativa (igual a -0,99) entre o nível de emprego e o salário real (figura 5.6). Como apresentamos no capítulo 2, Keynes aceitava o primeiro postulado da Teoria Clássica segundo o qual o salário real é igual ao produto marginal do trabalho. Devido à existência de rendimentos marginais decrescentes, dado o estoque de capital, um aumento (uma redução) do nível de emprego estará

Figura 5.3 Evolução do emprego (esquerda) e da Taxa de desemprego (direita)

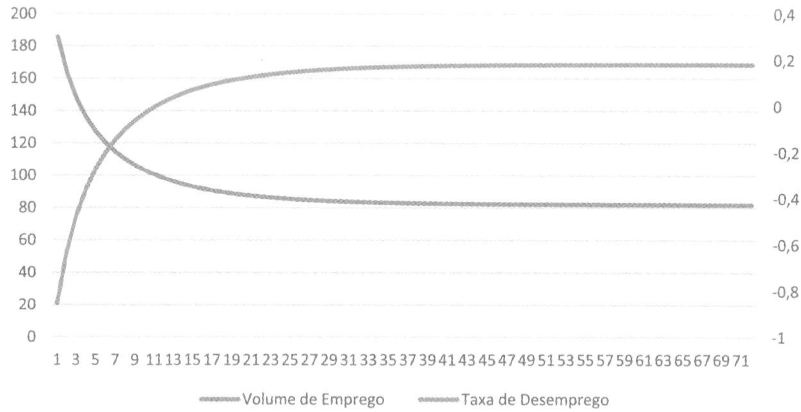

Fonte: Elaboração do autor.

Figura 5.4 Evolução do Salário Real

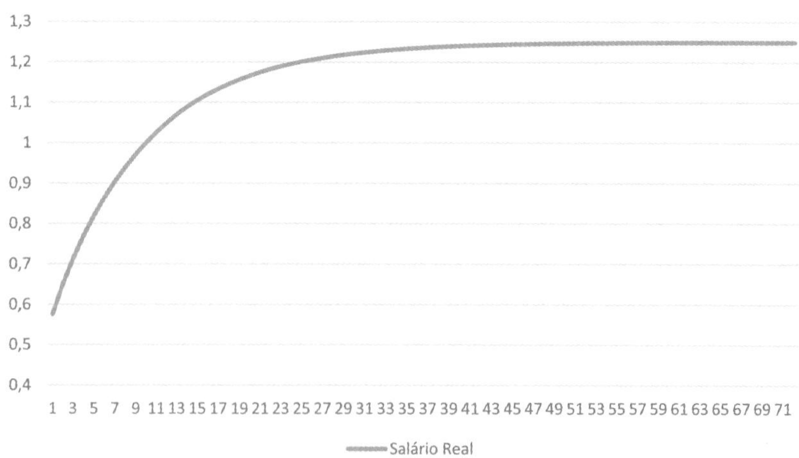

Fonte: Elaboração do autor.

inevitavelmente associado a uma redução (um aumento) do nível de salário real. Isso não estabelece, no entanto, uma função de demanda de trabalho na qual a quantidade empregada de trabalhadores é uma função decrescente do nível de salário real, pois a demanda de trabalho é determinada pelo número de trabalhadores necessários para que as firmas sejam capazes de atender a demanda efetiva pelos bens que produzem. A redução do salário real é antes a consequência do que a causa do aumento do nível de emprego.

Um último comentário diz respeito à evolução do nível de preços. Conforme podemos verificar na figura 5.5, *a economia apresenta uma tendência à deflação*. Isso decorre da combinação entre um salário monetário constante e aumento da produtividade marginal do trabalho. A deflação é, no entanto, um fenômeno temporário, pois no estado estacionário o nível geral de preços é constante e a taxa de deflação é igual a zero.

Figura 5.5 Evolução do Nível geral de preços

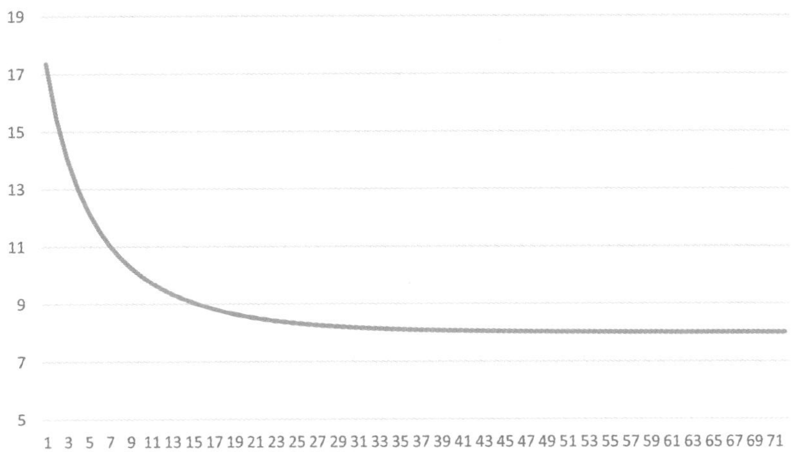

Fonte: Elaboração do autor.

No início do capítulo, vimos que a literatura que se seguiu à publicação da Teoria Geral de Keynes atribuiu a uma suposta rigidez da taxa monetária de salários a persistência do desemprego. Em outras palavras, a assim chamada *síntese neoclássica* — originada dos artigos seminais de Pigou (1943), Modigliani (1944) e Patinkin (1948) — afirmava que o equilíbrio com desemprego era o resultado da hipótese de salários monetários rígidos, ou seja, insensíveis ao nível e/ou variações da taxa de desemprego. Embora se reconhecesse que a rigidez de salários fosse um fenômeno observado no mundo real, do ponto de vista teórico seria apenas uma *imperfeição de mercado;* e, como tal, algo que já havia sido previsto pela teoria pré-keynesiana como capaz de impedir a tendência natural das economias de mercado em operar com pleno emprego da força de trabalho. Dessa forma, Keynes teria fracassado em promover "uma revolução na forma pela qual o mundo pensa os problemas econômicos", embora tenha analisado de maneira correta e detalhada as implicações em termos de política econômica da existência *de facto* de imperfeições de mercado como a rigidez de salários.

Figura 5.6 Relação entre nível de emprego (eixo horizontal) e salário real (eixo vertical)

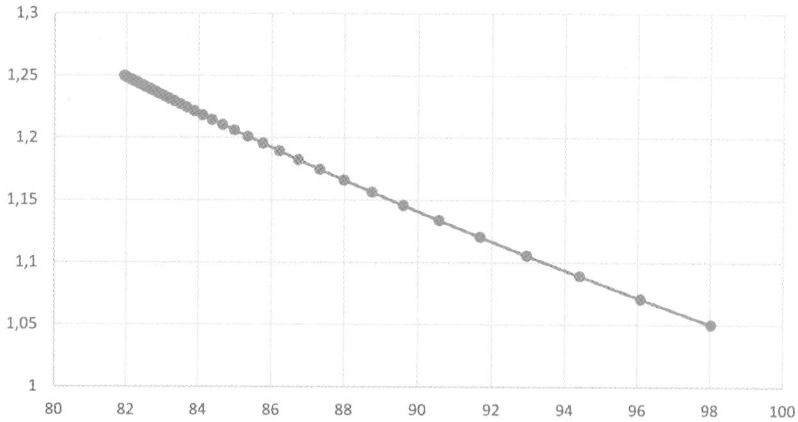

Fonte: Elaboração do autor.

Nesse contexto, estabeleceu-se um compromisso que marcaria o desenvolvimento da macroeconomia pós-Keynes: de um lado os economistas com inclinação empírica ou de formulação de política macroeconômica deveriam reconhecer o fracasso de Keynes em desenvolver uma alternativa consistente à Teoria Clássica, de outro lado, os economistas com inclinação teórica deveriam reconhecer que as imperfeições e rigidezes que Keynes enfatizou na sua Teoria Geral são muito importantes no mundo real e, portanto, importantes para a formulação de política econômica (Carvalho, 1992, p. 8)

Na próxima sessão analisaremos as implicações da existência de um efeito de autoalimentação entre a taxa de desemprego (uma variável endógena do modelo) e a taxa monetária de salários (um parâmetro).

5.5 Salário Monetário Flexível e Investimento Planejado

Nesta seção analisaremos o caso em que a taxa de salário monetário não é constante ao longo da sequência de curtos períodos, mas pode variar a depender da evolução do nível geral de preços e do estado do mercado de trabalho. Em particular, estamos interessados em analisar se uma redução da taxa de salário monetário pode estimular o nível de atividade econômica tal como é apresentado nos manuais tradicionais de macroeconomia.

Nesses manuais, o estudante é apresentado a uma *curva de demanda agregada* definida como o lócus das combinações entre o nível geral de preços e o nível de produção para as quais o mercado de bens se encontra em equilíbrio, ou seja, as empresas são capazes de vender toda a sua produção, de maneira que a variação involuntária de estoques é igual a zero. No curto prazo, o nível geral de preços é tido como uma variável exógena pois reflete a rigidez da taxa nominal de salários. Geralmente, nos manuais mais modernos como Blanchard (2011, p. 111), o nível geral de preços é determinado com base numa taxa de *mark-up* sobre o custo unitário de produção, o qual é igual à razão entre a taxa de salário monetário e a produtividade do trabalho. Dessa forma, a estrutura de mercado assumida nos manuais mais modernos de macroeconomia é *concorrência imperfeita*, o que permite que as empresas tenham poder de formação de preços. Essa, contudo, não é a estrutura de mercado que Keynes assumiu na sua Teoria Geral, como vimos no capítulo 2. Keynes considerava uma economia operando em condições de concorrência perfeita, onde o nível geral de preços se ajustava de maneira a equalizar o salário real dos trabalhadores com a produtividade marginal do trabalho calculada no ponto de demanda efetiva.

Nesse contexto, uma redução do nível de preços só pode ocorrer como resultado de uma queda da taxa monetária de salário, a qual pode ser a decorrência do desemprego involuntário da força de trabalho, Ao serem confrontados com um mercado de trabalho no qual existem mais trabalhadores dispostos a trabalhar ao salário de mercado do que vagas disponíveis, os trabalhadores, com ou sem representação sindical, podem estar dispostos a reduzir o salário nominal na esperança de assim conseguir um emprego. A redução dos salários monetários reduzirá o custo unitário de produção das empresas, permitindo que elas sejam capazes de reduzir os preços dos seus produtos sem reduzir as suas margens de *mark-up*. Tem início um *processo de deflação de salários e preços*.

De que forma a deflação de salários e preços pode estimular a atividade econômica? Modigliani (1944) definiu dois mecanismos.

O primeiro, que podemos denominar de *efeito Keynes*, considera que a queda do nível geral de preços produzirá uma redução da demanda transacional de moeda, a qual, supondo constante a oferta de moeda, reduzirá a taxa de juros, estimulando o investimento e o nível de produção, por intermédio do multiplicador. O problema com esse efeito é que, para a sua operação, é necessário que a economia não esteja operando numa situação de armadilha da liquidez, como Modigliani (1944) supunha ser o caso considerado por Keynes na sua Teoria Geral. Dessa forma, para que uma deflação de preços e salários possa estimular a economia, é necessária a operação de outro mecanismo.

O segundo, que podemos chamar de *efeito Pigou* ou *efeito liquidez real*, pressupõe a existência de um componente autônomo na demanda de consumo, e que esse consumo autônomo depende do estoque de riqueza das famílias. A moeda faz parte do estoque de riqueza das famílias, mas apenas aquela parte que consiste em papel-moeda em poder do público. Os depósitos bancários são um ativo para as famílias, mas um passivo para os bancos e, dessa forma, para as famílias que são proprietárias das instituições bancárias. Como o ativo de uma família é o passivo de outra, então o *efeito líquido sobre a riqueza das famílias será zero*. No agregado do volume de meios de pagamento — igual à soma entre papel-moeda em poder do público e depósitos à vista — o papel-moeda em poder do público se constitui numa fração muito pequena; a qual tende a diminuir ao longo do tempo devido ao desenvolvimento das novas tecnologias de pagamento como, por exemplo, os cartões de débito, *internet banking* e o Pix.

Está claro que a participação do papel-moeda em poder do público no estoque de riqueza das famílias é muito baixa, para não dizer irrelevante. Esse pequeno detalhe foi desconsiderado por Modigliani (1944), que assumiu que a deflação de preços resultaria num aumento do valor da riqueza das famílias e, portanto, de sua propensão a consumir. Se a deflação de preços for suficientemente grande, então o aumento correspondente do consumo colocará a economia numa posição de equilíbrio com pleno emprego. Daqui se segue que a **rigidez da taxa monetária de salários é uma condição necessária e suficiente para o equilíbrio com desemprego** (Modigliani, 1944, p. 223).

Ambos os mecanismos apontados por Modigliani (1944) dependem de uma hipótese crítica, qual seja, a de que a quantidade de moeda seja constante ou exógena. No capítulo 4, vimos que embora Keynes tenha assumido na sua Teoria Geral uma oferta de moeda vertical, a prática dos bancos centrais — cuja racionalidade analisaremos no capítulo 6 — é a de fixar a taxa básica de juros, ou seja, a taxa de juros do mercado interbancário, fazendo com que a base monetária seja uma variável endógena. Nesse caso, uma deflação de salários e preços resultará numa contração tanto da base monetária como do volume de meios de pagamento deixando as taxas de juros de curto e longo prazo inalteradas.

Além disso, mesmo que o papel-moeda em poder do público possa ser considerado, ao menos no curto prazo, uma constante, o efeito de uma deflação de preços sobre a propensão a consumir das famílias seria negligenciável. A título de exemplo, consideremos que a propensão a consumir das famílias a partir da riqueza seja de 5% e que o papel-moeda represente 10% do estoque de riqueza das famílias. Uma deflação de 10% em um ano resultaria num aumento de apenas 1% da riqueza das famílias em termos reais e de míseros 0,05% de aumento dos gastos planejados de consumo. Seria necessário manter uma deflação de 10% ao ano por décadas para que houvesse algum efeito perceptível sobre os gastos de consumo e sobre o nível de emprego. Até lá, como diria Keynes, estaremos todos mortos.

Com base no discutido acima não temos nenhum motivo para acreditar que a deflação de preços e salários resultante do desemprego involuntário será capaz de eliminar esse problema.

Para dirimir quaisquer dúvidas, introduziremos, no modelo apresentado na sessão anterior, a possibilidade de variação dos salários monetários em decorrência da evolução do estado da economia ao longo do tempo histórico.

Para tanto, vamos supor que o salário monetário no curto período atual é dado pela seguinte equação:

$$w_t = \beta_0 p_{t-1} - \beta_1 (U_{t-1} - U_{t-2}) \quad \textbf{(5.22)}$$

Onde: β_0 e β_1 são constantes positivas.

Alguns esclarecimentos são necessários sobre a equação (5.22). Em primeiro lugar, os trabalhadores não sofrem de ilusão monetária pois o salário nominal desejado pelos trabalhadores depende da percepção de poder de compra dos salários e, portanto, do nível geral de preços. Em segundo lugar, o estado do mercado de trabalho é representado pela variação na taxa de desemprego nos dois períodos anteriores ao período atual. Se a taxa de desemprego estiver aumentando, então isso deverá levar os trabalhadores a aceitarem, nas suas negociações com as firmas, um salário monetário mais baixo do que o desejado; o contrário deverá ocorrer se a taxa de desemprego estiver aumentando ao longo do tempo. O leitor deve perceber que na equação (5.22) **não existe um valor natural para a taxa de desemprego**, ou seja, um valor tal que o salário monetário será igual ao desejado pelos trabalhadores. Qualquer taxa de desemprego, desde que mantida constante ao longo do tempo, é compatível com um salário monetário igual ao desejado[3]. Por fim, o nível de flexibilidade de salários é dado pelo coeficiente na equação (5.22), quanto maior o valor desse coeficiente mais flexível, ou seja, mais sensível às variações da taxa de desemprego será a taxa monetária de salários.

De que forma a flexibilidade de salários pode afetar a dinâmica do produto e do emprego? A única forma é por intermédio de uma alteração do investimento planejado pelas firmas, ou seja, a deflação de salários precisa ser capaz de estimular os empresários a aumentar o investimento em capital fixo. Se isso ocorrer, a dinâmica do nível de produto e de emprego poderão

---

[3] Outra maneira de entender esse resultado é supor que em função da existência de fortes *mecanismos de histerese* no mercado de trabalho, a taxa natural de desemprego depende da taxa de desemprego dos períodos anteriores (Carlin e Soskice, 2015, p. 565-568). Dessa forma, a taxa natural de desemprego passa a ser dependente da trajetória temporal da taxa de desemprego. A histerese é definida como a tendência de um sistema de conservar suas propriedades na ausência de um estímulo que as gerou (Histerese – Wikipédia. https://pt.wikipedia.org/wiki/Histerese). No que se refere ao mercado de trabalho, a histerese se refere a uma situação na qual um *choque temporário de demanda ou de oferta* gera um aumento permanente da taxa de desemprego, pois choques temporários afetam a taxa natural de desemprego. Entre os fatores que podem gerar histerese no mercado de trabalho podemos destacar a perda de habilidades dos trabalhadores devido ao desemprego prolongado e ao sucateamento do capital, que é decorrente de uma queda do nível de atividade que deprima o investimento em capital fixo abaixo da reposição da depreciação do capital.

ser afetadas favoravelmente na direção de uma possível convergência com relação ao pleno emprego da força de trabalho.

A deflação de preços e salários afeta a taxa própria de juros dos ativos de capital ao gerar uma expectativa de perda de capital na comparação com a taxa própria de juros da moeda. Nesse contexto, a taxa própria de juros dos ativos de capital será dada por:

$$q_K - c_k + a_k = l_m \quad \textbf{(5.23)}$$

Dado o prêmio de liquidez da moeda, l_m , a diferença entre as quase-rendas esperadas do equipamento de capital e seu custo de carregamento deverá aumentar, o que exige uma redução do preço desses ativos no mercado à vista. Se a redução do preço no mercado à vista for superior à redução do preço de oferta do equipamento de capital, o resultado da deflação de preços e salários será uma redução do investimento e, dessa forma, do nível de atividade econômica.

A introdução da possibilidade de perdas de capital faz com que seja necessária uma redefinição da taxa própria de juros dos títulos de longo prazo. Dessa forma, temos que:

$$r^{lp} = i^{LP} - \pi^e = (\bar{\iota} + \delta^{LP}) - \pi^e \quad \textbf{(5.24)}$$

Onde: $\bar{\iota} = q_b$; $\delta^{LP} = l_b$; $\pi^e = -a_b$

Em condições de incerteza keynesiana, os tomadores de decisão, como vimos no capítulo 3, adotam convenções ou regras práticas de tomada de decisão, uma das quais consiste em supor que o presente é um bom guia para o futuro. Dessa forma, o ganho/perda esperada de capital pode ser aproximado pela inflação/deflação ocorrida no período imediatamente anterior, ou seja, $\pi^e = \pi_{t-1}$. Assim temos que:

$$r^{lp} = (\bar{\iota} + \delta^{LP}) - \pi_{t-1} \quad \textbf{(5.25)}$$

A equação do investimento planejado será dada por:

$$I = \theta_0 + \theta_1 d_1 v - (\bar{\iota} + \delta^{LP} - \pi_{t-1}) \quad \textbf{(5.26)}$$

Para o exercício de simulação numérica iremos supor que:

Quadro 5.3 Parâmetros da equação (5.22)

Parâmetro	Valor
β_0	0,4
β_1	1

Fonte: Elaboração do autor.

A dinâmica do nível geral de preços e da taxa monetária de salários é representada pela figura 5.7 abaixo:

Figura 5.7 Dinâmica do nível geral de preços e da taxa nominal de salários

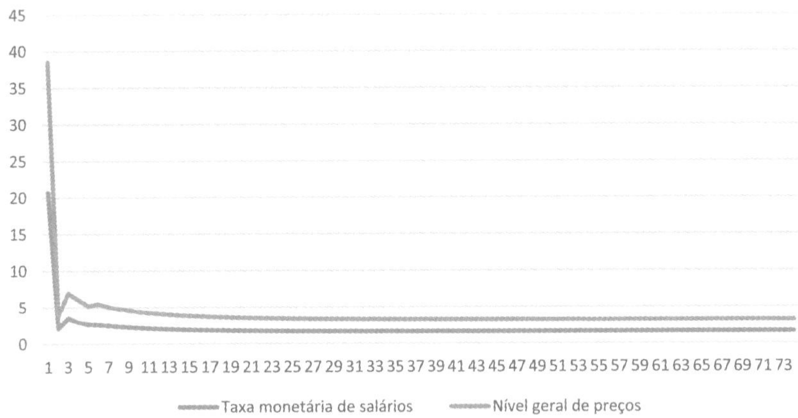

Fonte: Elaboração do autor.

Na figura 5.7, verificamos que tanto o nível geral de preços como a taxa monetária de salários passam por um violento processo de deflação em função da existência de um elevado desemprego involuntário da força de trabalho. Não há rigidez de preços ou salários: ambos reagem às condições prevalecentes no mercado de trabalho.

A figura 5.8 apresenta a dinâmica do investimento planejado em duas situações distintas, com e sem rigidez da taxa monetária de salário. Conforme podemos observar na figura a seguir, a flexibilidade de salários gera uma elevada instabilidade inicial do investimento planejado com relação à situação na qual os salários nominais são constantes ao longo do tempo. Isso devido à volatilidade da taxa de deflação ocorrida nos dez primeiros curtos períodos. Após o decurso de um certo número de curtos períodos, contudo, o comportamento do investimento planejado é similar nos casos com e sem flexibilidade de salários.

Figura 5.8 Evolução do investimento planejado com e sem rigidez do salário nominal

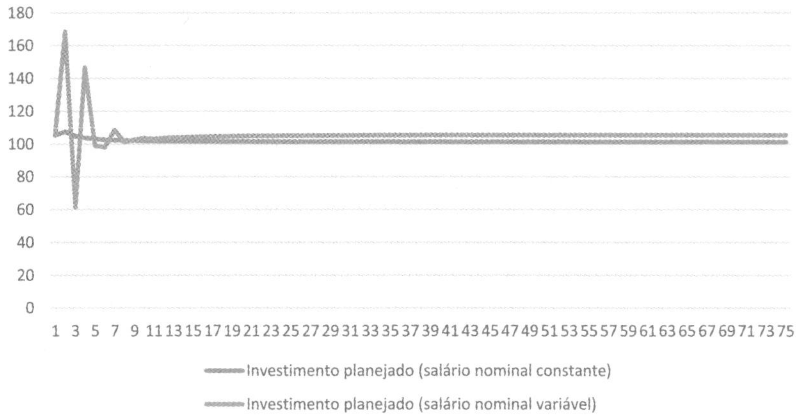

Fonte: Elaboração do autor.

5.6 Reprise das Conclusões

Neste capítulo apresentamos um modelo dinâmico de determinação do nível de produto, emprego, estoque de capital, salário real, investimento, eficiência marginal do capital e da relação capital-produto. Inicialmente encontramos a solução de curto período do modelo, na qual o estoque de capital é mantido constante. No equilíbrio de curto período, as variáveis endógenas são o nível de produção, o nível de emprego, a taxa de salário real e o nível geral de preços. No equilíbrio de curto período não existe nenhum mecanismo que seja capaz de assegurar que todos os trabalhadores que desejem trabalhar ao salário de mercado serão capazes de encontrar emprego, ou seja, o equilíbrio de curto período será caracterizado pela existência de desemprego involuntário da força de trabalho.

Na sequência o modelo foi estendido para levar em conta os efeitos do investimento realizado num dado curto período sobre o estoque de capital do período subsequente e, portanto, sobre as condições iniciais do curto período subsequente. Em outras palavras, incorporamos ao modelo uma relação entre fluxos e estoques que se achava ausente da estrutura teórica apresentada por Keynes (1936). Uma vez incorporada essa relação, foi possível também analisar o impacto da acumulação de capital sobre a eficiência marginal do capital e, portanto, sobre o incentivo a investir. Nesse modelo estendido, os fluxos determinam a variação dos estoques e a variação dos estoques tem efeito sobre os fluxos nos períodos subsequentes. Cria-se assim uma dinâmica intrínseca no modelo, eliminando a existência de *buracos negros* (Godley e Lavoie, 2007).

Uma vez apresentada a estrutura do modelo estendido, calculamos a solução de estado estacionário dele. O resultado mais importante é que mesmo levando-se em conta a interrelação entre investimento e estoque de capital, ou seja, deixando de lado o curto prazo marshalliano, a economia tende a operar com desemprego involuntário da força de trabalho no longo prazo, ou seja, uma vez esgotados os ajustes internos do modelo, ficando o mesmo desprovido de dinâmica endógena. O valor extremamente elevado da taxa de desemprego em estado estacionário explica-se, por um lado, pela hipótese adotada a respeito da tecnologia, a qual permite a substituição entre capital e trabalho. Nesse contexto, a acumulação de capital ao aumentar a produtividade do trabalho gera uma redução da quantidade de trabalhadores necessários para produzir a quantidade de bens que as firmas são capazes de vender no mercado, dada a demanda efetiva pelos seus produtos. Por outro lado, a ausência de um componente autônomo da demanda que não crie capacidade, como por exemplo o consumo autônomo ou as exportações, faz com que a demanda efetiva seja relativamente baixa, com respeito ao estoque de capital em estado estacionário, reduzindo assim a criação de empregos por unidade de capital.

Por fim foi apresentada uma nova extensão do modelo na qual os salários monetários não são constantes, mas reagem às condições prevalecentes no mercado de trabalho, sendo flexíveis. Foi demonstrado que a flexibilidade de salários é incapaz de criar uma convergência para uma posição de equilíbrio com pleno emprego devido ao efeito negligenciável que tal flexibilidade tem sobre o investimento planejado pelas firmas.

Em suma, *o equilíbrio com desemprego é uma propriedade emergente* de qualquer economia capitalista que se baseie nos princípios do *laissez-faire,* não sendo assim um resultado restrito ao curto prazo marshalliano ou dependente da hipótese de rigidez de preços e salários.

5.7 Questões para Discussão:

- **1° Questão**: Considere que a tecnologia de produção, em vez de ser descrita pela equação $Y_t = K_t^{\alpha} N_t^{1-\alpha}$ (5.1), é na verdade descrita por uma função de produção do tipo *Leontieff*, dada por $Y_t = \left\{K_t v;\ \frac{L_t}{q}\right\}$ (5.1*a*), onde: *v* é relação técnica produto-capital e *q* é a produtividade do trabalho. Assuma que os coeficientes técnicos equação (5.1*a*) são um dado da tecnologia e, portanto, constantes ao longo do tempo. Pede-se:
  - **a.** Recalcule o equilíbrio de curto período com a nova especificação da função de produção.
  - **b.** Quais as diferenças entre os resultados que você encontrou no item anterior e os resultados apresentados na seção 5.3?
  - **c.** Recalcule o estado estacionário do modelo com a nova especificação da função de produção.
  - **d.** Quais as diferenças entre os resultados que você encontrou no item anterior e os resultados apresentados na seção 5.3?
- **2° Questão**: No modelo apresentado neste capítulo, considere que a função consumo é dada por $C_t = \bar{C} + c_w \omega Y$. Pede-se:
  - **a.** Recalcule o equilíbrio de curto período com a nova especificação da função de produção.
  - **b.** Quais as diferenças entre os resultados que você encontrou no item anterior e os resultados apresentados na seção 5.3?
  - **c.** Recalcule o estado estacionário do modelo com a nova especificação da função de produção.
  - **d.** Quais as diferenças entre os resultados que você encontrou no item anterior e os resultados apresentados na seção 5.3?

06

MOEDA, CRÉDITO E BANCOS CENTRAIS

6.1 Introdução

Neste capítulo analisaremos o papel dos bancos comerciais e do Banco Central na administração do sistema de pagamentos numa economia monetária moderna. Veremos que o Banco Central desempenha uma dupla função, a de casa de compensações (*clearing house*) e a de emprestador de última instância. Na sequência, analisaremos a preferência pela liquidez dos bancos e como isso impacta na oferta de crédito bancário. A partir desses elementos será possível analisar como se dá o processo de criação de moeda numa economia na qual uma pequena parte dos pagamentos é efetuada em papel-moeda. Nesse processo, as instituições monetárias importam, ou seja, a forma pela qual a moeda é criada depende se o sistema monetário é baseado em ativos ou se é uma economia de crédito a descoberto. Esses regimes monetários diferem entre si com base na possibilidade de o setor bancário vender algum ativo para a autoridade monetária em troca das reservas necessárias ou se isso se dá por meio de algum empréstimo concedido pelo Banco Central para o setor privado. Além disso, o processo de criação de moeda também é impactado pela existência ou não de algum tipo de vedação legal à atuação do Banco Central no mercado primário de títulos da dívida pública. Caso essa vedação não exista, então o governo e o Banco Central podem ser tratados como a mesma entidade contábil, estabelecendo um elo direto entre a política fiscal e a criação de moeda, tese central da chamada *Teoria Monetária Moderna*. Caso essa restrição exista, como ocorre na maior parte dos países, então o governo pode ser incapaz de se financiar, mesmo quando emite dívida na moeda legal do país. Nesse contexto, para que o governo não se defronte como uma restrição financeira, a execução da política fiscal a partir de patamares elevados da relação dívida pública/PIB é necessário que a taxa real de juros seja menor do que a taxa real de crescimento do PIB.

6.2 O Sistema de Pagamentos numa Economia Monetária de Produção

No capítulo 4, vimos que o sistema de contratos monetários tem um papel fundamental na organização de uma economia monetária de produção, pois ele permite a redução da incerteza intrínseca à decisão de produção. Para que o sistema de contratos possa funcionar, contudo, alguns requerimentos devem ser atendidos. Em primeiro lugar, deve ser definida uma unidade na qual os valores das mercadorias a serem entregues agora ou no futuro, são medidas, ou seja, deve-se definir uma *unidade de conta*. Em segundo lugar, deve ser definido um instrumento no qual os contratos possam ser liquidados, ou seja, um instrumento que seja aceito como contrapartida das mercadorias a serem entregues agora ou no futuro, o qual servirá então como meio de pagamento. Por fim, deve existir algum mecanismo social que garanta o cumprimento dos contratos, estabelecendo punições para as partes que não cumprirem os termos estabelecidos.

A definição da unidade de conta e do instrumento que pode ser utilizado para a liquidação dos contratos é feita na *Lei dos Contratos*, cujo cumprimento é garantido pelo *Estado*. Isso significa que qualquer ativo que seja aceito ou possa ser usado para liquidar contratos é a *moeda corrente* da economia (*legal tender*). Se existirem substitutos perfeitos para a moeda corrente — porque existe um *market maker* que garante a conversão de um ativo em moeda corrente a uma taxa fixa — então eles também serão moeda (Carvalho, 1992, p. 101).

Até agora nada foi dito a respeito da forma pela qual os pagamentos contratuais são realizados. Nas economias monetárias modernas, os pagamentos referentes aos contratos à vista ou a termo são realizados majoritariamente por intermédio do *sistema bancário por meio de ordens de transferência eletrônica de fundos* entre as contas de depósitos à vista que os agentes possuem no sistema bancário. Apenas uma fração pequena e decrescente dos pagamentos é efetuada em papel-moeda.

Todos os dias, ordens de pagamento são emitidas contra contas de depósito à vista mantidas pelos agentes em diferentes bancos comerciais. Dessa forma, ao final do dia, alguns bancos poderão ter um fluxo líquido negativo entre depósitos e saques das contas correntes, ao passo que outros terão um fluxo líquido positivo. Num sistema de *crédito puro*, ou seja, num sistema em que todos os pagamentos são efetuados por intermédio da transferência eletrônica de depósitos de um banco para o outro, o valor agregado das transferências líquidas é necessariamente igual a zero, pois o depósito que foi transferido de um banco será necessariamente depositado em outro.

Os depósitos à vista são uma obrigação que os bancos emitem contra si mesmos quando concedem um empréstimo. Com efeito, quando um banco comercial avalia que um determinado tomador de crédito é confiável e decide conceder um empréstimo, o valor dele é creditado na conta de depósito à vista do tomador no banco que concedeu o empréstimo. A partir desse momento, o tomador pode emitir ordens de pagamento para liquidar obrigações contratuais, transferindo o valor referente às mesmas para as contas de depósito à vista de outros agentes, muitos dos quais podem possuir contas de depósito à vista em outros bancos comerciais.

Embora os bancos possam conceder empréstimos a agentes e instituições não bancárias por intermédio de obrigações que criam contra si mesmos, os pagamentos entre bancos têm *obrigatoriamente que ser feitos na moeda corrente da economia* (Carvalho, 2015, p. 69), cujo monopólio de emissão é do Banco Central. Dessa forma, para viabilizar o funcionamento do sistema de pagamentos, os bancos comerciais precisam manter reservas em moeda corrente no Banco Central para que, no final de cada dia, eventuais saldos negativos entre depósitos e saques das contas de depósitos à vista possam ser zerados com a transferência de reservas dos bancos deficitários para os bancos superavitários.

Num sistema de crédito puro não há vazamentos de depósitos para fora do sistema bancário de maneira que a posição líquida agregada entre depósitos e saques entre bancos comerciais é igual a zero. Nesse tipo de sistema, a princípio, os bancos comerciais não teriam muito incentivo para manter grandes reservas no Banco Central porque os bancos deficitários podem tomar emprestado as reservas que necessitam com os bancos superavitários no chamado *mercado interbancário*, pagando a taxa de juros relativa a esse tipo de empréstimo. Como todo empréstimo, no entanto, os bancos deficitários precisam apresentar garantias para os bancos superavitários para se habilitarem a tomar emprestadas as reservas que necessitam. Caso exista desconfiança quanto à solvência dos bancos deficitários devido à elevada inadimplência dos empréstimos concedidos por eles *(non-performing loans)*, os bancos superavitários podem ter dúvidas sobre a capacidade dos bancos deficitários pagarem os empréstimos, situação na qual a execução das garantias pode se mostrar insuficiente ou até mesmo inviável. Nesse caso, os bancos superavitários se mostrarão pouco dispostos a emprestar as reservas que os bancos deficitários necessitam, aumentando assim o valor da taxa de juros dos empréstimos entre bancos. Em situações limite de desconfiança, a taxa de juros dos empréstimos do mercado interbancário pode se tornar tão elevada a ponto de inviabilizar esses empréstimos, o que resultaria na *paralisação do sistema de meios de pagamento.*

Esse tipo de situação não é apenas uma curiosidade teórica, mas ocorreu de fato com a erupção da *crise financeira internacional de 2008,* após a falência do Banco de Investimentos Lehman Brothers, em 15 de setembro de 2008. A figura 6.1 a seguir mostra o comportamento da taxa de juros LIBOR (*London Interbank Offered Rate*), que consiste na taxa de juros referencial diária, calculada com base na média das taxas de juros oferecidas para grandes empréstimos entre bancos internacionais que operam no mercado de Londres[1]. Entre meados de agosto e início de setembro de 2008, a LIBOR se encontrava num patamar baixo e estável ligeiramente acima de 2% a.a. para operações de crédito *overnight,* ou seja, para empréstimos de um dia. O aumento da percepção de incerteza devido à falência do Lehman Brothers se expressou não só num aumento do significativo da LIBOR, que aumentou quase 300%, como também numa maior instabilidade dessa taxa até meados de outubro de 2008.

Em situações em que o mercado interbancário colapsa devido à desconfiança mútua entre os bancos, a solução é o Banco Central atuar como *emprestador de última instância,* ou seja, emprestar as reservas de que os bancos deficitários precisam para zerar os pagamentos devidos aos bancos superavitários. Geralmente, os bancos comerciais podem acessar livremente as linhas de crédito do Banco Central a uma taxa de juros fixada pela autoridade monetária. Esse acesso permite que, na maior parte do tempo, as taxas de juros prevalecentes no mercado interbancário apresentem apenas

[1] Ver London Interbank Offered Rate – Wikipédia, a enciclopédia livre (wikipedia.org). https://pt.wikipedia.org/wiki/London_Interbank_Offered_Rate.

pequenas flutuações em torno da taxa de juros para empréstimos de reservas fixada pelo Banco Central.

A possibilidade de os bancos comerciais tomarem emprestadas as reservas que necessitem do Banco Central a taxa por ele estipulada é o pilar central da *Teoria Horizontalista da Moeda e do Crédito*, segundo a qual empréstimos criam depósitos e depósitos criam reservas (Hein, 2008, p. 44-47). Como o volume de meios de pagamento é constituído por depósitos à vista e reservas bancárias[2], segue-se que a oferta de moeda é não apenas uma variável endógena como também perfeitamente elástica ao nível da taxa de juros definida pelo Banco Central.

Figura 6.1 Comportamento da taxa de juros LIBOR expressa em US$ no período compreendido entre 15 de agosto e 31 de dezembro de 2008

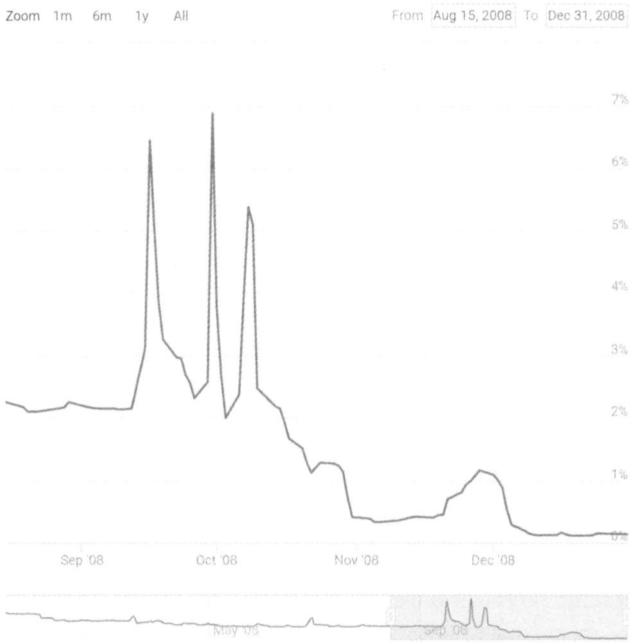

Fonte: USD LIBOR interest rates in 2008 (global-rates.com).

Essa teoria a respeito da endogeneidade da oferta de moeda tornou-se hegemônica entre os economistas pós-keynesianos nos últimos 15 anos,

2 Num sistema de crédito puro não existe, por definição, papel-moeda, razão pela qual o volume de meios de pagamento é composto apenas por depósitos à vista e reservas bancárias.

em grande medida devido ao esforço de autores como Marc Lavoie e Louis-Phillipe Rochon em desenvolver os aspectos teóricos e institucionais da Teoria Horizontalista. Em particular, as duas edições (2014, 2022) do livro *Post-Keynesian Economics: New foundations*, de autoria de Marc Lavoie, fazem uma apresentação detalhada e bastante convincente da Teoria Horizontalista.

Uma implicação tácita da Teoria Horizontalista da Moeda e do Crédito é uma redução da importância da preferência pela liquidez, elemento central no sistema teórico de Keynes. O equilíbrio com desemprego resulta, como vimos, de uma taxa de juros de longo prazo excessivamente alta, a qual reflete não apenas as convenções prevalecentes no mercado financeiro a respeito do comportamento futuro da taxa de juros fixada pela autoridade monetária, como também a preferência pela liquidez dos agentes que se expressa no prêmio de liquidez dos ativos de longa maturidade relativamente aos ativos de curta maturidade. Para que os agentes estejam dispostos a pagar pela posse de liquidez é necessário, contudo, que a oferta de ativos perfeitamente líquidos não seja ilimitada. A esse respeito Keynes afirma na sua Teoria Geral que:

> [...] É improvável que um ativo, cuja oferta possa ser facilmente aumentada ou cujo desejo possa ser facilmente desviado por uma mudança em seu preço relativo, possua o atributo de liquidez na mente dos donos da riqueza. O próprio dinheiro perde o atributo de liquidez se se espera que sua oferta futura sofra mudanças bruscas (Keynes, 1936, p. 241, nota de rodapé 1) [Tradução do autor].

No caso dos bancos comerciais em particular, a Teoria Horizontalista da Moeda e do Crédito tem uma implicação empiricamente testável, qual seja, os bancos comerciais não manterão reservas em excesso ao exigido pelo Banco Central, dado que podem tomar emprestadas as reservas que necessitam com a autoridade monetária a uma taxa de juros por ela fixada, quando isso for necessário. O problema é que essa previsão da teoria não é amparada pelos fatos. Como mostra Koo (2022, p. 269), os bancos comerciais privados dos Estados Unidos, Japão, Área do Euro e Reino Unido aumentaram significativamente as *reservas voluntárias*[3] nos seus respectivos bancos cen-

[3] Ou seja, as reservas em excesso ao requerido pelo Banco Central.

trais desde 2008. Em 2021, as reservas voluntárias representavam, 15,9% do PIB nos Estados Unidos, 85,9% do PIB no Japão, 29.8% do PIB na Área do Euro e 40,9% do PIB no Reino Unido. Dados do *Federal Reserve* a respeito das reservas emprestadas para os bancos comerciais americanos no período 1959–2020 mostram que os bancos comerciais só recorrem ao empréstimo de reservas no Banco Central apenas em situações emergenciais (Koo, 2022, p. 354). A evidência empírica disponível, portanto, mostra que bancos possuem preferência pela liquidez, a qual se expressa num montante significativo de reservas voluntárias mantidas no Banco Central.

A figura 6.2 a seguir mostra o comportamento das reservas bancárias em excesso ao mínimo exigido pelo Federal Reserve no período compreendido entre janeiro de 2000 e janeiro de 2020. É interessante observar que no período pré-crise financeira internacional de 2008, o volume de reservas bancárias em excesso no Federal Reserve era muito pequeno, inferior a 5% das reservas totais dos bancos comerciais. O único ponto fora do padrão se observou em setembro de 2001, o qual pode ser facilmente explicado pelo aumento da percepção de incerteza derivado do ataque às torres gêmeas em Nova York no dia 11 de setembro daquele ano. Essa situação muda radicalmente a partir de setembro de 2008, quando a razão entre as reservas excedentes e as reservas totais dos bancos comerciais depositadas no Federal

Figura 6.2 Razão entre as reservas excedentes e as reservas totais dos bancos comerciais depositadas no Federal Reserve (2000.01-2020.01)

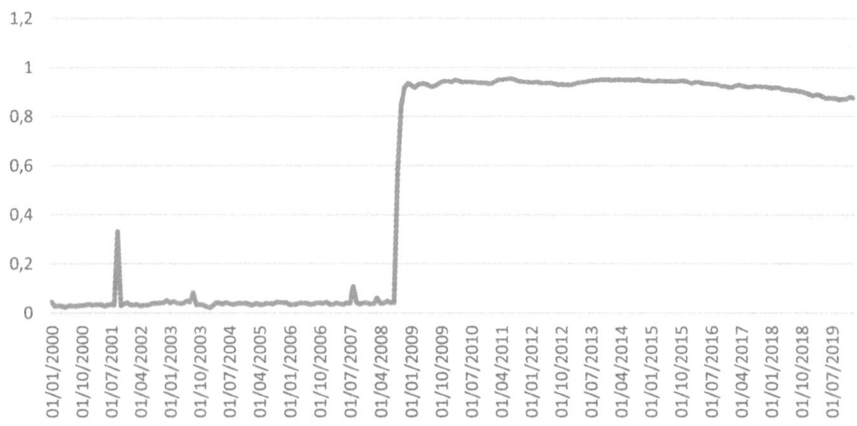

Fonte: Federal Reserve Economic Data (https://fred.stlouisfed.org). Elaboração do autor a partir dos dados coletados por Vitor Dotta, pesquisador do grupo *Macroeconomia Estruturalista do Desenvolvimento* (www.sdmrg.com.br).

Reserve aumenta para mais de 80%, num contexto em que a *Fed Funds Rate* foi reduzida para patamares próximos a 0% ao ano. Esse comportamento é uma clara evidência de que os bancos possuem preferência pela liquidez, pois estão dispostos a manter grandes quantidades de ativos perfeitamente líquidos (as reservas bancárias) mesmo quando a remuneração delas é praticamente nula.

Embora nas economias monetárias modernas a maior parte das transações seja efetuada por intermédio da transferência eletrônica de depósitos entre os bancos comerciais, uma pequena, mas ainda relevante parte dos pagamentos é feita em espécie. Isso significa que podem ocorrer vazamentos de depósitos para fora do sistema bancário caso o volume de saques de dinheiro em espécie seja superior ao volume de depósitos em papel-moeda feitos num determinado dia. Como os bancos comerciais não emitem a moeda legal, apenas um substituto próximo para ela que é o depósito à vista, então haverá uma saída líquida de recursos das reservas bancárias do Banco Central para o público na forma de dinheiro em espécie. Para lidar com a diferença diária entre saques e depósitos em espécie, os bancos comerciais mantêm uma parte de suas reservas em dinheiro nas agências bancárias. A atuação do Banco Central como emprestador de última instância garante que qualquer correntista poderá sacar o valor integral de seus depósitos à vista em espécie, se assim o desejar, **razão pela qual o papel-moeda e os depósitos à vista são tidos pelo público como substitutos perfeitos**, e a proporção de moeda mantida na forma de dinheiro em espécie explica-se apenas pelos custos de transação associados a pequenos pagamentos[4]. Em outras palavras, se o público confiar na capacidade e disposição das autoridades monetárias em garantir a conversibilidade dos depósitos à vista em papel-moeda a uma taxa de 1:1, então não haverá nenhum motivo para uma *corrida bancária*, ou seja, uma situação em que os depositantes tentam sacar seus depósitos à vista o mais rapidamente possível dos bancos comerciais, antes que os saques sejam suspensos por falta de liquidez. No entanto, um episódio de corrida bancária ocorreu em setembro de 2007 com o **Northern Rock Bank** no Reino Unido, após o banco receber uma assistência

---

4 Estamos aqui desconsiderando pagamentos realizados para transações ilícitas como venda de drogas, corrupção, prostituição, venda de armas, sequestros etc. Para essas transações o dinheiro em espécie é preferível à transferência de depósitos à vista por não ser rastreável pelas autoridades competentes.

emergencial de liquidez do Banco da Inglaterra, a qual foi comunicada ao público. Os depositantes fizeram então enormes filas na sede do banco na tentativa de retirar seus depósitos, originando a primeira corrida bancária no Reino Unido em 150 anos[5].

6.3 O Sistema Bancário e o Problema da Compensação de Pagamentos[6]

Consideremos inicialmente uma *economia de crédito puro*, ou seja, uma economia na qual todos os pagamentos são efetuados por intermédio de transferência de fundos entre os bancos comerciais. Essa economia dispõe de um Banco Central que desempenha um duplo papel, qual seja, administrar o sistema de pagamentos entre bancos, compensando créditos e débitos de uns bancos para com outros sem que seja necessária a transferência de recursos entre os mesmos; e atuar como *emprestador de última instância* para aqueles bancos que tiverem uma posição líquida deficitária no final do expediente e que não conseguiram obter as reservas necessárias para liquidar sua posição deficitária no sistema de compensação bancária.

Numa economia na qual a compensação das ordens de pagamentos é administrada pelo Banco Central, prevalece o sistema RTGS (Liquidação Bruta em Tempo Real na tradução para o português de *Real Time Gross Settlement*), no qual os bancos comerciais deverão manter reservas suficientes no Banco Central para efetuar cada pagamento, com a compensação ocorrendo no exato momento em que o pagamento é feito, e os balanços compensatórios sendo movidos da conta de um banco no Banco Central para a conta de outro banco. Está claro que num sistema RTGS, os bancos comerciais são obrigados a manter um volume grande de reservas no Banco Central para serem capazes de realizar as ordens de pagamento expedidas pelos seus clientes ao longo do dia.

Nessa economia, um banco pode, ao mesmo tempo, ser credor de um banco e devedor de outro. O sistema de compensações é desenhado para zerar esses balanços e fazer com que todos os participantes principais se liguem ao mesmo. Ao final do dia, cada participante saberá o tamanho do

5 Northern Rock - Wikipedia. https://en.wikipedia.org/wiki/Northern_Rock.

6 Esta seção é baseada em Lavoie (2022, capítulo 4).

seu balanço no sistema (pode ser positivo ou negativo), o montante que ele pode emprestar para os deficitários e o montante que deve tomar emprestado das unidades superavitárias. A *casa de compensações* vai, dessa forma, atuar como um corretor entre os bancos deficitários e os bancos deficitários. Deve-se observar que, enquanto os pagamentos realizados na economia envolverem apenas bancos comerciais, ou seja, enquanto estivermos considerando uma economia de crédito puro, para todo o banco comercial que tiver um saldo negativo na casa de compensações haverá um banco comercial com saldo positivo. Em outras palavras, nessas condições o saldo líquido de todos os bancos na casa de compensações é igual a zero.

Sem perda de generalidade, consideremos uma economia que possua 4 bancos comerciais (A, B, C e D), como verificamos no quadro 6.1 a seguir. Na matriz de pagamentos, podemos observar que, no final do dia, os Bancos "A", "C" e "D" são superavitários, e o Banco "B" será deficitário. O Banco "B" terá então que sacar 15 unidades monetárias das suas reservas no Banco Central, para zerar a sua posição com os bancos credores na casa de compensações. Caso as reservas sejam insuficientes, o Banco "B" tem duas alternativas. Em primeiro lugar ele pode pedir emprestadas as reservas aos bancos superavitários para fazer a zeragem da posição em aberto no sistema de compensações. Embora o saldo devedor do Banco "D" seja exatamente igual ao saldo credor dos bancos "A", "C" e "D", eventualmente um ou mais dos bancos credores podem se recusar a emprestar as reservas que o Banco "D" necessita por desconfiarem da capacidade desse banco de pagar as reservas que está pedindo emprestadas[7]. Nesse caso, o Banco "D" terá que pedir as reservas emprestado ao Banco Central para zerar sua posição, ao passo que os bancos superavitários terão que depositar suas reservas excedentes na sua conta de reservas no Banco Central. Nessa segunda alternativa para a zeragem das posições no sistema de compensações, o Banco Central realizará uma operação de *provisão de liquidez*, atuando assim como emprestador de última instância para o Banco "B", de maneira a permitir que todos os pagamentos sejam efetuados.

[7] Essa desconfiança pode se originar de rumores ou boatos sobre a taxa de inadimplência dos empréstimos concedidos pelo Banco "B", a qual, se suficientemente alta, poderia tornar o capital próprio do banco negativo, de forma que o banco se tornaria insolvente.

Quadro 6.1 Matriz de pagamentos entre os bancos comerciais

Devido A/Devido Por	Banco A	Banco B	Banco C	Banco D	Σ Débito	Σ Crédito	Balanço na Casa de Compensação
Banco A		15	20	20	55	60	+5
Banco B	30		40	35	105	90	-15
Banco C	20	50		10	80	85	+5
Banco D	10	25	25		60	65	+5
Σ Crédito	60	90	85	65	300	300	0

Fonte: Elaboração do autor com base em Lavoie (2022, capítulo 4).

6.4 O Banco Central, os Bancos Comerciais e o Processo de Criação de Moeda

Uma vez entendido o processo pelo qual os pagamentos são efetuados numa economia de crédito puro, devemos analisar agora o papel do Banco Central e dos bancos comerciais no processo de criação de meios de pagamento. Não é possível analisar o processo de criação de moeda sem se fazer referência ao arcabouço institucional no qual essa criação se realiza. Uma economia monetária de produção é um sistema no qual prevalece a propriedade privada dos meios de produção e a divisão social do trabalho, onde promessas de pagamento lastreadas na propriedade legal (colateral) permitiu a expansão dos contratos de empréstimos. Segundo Eichengreen et al. (2021), o desenvolvimento dos mercados de dívida pública nos países europeus a partir de meados do século XVI, e a criação do *Bank of England,* em meados do século XVIII, foram de importância fundamental para criar ativos negociáveis em mercado que pudessem ser usados com colateral nas operações de crédito.

A relação entre os bancos comerciais e o Banco Central depende, no entanto, de se o sistema bancário é um sistema lastreado em ativos ou se é um sistema de crédito a descoberto (Hicks, 1974, p. 50-57). Num sistema lastreado em ativos, os agentes têm que vender ativos líquidos no mercado secundário ou emitir ações e/ou títulos para realizar novos investimentos. Num sistema de crédito a descoberto, as famílias e as firmas fazem uso de linhas de crédito previamente contratadas com os bancos comerciais (*overdraft facilities*, cuja melhor tradução para o português seria "cheque especial") quando precisam de novos financiamentos, ao passo que os bancos comerciais podem realizar empréstimos junto ao Banco Central. Embora distintos em teoria, na prática os dois sistemas coexistem, pois os contratos de crédito pré-aprovados necessariamente especificam um limite máximo a ser utilizado pelo tomador, limite esse que guarda um vínculo, ainda que indireto, com o valor dos ativos líquidos que o tomador pode apresentar como colateral para o emprestador. Nesse contexto, um aumento da liquidez possuída pelo tomador do empréstimo se traduz também num aumento das linhas de crédito que podem ser acessadas por ele se e quando for necessário.

Iniciemos nossa análise com o caso de um sistema 100% lastreado em ativos. O quadro 6.2 a seguir apresenta o balanço contábil simplificado do sistema bancário.

Quadro 6.2 Balancete contábil do setor bancário consolidado

Ativo	Passivo
Reservas Bancárias (no Banco Central): 200 u.m	Depósitos à Vista: 800 u.m
Empréstimos: 500 u.m	Capital próprio: 200 u.m
Títulos Públicos: 300 u.m	
Total: 1000 u.m	Total: 1000 u.m

Fonte: Elaboração do autor.

No quadro 6.2, estamos considerando que a situação inicial do sistema bancário é tal que o *coeficiente de liquidez*, definido pela razão entre reservas e depósitos a vista, é de 25%, e que a razão entre o capital próprio e o ativo total do sistema bancário, um indicador da solvência do sistema, é igual a 20%.[8]

Num sistema de crédito puro, as reservas bancárias são necessárias apenas para a realização de pagamentos entre bancos, conforme analisamos detalhadamente na seção anterior. A evidência empírica mostra, contudo, que os bancos comerciais mantêm um volume maior de reservas do que o mínimo exigido ou requerido pelo Banco Central. A relação entre as reservas mantidas pelos bancos comerciais no Banco Central e o volume de depósitos

8 O coeficiente de alavancagem definido como a razão entre o valor total dos ativos e o valor do capital próprio — o inverso do índice de solvência — é igual a 5 no caso do quadro 6.2.

à vista vai depender da percepção dos bancos a respeito dos efeitos sobre sua reputação e credibilidade de acessar com frequência as linhas de crédito do Banco Central para a zeragem de posições deficitárias no sistema de compensações. A evidência empírica mostra, como vimos no início do capítulo, que os bancos comerciais raramente tomam reservas emprestadas no Banco Central, o que evidencia a existência de preferência pela liquidez por parte dos bancos comerciais. Em outras palavras, os bancos comerciais, mesmo podendo tomar emprestadas junto ao Banco Central as reservas que necessitam para zerar suas posições deficitárias no sistema de compensações, optam por manter um grande volume de reservas acima do exigido pelo Banco Central.

Nessa economia, o volume de meios de pagamento é constituído pela soma entre reservas bancárias e depósitos à vista, pois não existe papel-moeda. Como vimos no início do capítulo, as novas tecnologias de informação permitem que uma proporção cada vez maior de pagamentos seja efetuada de forma eletrônica, por intermédio da transferência de fundos entre bancos comerciais. É possível que no futuro previsível, o papel-moeda seja inteiramente eliminado do sistema de pagamentos. Isso, é claro, não significa o fim da moeda, mas apenas o fim das notas de papel impressas, no Brasil, pela *Casa da Moeda* e que são usadas como dinheiro nas pequenas transações diárias. Essa observação é necessária para derrubar dois mitos que envolvem questões monetárias.

O primeiro mito é o da "impressão de moeda", ou seja, a ideia de que o governo imprime moeda para financiar os seus gastos (e que isso é a causa da inflação). A *Casa da Moeda* é apenas uma gráfica onde as cédulas de dinheiro são impressas e distribuídas para as agências dos bancos comerciais de maneira a atender à demanda por papel-moeda do público. Numa economia de crédito puro não existem cédulas de papel, logo não existe impressão de moeda. No entanto, a moeda é criada tanto pelos bancos comerciais como pelo Banco Central quando o ativo dessas instituições aumenta, como veremos na sequência.

O segundo mito refere-se ao famoso dito popular "o dinheiro acabou". Essa ideia se baseia num pressuposto de que existe uma quantidade limitada de dinheiro para financiar os gastos dos agentes econômicos em geral, e do governo em particular. O erro dessa tese é que ela se baseia implicitamente na hipótese de que o dinheiro é um elemento físico que precisa ser produzido para existir. Certamente esse era o caso no tempo em que os meios de pagamento eram constituídos por moedas de ouro e prata, ou seja, quando vigorava o *sistema de moeda-mercadoria*. Com o desenvolvimento crescente do sistema de pagamentos por intermédio dos bancos comerciais, o sistema de moeda-mercadoria deu lugar ao sistema de moeda-escritural, no qual o meio circulante é constituído por simples *registros contábeis* no passivo dos bancos comerciais.

Como a moeda-escritural é criada? Tomando como ponto de partida os valores apresentados no quadro 6.2, vamos supor que ocorra um aumento do estado de confiança dos bancos comerciais a respeito da solvabilidade (*creditworthiness*) das firmas. Nesse contexto, os bancos comerciais estarão dispostos a atender a uma fração maior dos pedidos de empréstimos feitos rotineiramente. Isso porque os bancos comerciais não atendem a toda a demanda por empréstimos, mas apenas aquela fração da demanda de empréstimos que consideram suficientemente confiável para ser atendida (Carvalho, 2015, p. 54). A fração da demanda de empréstimos que é atendida pelos bancos depende da percepção de incerteza deles. Uma redução da incerteza deve levar a um menor *racionamento de crédito*, ou seja, a um aumento da fração da demanda de empréstimos à taxa de juros de mercado que é atendida pelos bancos.

Consideremos então que os bancos comerciais decidam aumentar os seus empréstimos em 100 u.m. Esse valor será então creditado na conta de depósito à vista dos tomadores, aumentando o passivo dos bancos comerciais exatamente na mesma magnitude do que o ativo, conforme verificamos no quadro 6.3 a seguir.

Quadro 6.3 Balancete contábil do setor bancário consolidado (aumento do estado de confiança dos bancos comerciais)

Ativo	Passivo
Reservas Bancárias (no Banco Central): 200 u.m	Depósitos à Vista: 800 u.m + 100 u.m = 900 u.m
Empréstimos: 500 u.m + 100 u.m = 600 u.m	Capital próprio: 200 u.m
Títulos Públicos: 300 u.m	
Total: 1100 u.m	Total: 1100 u.m

Fonte: Elaboração do autor.

No quadro 6.3, a decisão dos bancos comerciais de aumentar os empréstimos concedidos para o setor não bancário levou à criação de um volume de depósitos à vista em igual magnitude. Observe que o volume adicional de depósitos à vista — o qual pode ser usado para a realização de pagamentos — foi criado a partir de uma operação puramente contábil: os bancos comerciais creditaram 100 u.m na rubrica "Empréstimos" do seu ativo e um valor equivalente na rubrica "Depósitos à vista" no seu passivo. Dessa forma, dinheiro foi criado a partir do nada! Isso não significa que não existem limites para a expansão de crédito por parte dos bancos. Com efeito, a expansão de crédito gerou tanto uma redução da liquidez como da solvência dos bancos comerciais. O índice de liquidez caiu de 25% para 22%, e o índice de solvência caiu de 20% para 18,2%, ao passo que a alavancagem dos bancos passou de 5 para 5,5.

Os bancos comerciais não operam no vácuo, mas dentro de um ambiente institucional[9] no qual são obrigados a obedecer às normas prudenciais de concessão de empréstimos, as quais têm por objetivo reduzir o risco de crises bancárias e financeiras. Essas normas prudenciais seguem, em geral, os preceitos estabelecidos pelo *comitê da Basileia,* criado em 1974, no âmbito do *Banco de Compensações Internacionais* (*Bank for International Settlements – BIS*), comitê esse que tem por objetivo reforçar a regulação, a supervisão e as melhores práticas bancárias para a promoção da estabilidade financeira[10]. O *acordo da Basileia I*, firmado em 1988, introduziu um requerimento mínimo de capital próprio para a cobertura do risco de crédito, o qual ficou conhecido como *índice de Basileia*.

---

9 Skott (2023, p. 10-12) na sua crítica aos microfundamentos da macroeconomia, lembra que as instituições são o resultado de um processo evolucionário no qual uma miríade de decisões de agentes heterogêneos ao longo do tempo histórico definirá o conjunto de regras que delimitam o arcabouço institucional no qual essas decisões são tomadas. Dessa forma, o arcabouço institucional de uma determinada economia é dependente da trajetória que essa economia trilhou ao longo do tempo histórico. Não é possível, portanto, analisar o comportamento dos agentes sem ter como referências as instituições nas quais estão inseridos. Reduzir a teoria econômica em geral ou a economia monetária em particular a um problema de escolha ótima dos agentes, num contexto em que eles só se encontram restritos pelas suas preferências e pela tecnologia, é um reducionismo absurdo e irrealista.

10 Ver Recomendações de Basileia (bcb.gov.br). https://www.bcb.gov.br/estabilidade financeira/recomendacoesbasileia.

No Brasil, o Banco Central exige que o índice de Basileia seja de, no mínimo, 8% do patrimônio de referência do banco[11]. No exemplo do quadro 6.2, dado um capital próprio de 200 u.m — o qual iremos supor que é o patrimônio de referência dos bancos comerciais — um índice de basileia de 8% significa que os bancos comerciais podem aumentar as suas linhas de crédito até que o montante do seu ativo atinja um valor máximo de 2500 u.m, o que demandaria um aumento dos depósitos à vista de 800 u.m para 2300 u.m, ou seja, um acréscimo de 1500 u.m. Um aumento de tal magnitude no volume de depósitos à vista, contudo, faria o índice de liquidez cair de 20% para 8,7%. Daqui se segue que um aumento da alavancagem do banco está associado a uma redução da sua liquidez.

Uma redução de tal magnitude no índice de liquidez dos bancos comerciais seria uma atitude, no mínimo, temerária e certamente seria coibida pela regulação do Banco Central. Sendo assim, para que os bancos sejam capazes de utilizar a alavancagem permitida pela legislação vigente será necessário aumentar o montante de suas reservas para limitar ou impedir a redução do índice de liquidez. O problema é que os bancos comerciais não têm autorização para emitir a moeda legal da economia, eles podem apenas criar uma obrigação contra si mesmos, a qual é usada como meio de pagamento por parte do sistema não bancário; mas os pagamentos entre bancos precisam ser feitos na moeda legal, cujo monopólio de emissão é do Banco Central (Carvalho, 2015, p. 69).

Em um sistema monetário lastreado em ativos, a única forma dos bancos comerciais no seu conjunto aumentar as suas reservas no Banco Central é por intermédio da venda de ativos para o próprio Banco Central. No exemplo do quadro 6.2, os únicos ativos líquidos que os bancos comerciais possuem além das reservas são os títulos públicos[12]. Considere que os bancos comerciais vendam 260 u.m de títulos públicos para o Banco Central. Nesse caso, retratado no quadro 6.4 a seguir, as reservas bancárias no Banco Central aumentariam para 460 u.m, ao mesmo tempo em que os depósitos à vista

[11] Ver Índice de Basileia: o que é e como calcular – Mercado – Estadão E-Investidor – As principais notícias do mercado financeiro (estadao.com.br). https://einvestidor.estadao.com.br/mercado/indice-basileia-o-que-e-como-calcular/.

[12] Estamos supondo que os empréstimos são ativos não negociáveis em mercados secundários e, portanto, não têm liquidez. Atualmente, contudo, empréstimos podem ser transformados em ativos negociáveis por intermédio das operações de securitização. Mais adiante trataremos desse tema.

aumentaram para 2300 u.m. Dessa forma, os bancos comerciais terão um índice de Basileia de 8% e um índice de liquidez de 20%.

Quadro 6.4 Balancete contábil do setor bancário consolidado (venda de títulos e aumento dos empréstimos)

Ativo	Passivo
Reservas Bancárias (no Banco Central): 460 u.m	Depósitos à Vista: 2300 u.m
Empréstimos: 2000 u.m	Capital próprio: 200 u.m
Títulos Públicos: 40 u.m	
Total: 2500 u.m	Total: 2500 u.m

Fonte: Elaboração do autor.

No quadro 6.5, podemos observar como a compra de títulos públicos da carteira dos bancos comerciais pelo Banco Central pode levar a uma expansão da base monetária, a qual na economia em consideração é constituída apenas pelas reservas bancárias. A inspeção do quadro 6.5 mostra que inicialmente o Banco Central possui um balanço de 3000 u.m, sendo que, no lado do ativo, esse balanço está dividido entre 1000 u.m aplicadas em reservas internacionais e 2000 u.m aplicadas em títulos da dívida pública. No lado do passivo, as reservas bancárias são iguais a 200 u.m, a conta do Tesouro no Banco Central (onde são mantidos os recursos provenientes dos impostos e da venda de títulos públicos no mercado primário) têm um valor igual a 200 u.m e o capital próprio do banco é equivalente a 800 u.m. Nas condições descritas inicialmente[13], a Base Monetária é igual a 200 u.m e o volume inicial de meios de pagamento da economia é igual a 1000 u.m (200 u.m de reservas bancárias e 800 u.m de depósitos à vista).

Em função do aumento da oferta de crédito por parte dos bancos comerciais[14], com o intuito de preservar o seu índice de liquidez, os bancos vendem para o Banco Central 260 u.m de títulos públicos que têm em carteira. Isso significa que a rubrica títulos públicos na carteira do Banco Central terá um aumento de 260 u.m. Para financiar essa compra, o Banco Central credita o valor dela na conta de reservas dos bancos comerciais num montante equivalente. Ao final do processo o balanço do Banco Central terá aumentado em 260 u.m.

---

13 Quadros 6.3 e 6.5.

14 Quadro 6.4.

Quadro 6.5 Balancete contábil do Banco Central

Ativo	Passivo
Reservas Internacionais: 1000 u.m	Reservas Bancárias: 200 u.m + 260 u.m = 460 u.m
Títulos Públicos: 2000 u.m + 260 u.m = 2260 u.m	Conta Única do Tesouro: 2000 u.m
	Capital Próprio: 800 u.m
Total: 3000 u.m	Total: 3000 u.m

Fonte: Elaboração do autor.

Após a expansão do crédito por parte dos bancos comerciais, e da venda de títulos públicos para o Banco Central, o volume de meios de pagamento terá aumentado de 1000 u.m para 2460 u.m, um aumento total de 1460 u.m na oferta de moeda da economia. A base monetária, por seu turno, terá aumentado de 200 u.m para 460 u.m, ou seja, um acréscimo de 260 u.m. Nesse contexto, um acréscimo de 1460 u.m no volume de meios de pagamento ocorrerá conjuntamente (o leitor deve observar que não estamos estabelecendo, de momento, nenhuma relação de causalidade) com um aumento de 260 u.m no valor da base monetária. A relação entre o acréscimo no volume de meios de pagamento e o acréscimo na base monetária é conhecida como *multiplicador monetário.*

A relação entre o volume de meios de pagamento e a base monetária pode ser obtida algebricamente.

Sabemos que o volume de meios de pagamento — numa economia de crédito puro — é dado por:

$$MP = DV + RB \tag{6.1}$$

Onde: MP é o volume de meios de pagamento, DV é o volume de depósitos à vista e RB é o volume de reservas bancárias.

A base monetária é dada por:

$$BM = RB \tag{6.2}$$

Onde: RB é o volume das reservas bancárias.

Substituindo (6.2) em (6.1) e resolvendo para BM, temos:

$$BM = MP - DV \tag{6.4}$$

Dividindo ambos os lados de (6.4) por *MP* temos:

$$\frac{BM}{MP} = 1 - \frac{DV}{MP} = 1 - \frac{DV}{RB}\frac{RB}{MP}$$
$$\frac{BM}{MP} = 1 - \frac{DV}{RB}\frac{MP}{MP}$$

Logo:

$$\frac{BM}{MP}\left[1 - \frac{DV}{RB}\right] = 1 \tag{6.5}$$

De (6.5) temos que:

$$MP = k.BM \quad onde\ k = \left[1 + \frac{DV}{RB}\right] > 1 \tag{6.6}$$

A expressão (6.6) mostra que o volume de meios de pagamento é um múltiplo da base monetária, onde esse múltiplo — definido como o *multiplicador monetário* — depende da razão entre depósitos à vista e reservas bancárias, razão essa que depende da *preferência pela liquidez dos bancos*, como vimos anteriormente. Uma maior percepção de incerteza por parte dos bancos irá levá-los a reduzir a fração da demanda de empréstimos que eles estão dispostos a atender, o que levará a uma contração dos depósitos à vista e, com isso, a uma redução do multiplicar para um dado volume de reservas bancárias.

A equação (6.6), por si mesma, não estabelece nenhuma relação de causalidade entre o volume de meios de pagamento e o montante da base monetária. Sobre essa relação existem duas escolas de pensamento. A primeira, a qual podemos denominar de *verticalista*, assume que o Banco Central tem os instrumentos necessários para controlar a base monetária. Afinal de contas, para que a base monetária se expanda é necessário que o Banco Central decida aumentar o montante de seus ativos por intermédio do aumento do seu passivo monetário, constituído unicamente pelas reservas bancárias. Como o Banco Central tem total *poder discricionário* sobre o volume dos seus ativos, então ele também tem controle sobre as reservas bancárias e, dessa forma, sobre a base monetária. Dada a base monetária, o volume de meios de pagamento será dado, se o multiplicador monetário puder ser considerado como estável no médio e longo prazo.

A segunda escola, a qual podemos denominar de horizontalista, tem sua origem com Kaldor (1973, 1986) e Moore (1988). Na abordagem horizontalista, o processo de criação de moeda tem início com os agentes não financeiros, constituídos fundamentalmente por firmas, demandando crédito do sistema bancário. Essa demanda por crédito é acomodada pelos bancos comerciais, levando-se em conta os riscos envolvidos em cada operação individual de crédito (Carvalho, 2015, p. 56-57). Uma vez que os bancos tenham decidido conceder crédito, um volume equivalente de depósitos à vista é criado, fazendo com que os *bancos fiquem com um volume insuficiente de reservas*[15]. Nesse contexto, para evitar um *risco sistêmico* para o sistema bancário como um todo, o Banco Central seria obrigado a ofertar as reservas que o sistema bancário demanda a uma taxa de juros do mercado interbancário, a qual é determinada pelo próprio Banco Central (Carvalho, 2015, p. 57). Nesse contexto, empréstimos criam depósitos e depósitos criam reservas e a oferta de moeda poderia ser representada por uma curva de oferta horizontal (M_S) ao nível da taxa de juros do mercado interbancário (i_b) que é fixada pelo Banco Central (figura 6.3).

Figura 6.3 Curva de oferta de moeda segundo a abordagem *horizontalista*

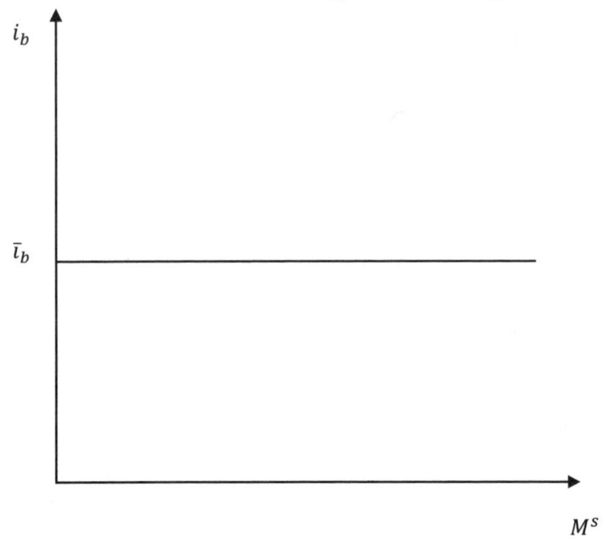

Fonte: Elaboração do autor.

---

15 Implícita nesse raciocínio está a hipótese de que os bancos comerciais mantêm apenas as reservas bancárias exigidas pelo Banco Central e que, portanto, não possuem reservas excedentes ao requerimento compulsório.

A abordagem horizontalista pressupõe um sistema monetário de crédito a descoberto, no qual os bancos comerciais podem tomar empréstimos livremente no Banco Central a uma taxa de juros que a autoridade monetária fixa para tais operações. O balanço consolidado dos bancos comerciais e do Banco Central num sistema de crédito a descoberto pode ser visualizada pelo quadro 6.6 a seguir.

Quadro 6.6 Balancete consolidado dos bancos comerciais e do Banco Central num sistema monetário de crédito a descoberto

Bancos Comerciais		**Banco Central**	
Ativo	**Passivo**	**Ativo**	**Passivo**
Empréstimos (B)	Depósitos (D′=D-H)	Adiantamentos para os Bancos Comerciais	Base Monetária
	Empréstimos do Banco Central		

Fonte: Lavoie (2022, Capítulo 4). Elaboração do autor.

No quadro 6.6 acima, verificamos que os bancos comerciais tomam emprestado as reservas que necessitam do Banco Central (*RB=H)*, sendo capazes de atender a toda a demanda de empréstimos que considerarem solvente. Não existem reservas excedentes e, neste caso, todas as reservas que os bancos comerciais possuem são emprestadas.

O grande empírico problema da abordagem horizontalista é que os bancos comerciais só fazem uso de reservas emprestadas em situações emergenciais (Koo, 2022, p. 354). Além disso, desde a crise financeira internacional de 2008, os bancos comerciais mantêm reservas nos bancos centrais que excedem, por larga margem, o requerimento de reservas exigido pela autoridade monetária. Em outras palavras, os bancos comerciais depositam suas reservas excedentes no Banco Central, **tendo assim uma posição líquida credora ao invés de devedora**, na autoridade monetária. Dessa forma, a abordagem horizontalista se defronta com uma *anomalia*, ou seja, a existência de uma posição credora líquida dos bancos comerciais no Banco Central, ao passo que o esperado seria uma posição devedora líquida.

Para entender o comportamento dos bancos comerciais numa economia monetária de produção, trataremos na próxima sessão da preferência pela liquidez dos bancos.

6.5 A Preferência pela Liquidez dos Bancos[16]

A Teoria Neoclássica da Firma Bancária, tal como apresentada, por exemplo, nos escritos de Tobin (1998), considera que o problema decisório fundamental enfrentado pelo banco enquanto firma consiste na escolha entre um conjunto de ativos rentáveis e com baixa liquidez (empréstimos e investimentos) e um outro conjunto de ativos com baixa rentabilidade e alta liquidez (ativos defensivos).

A demanda por ativos líquidos, mas pouco rentáveis, se justifica, no contexto da teoria ortodoxa, pelo fato de que o volume total de depósitos à vista é uma variável aleatória de tal forma que o banco está sujeito ao risco de ocorrência de uma redução súbita e inesperada do volume dos depósitos em consideração. Embora o banco possa sempre recorrer ao mercado interbancário ou ao redesconto do Banco Central para obter a liquidez necessária para atender aos saques de seus correntistas, tais operações envolvem necessariamente um custo para o banco, seja na forma de juros pagos sobre os empréstimos com os demais bancos ou com o Banco Central, ou ainda à perda de reputação ou de prestígio junto aos seus clientes (Tobin, 1998, p. 182). Nesse contexto, o banco estará disposto a manter ativos pouco rentáveis em carteira como precaução contra a possibilidade de ter que recorrer ao mercado interbancário ou ao redesconto do Banco Central.

Para pós-keynesianos, a teoria ortodoxa da firma bancária é um arcabouço teórico insatisfatório para a análise do comportamento dos bancos porque, por um lado, desconsidera o fato de que os diferentes ativos possuem diferentes graus de liquidez. Dessa forma, o problema decisório do banco não pode ser apresentado como simplesmente uma escolha entre ativos líquidos e ilíquidos, mas entre graus de liquidez associados aos diversos ativos que o banco pode manter em carteira (Carvalho, 1999).

Por outro lado, a preferência pela liquidez não influi apenas na decisão de escolha de ativos por parte do banco, mas também o montante e o tipo de obrigações que a firma bancária emite para financiar a aquisição de seus ativos. Isso porque, para pós-keynesianos, a liquidez é definida com base nos escritos de Minsky (1975, 1982), como a capacidade de honrar compromissos contratuais de pagamento em dinheiro. Nesse contexto, a liquidez de um

[16] Esta seção se baseia em Oreiro (2005).

ativo não depende apenas da influência do prazo de realização sobre o preço desse ativo — ou seja, do grau de organização dos mercados nos quais esse ativo é transacionado — mas também do tipo de passivo usado para financiar a sua aquisição. Sendo assim, a liquidez do conjunto de ativos possuídos pelo banco dependerá também da estrutura de passivo da firma bancária. Por exemplo, quanto maior a proporção de depósitos à vista no passivo total do banco, menor será a liquidez da sua carteira de ativos.

Sendo assim, pós-keynesianos defendem a tese de que uma Teoria Geral da Firma Bancária deve levar em conta a ideia de que a preferência pela liquidez não afeta apenas a escolha da **carteira de ativos do banco**, mas também a **sua estrutura de passivo**; de tal forma que a preferência pela liquidez seria o elemento fundamental para determinar a estratégia dos bancos quanto à composição de seus balanços. Nessa nova teoria da firma bancária, a estrutura de passivo dos bancos — e, em particular, o volume de depósitos à vista — deixa de ser uma variável exógena, determinada pelas preferências dos depositantes — tal *como* ocorre nos modelos da teoria ortodoxa — e torna-se uma variável endógena, determinada pela preferência pela liquidez dos bancos (De Paula, 1999, p. 173).

Mas por que razão os bancos possuem preferência pela liquidez se podem tomar emprestado do Banco Central as reservas que necessitam? Vimos anteriormente que os bancos precisam manter reservas no Banco Central para pagar as ordens de transferência de depósitos feitas por seus clientes, dado que é uma exigência da autoridade monetária que os pagamentos entre bancos só podem ser realizados por intermédio da movimentação de valores entre suas contas de reservas no Banco Central. Num sistema de crédito puro, o saldo agregado de créditos e débitos entre bancos é necessariamente igual a zero, mas tal situação é compatível com a existência de posições credoras e devedoras entre as diversas instituições bancárias.

Para que o sistema de pagamentos opere de forma regular e estável, é necessário que os bancos com posição credora no sistema de compensações estejam dispostos a ofertar suas reservas excedentes para os bancos com posição devedora. Isso vai depender da percepção que os bancos com posição credora têm a respeito da capacidade de pagamento dos empréstimos de reservas por parte dos bancos com posições devedoras. Um aumento da inadimplência dos empréstimos bancários pode levar a uma redução do estado de confiança dos bancos, produzindo um travamento do mercado interbancário como ocorreu durante a crise financeira internacional de 2008. Em tese, esse problema poderia ser facilmente resolvido pelo Banco Central, que, ao atuar como emprestador de última instância, se encarregaria de ofertar toda a liquidez necessária para o funcionamento regular do sistema de pagamentos. Aqui podem surgir dois problemas.

Em primeiro lugar, para que os bancos tenham acesso aos empréstimos do Banco Central, precisam ter ativos elegíveis como colateral. Isso não é problema se os bancos comerciais tiverem em seus ativos títulos da dívida pública, os quais são considerados como livres de risco na maior parte das economias. Contudo, os movimentos de liberalização financeira ocorridos nos últimos 30 anos permitiram aos bancos comerciais manterem em suas carteiras *ativos securitizados*[17] cuja elegibilidade como colateral depende, muitas vezes, de mudanças regulatórias que não ocorrem imediatamente. Em segundo lugar, os bancos centrais precisam estar dispostos a atuar como emprestadores de última instância em qualquer situação, algo que pode ser visto pelos agentes como incompatível com a adoção recente por parte de vários bancos centrais do *Regime de Metas de Inflação* (Carvalho, 2015, p. 70), à medida que a manutenção da inflação numa determinada meta seja entendida como concorrente com a estabilidade do sistema bancário como objetivo principal da política monetária.

O quadro se complica mais num sistema em que parte dos pagamentos é efetuado em papel-moeda. Nesse caso, se o público desconfiar da conversibilidade dos depósitos à vista na moeda legal haverá uma *corrida bancária*, ou seja, um movimento generalizado de retirada dos depósitos à vista das instituições bancárias. Nesse contexto, uma redução do estado de confiança gerará um aumento ainda maior na demanda de reservas por parte das instituições bancárias.

Em suma, bancos comerciais, como qualquer outro agente econômico, têm preferência pela liquidez porque suas decisões estão sujeitas à incerteza e a posse de liquidez é a melhor forma de aplacar a sua inquietude

17 Sobre securitização ver Securitização – Wikipédia, a enciclopédia livre (wikipedia.org). https://pt.wikipedia.org/wiki/Securitiza%C3%A7%C3%A3o.

com respeito à fragilidade da base informacional na qual suas decisões são tomadas[18].

Com base no quadro 6.3, o balanço contábil do sistema bancário consolidado pode ser apresentado pelas seguintes expressões:

$$A = RB + B + L \tag{6.7}$$

$$P = D + K_p \tag{6.8}$$

$$A = P \tag{6.9}$$

Onde: A é o valor do ativo do sistema bancário, P é o valor do passivo, RB é o valor das reservas bancárias depositadas no Banco Central, B é o valor dos títulos da dívida pública no portfólio dos bancos comerciais, L é o valor dos empréstimos concedidos (estoque) pelos bancos comerciais, D é o valor dos depósitos à vista, K_p é o valor do capital próprio dos bancos comerciais.

Seja α a **relação desejada** entre o capital próprio dos bancos comerciais e o volume de seus ativos[19]. Temos que:

$$K_p = \alpha(\theta;\ \alpha_m)\ A \tag{6.10}$$

Onde: $\alpha \geq \alpha_m$, α_m é o requerimento mínimo de capital próprio exigido pela autoridade monetária; θ é o estado de confiança dos bancos a respeito do risco de crédito dos tomadores.

Na expressão (6.7), observamos que os bancos mantêm ativos com diferentes graus de liquidez em seus portfólios. As reservas bancárias são o

[18] Nas palavras de Keynes: "Porque, em parte por motivos razoáveis e em parte por motivos instintivos, nosso desejo de manter o dinheiro como reserva de riqueza é um termômetro do grau de nossa desconfiança em relação aos nossos próprios cálculos e convenções sobre o futuro [...] a posse de dinheiro real alivia nossa inquietação; e o prêmio que exigimos para nos fazer separar do dinheiro é uma medida de nossa inquietação." (Keynes, 1937a, p. 116) [Tradução do autor].

[19] Estamos supondo aqui que os bancos comerciais mantêm uma margem de segurança na relação capital próprio/ativos para serem capazes de expandir rapidamente suas operações de crédito, caso percebam uma redução relevante no risco de crédito dos tomadores. Em outras palavras, os bancos comerciais não utilizam toda a capacidade de alavancagem permitida pela regulação bancária vigente, pois desejam manter uma *reserva estratégica de capacidade de oferta de crédito* que lhes permita atender a um aumento das oportunidades de concessão de crédito que advenham de uma menor percepção de risco.

ativo perfeitamente líquido, os títulos da dívida pública, por serem ativos negociáveis em mercados secundários bem organizados, são ativos líquidos. Os empréstimos, por sua vez, são ativos ilíquidos, uma vez que devem ser carregados pelos bancos comerciais na sua carteira de ativos até o seu prazo de vencimento. A preferência pela liquidez dos bancos se expressará, portanto, na proporção de seus ativos que eles mantêm na forma de ativos perfeitamente líquidos e ativos líquidos.

Do sistema formado por (6.7)-(6.10) temos que:

$$RB + B + L = \frac{K_p}{\alpha(\theta;\ \alpha_m)} \tag{6.11}$$

Seja $rb(.)$ a fração do ativo que os bancos comerciais mantêm na forma de reservas bancárias depositadas no Banco Central e $\beta(.)$ a fração do ativo que os bancos comerciais mantêm na forma de títulos da dívida pública. Temos que:

$$rb(.)A + \beta(.)A + L = \frac{K_p}{\alpha(\theta;\ \alpha_m)} \leftrightarrow L = \left[\frac{1 - \beta(.) - rb(.)}{\alpha(\theta;\ \alpha_m)}\right] K_p \tag{6.12}$$

A demanda dos bancos comerciais por reservas no Banco Central vai depender do volume de ativos dos bancos, do estado de confiança dos bancos comerciais θ, da taxa de juros que o Banco Central paga sobre as reservas depositadas (r) e da taxa de juros dos títulos da dívida pública (r_b), os quais podem ser usados pelos bancos comerciais como um colchão de liquidez a ser utilizado em situações nas quais o acesso ao mercado interbancário for mais caro. Dessa forma, temos que:

$$RB^d = rb(r, r_b, \theta)A \tag{6.13}$$

Onde:

$$\frac{\partial rb}{\partial r} > 0;\ \frac{\partial rb}{\partial r_b} < 0;\ \frac{\partial rb}{\partial \theta} < 0$$

Os títulos da dívida pública são ativos líquidos e que proporcionam rentabilidade para os bancos comerciais. No quesito liquidez, os títulos públicos concorrem com as reservas bancárias pela preferência dos bancos comerciais; ao passo que no quesito rentabilidade eles concorrem com os empréstimos que os bancos concedem aos seus clientes. Temos, então, que:

$$B^d = \beta(r_b, r_l;\ \theta)A \tag{6.14}$$

Onde: r_l é a taxa de juros dos empréstimos bancários.

$$\frac{\partial \beta}{\partial r_l} < 0;\ \frac{\partial \beta}{\partial r_b} > 0;\ \frac{\partial \beta}{\partial \theta} < 0$$

Substituindo (6.13) e (6.14) em (6.11), chegamos à expressão para a oferta de crédito dos bancos comerciais.

$$L^s = \left[\frac{1 - \beta(r_b, r_l;\ \theta) - rb(r, r_b, \theta)}{\alpha(\theta;\ \alpha_m)}\right] K_p \tag{6.15}$$

A equação (6.15) mostra que a quantidade de empréstimos que os bancos comerciais estão dispostos a ofertar, dado o espectro de taxas de juros, não é ilimitado. Com efeito, a *existência de limites prudenciais* para o grau máximo de alavancagem dos bancos comerciais faz com que o montante de empréstimos que os bancos comerciais podem executar esteja limitado pelo tamanho de seu capital próprio. Se os bancos estiverem operando com um requerimento de capital próprio igual ao mínimo, então uma redução da preferência pela liquidez devido a um aumento do estado de confiança pode levar a um aumento da oferta de crédito bancário apenas à medida que leve a uma redução da proporção do ativo do setor bancário mantido na forma de reservas e títulos públicos. Caso os bancos comerciais operem com um requerimento acima do mínimo, ou seja, possuam alguma margem de segurança para serem capazes de expandir o seu balanço na eventualidade de perceberem uma redução do risco de crédito dos tomadores; então esse aumento da oferta de crédito poderá ser atendido também por uma redução de α. Por fim, *não é verdade que a elasticidade-juros da oferta de crédito seja infinita*. Com efeito, um aumento da taxa de juros dos empréstimos bancários deverá produzir uma realocação de ativos no portfólio dos bancos, levando-os a reduzir a proporção de seus ativos mantidos na forma de títulos da dívida pública. Dessa forma, conforme observamos na equação (6.15), a redução de $\beta(.)$ dará ensejo a um aumento da oferta de crédito, ou seja, $\frac{\partial L^s}{\partial r_l} > 0$ conforme verificamos na figura 6.4 a seguir:

Figura 6.4 Curva de oferta de crédito no modelo de preferência pela liquidez dos bancos

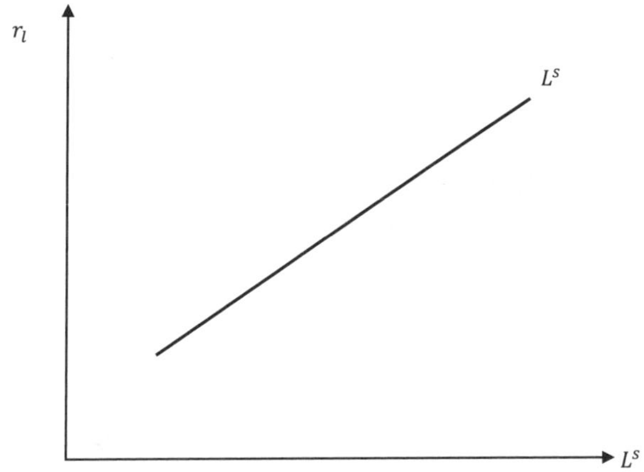

Fonte: Elaboração do autor.

Nas economias monetárias modernas, o setor bancário está muito longe de ser competitivo, uma vez que um número reduzido de instituições bancárias controla uma grande parcela dos ativos do setor bancário como um todo. Segundo o RELATÓRIO DE ECONOMIA BANCÁRIA[20] do Banco Central do Brasil, com referência ao ano de 2022, as quatro maiores instituições bancárias controlavam 55,7% dos ativos do sistema financeiro nacional, 58,9% dos depósitos e 59% do total das operações de crédito.

Em mercados concentrados, as empresas têm poder de formação de preços. Isso significa que a taxa de juros dos empréstimos bancários não é determinada pela interação entre oferta e demanda de crédito, como no *paradigma dos mercados competitivos*, mas pelo *poder de monopólio* dos bancos comerciais, ou seja, pela sua capacidade de fixar o preço de seus produtos acima do custo marginal de produção. Sabemos que os bancos concedem empréstimos ao creditar o valor deles na conta de depósitos à vista dos tomadores, ou seja, os depósitos à vista são o "insumo" utilizado para a produção de empréstimos por parte dos bancos comerciais. O custo desse insumo é o custo das reservas que os bancos precisam ter no Banco Central para permitir a transferência desses depósitos entre as instituições bancárias se e

[20] Ver Relatório de Economia Bancária (bcb.gov.br). https://www.bcb.gov.br/publicacoes/relatorioeconomiabancaria.

quando os depositantes assim o desejarem. O custo das reservas é dado pela taxa de juros do mercado interbancário, fixada pela autoridade monetária.

Nesse contexto, a taxa de juros dos empréstimos bancários é determinada pela seguinte equação:

$$i_l = (1 + z_b)i \tag{6.16}$$

Onde: i_l é a taxa de juros cobrada sobre as operações de crédito bancário, $z_b > 0$ é o *mark-up* fixado pelos bancos comerciais e *i* é a taxa de juros do mercado interbancário.

As equações (6.15) e (6.16) mostram que os bancos comerciais *escolhem* o volume de crédito que concederão e a taxa de juros que cobrarão sobre o crédito concedido. Aqui temos uma diferença importante com respeito à abordagem horizontalista. Nesta, os bancos comerciais escolhem apenas a taxa de juros que cobrarão sobre os empréstimos concedidos, cuja magnitude não é determinada pela demanda de crédito.

O funcionamento do mercado de crédito na abordagem da preferência pela liquidez e na abordagem horizontalista é apresentado na figura 6.5 a seguir.

Figura 6.5 Operação do mercado de crédito na abordagem da preferência pela liquidez dos bancos e na abordagem horizontalista

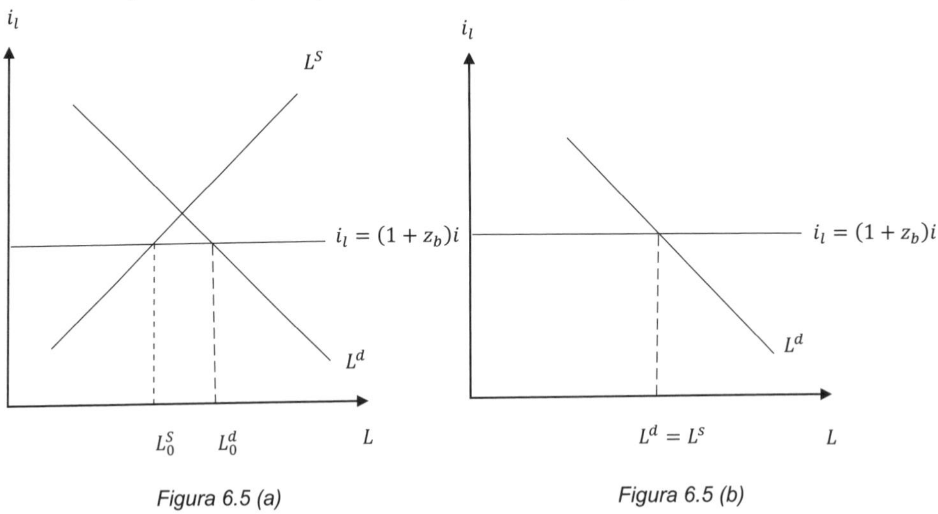

Fonte: Elaboração do autor.

Na figura 6.5(a), observamos o funcionamento do mercado de crédito segundo a abordagem da preferência pela liquidez dos bancos. Dada a taxa de juros fixada pelos bancos e a quantidade de crédito que eles estão dispostos a ofertar a essa taxa de juros, existe um excesso de demanda por crédito dado por $\left[L_0^d - L_0^S\right]$, ou seja, uma parte das empresas e/ou famílias que desejavam tomar empréstimos à taxa de juros de mercado não conseguiu um empréstimo. Aqui temos uma situação de *racionamento de crédito genuíno*, pois os tomadores que conseguiram obter crédito são **indistinguíveis** daqueles que não conseguiram obter. O racionamento de crédito não decorre da avaliação dos bancos a respeito dos tomadores individualmente, mas da sua preferência pela liquidez que os leva a ofertar uma **quantidade limitada** de crédito à taxa de juros por eles fixada.

Na figura 6.5(b) se apresenta o funcionamento do mercado de crédito com base na abordagem horizontalista. Dada a taxa de juros fixada pelos bancos, toda a demanda de crédito a essa taxa será atendida, ou seja, a oferta de crédito será determinada pela demanda de crédito. Aqui não existe racionamento de crédito genuíno. Pode-se assumir, tal como Lavoie (2022), a existência de uma diferença entre a **demanda nocional** por crédito, ou seja, a quantidade de crédito que os tomadores desejam obter para cada nível de taxa de juros dos empréstimos; e a **demanda efetiva** por crédito, ou seja, a quantidade de crédito que é considerada como suficientemente confiável por parte dos bancos comerciais para ser atendida. Nesse caso, aqueles tomadores que não forem atendidos são tidos como não confiáveis por parte dos bancos, ao passo que os tomadores atendidos são tidos como confiáveis. Não há racionamento de crédito no sentido genuíno porque existe diferenciação entre aqueles que conseguiram obter crédito e aqueles que não conseguiram.

Para finalizar esta seção, temos que avaliar o efeito de um aumento da taxa básica de juros (a taxa de juros do mercado interbancário fixada pelo Banco Central) sobre o mercado de crédito bancário. Um aumento da taxa de juros estimulará os bancos a aumentarem a proporção de seus ativos mantida na forma de reservas bancárias. Tudo mais mantido constante, a oferta de crédito por parte dos bancos diminuirá conforme podemos verificar pela equação (6.15). Além do efeito sobre a oferta de crédito, também ocorre um efeito sobre o preço do crédito: o aumento da taxa básica de juros fará com que, dado o poder de monopólio dos bancos, a taxa de juros dos empréstimos bancários aumente. O resultado pode ser visualizado na figura 6.6 a seguir.

Figura 6.6 Efeitos sobre o mercado de crédito de um aumento da taxa básica de juros

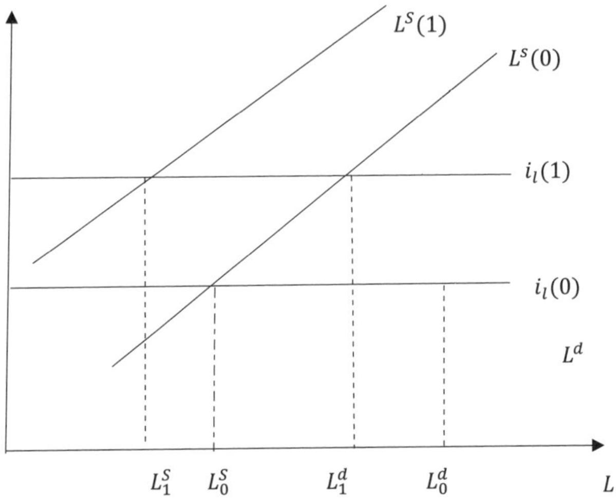

Fonte: Elaboração do autor.

Na figura 6.6, nas condições iniciais anteriores à elevação da taxa básica de juros, a demanda de crédito é L_0^d, a oferta de crédito é L_0^S e a taxa de juros dos empréstimos bancários é $i_l(0)$. A elevação da taxa básica de juros leva a um deslocamento da curva de oferta de crédito de $L^S(0)$ para $L^S(1)$. Simultaneamente a taxa de juros dos empréstimos bancários é elevada de i_l (0) para $i_l(1)$. Temos então uma contração tanto na demanda de crédito, que passa de L_0^d para L_1^d; como também da oferta de crédito, que passa de L_0^S para L_1^S. Se a contração da demanda por crédito for maior do que a contração da oferta de crédito (como estamos supondo na figura), então o racionamento de crédito se reduzirá.

6.6 Tesouro, Banco Central e o Financiamento do Déficit Público: uma Análise da Teoria Monetária Moderna

A proposição fundamental da Teoria Monetária Moderna ou *Modern Money Theory* (MMT) é que um governo que possui dívida soberana denominada na sua própria moeda, num contexto de um regime de câmbio flutuante e sem endividamento externo, *não possui restrição financeira para a realização dos seus gastos* e, portanto, não precisa de impostos para financiá-los. Isso porque o governo pode sempre "imprimir moeda" para pagar pelos seus gastos, independentemente da natureza deles (consumo, custeio, investimento ou transferências). Segundo Randall Wray, um dos grandes expoentes dessa escola de pensamento, "o importante a se observar é que o Tesouro gasta e sem precisar de receitas prévias advindas dos impostos ou da venda de títulos de dívida [...] a implicação é que os pagamentos de impostos não são necessários para 'financiar' o gasto do governo, mas para criar a demanda por moeda e impactar as reservas bancárias" (Wray, 1998, p. 78).

Os adeptos da MMT recomendam que o governo deve aumentar seus gastos até o ponto em que a economia alcance o pleno emprego e todos os trabalhadores que desejem trabalhar ao salário de mercado estejam empregados. Uma vez que a economia tenha atingido esse ponto, então o governo deverá aumentar os impostos para drenar dinheiro da economia e prevenir pressões inflacionárias. Um corolário dessa proposição é que a política monetária e a taxa de juros devem ser descartadas como instrumento de estabilização macroeconômica. A taxa de juros básica (no caso brasileiro a Selic) deve ser fixada ao nível de 0% em termos nominais. Em suma, a MMT recomenda que o governo deve usar o déficit fiscal no lugar da política monetária com o objetivo de alcançar e manter o pleno emprego e evitar pressões inflacionárias.

A única limitação ao tamanho do déficit público é dada pelos recursos reais da economia. Enquanto existir desemprego e capacidade ociosa o déficit público pode ser financiado, de maneira não inflacionária, tanto pela emissão de dívida pública como pela emissão de moeda. O governo não possui restrição financeira ao seu déficit porque pode sempre emitir moeda para pagar suas despesas e/ou rolar a dívida pública.

A MMT está apoiada em duas proposições básicas (Palley, 2020):

- **Proposição 1**: O governo precisa gastar para injetar dinheiro na economia.
- **Proposição 2**: A capacidade do governo de criar moeda implica, sempre e em todo lugar, que o governo não possui restrição financeira e que não existe nenhum tipo de custo em levar a economia para uma situação de pleno emprego.

Nas seções anteriores, vimos que os depósitos à vista são parte do volume de meios de pagamento sempre que o público confiar na conversibilidade deles na moeda legal do país, o que exige apenas que o público confie na atuação do Banco Central como emprestador de última instância. Nesse contexto, uma redução da preferência pela liquidez dos bancos comerciais levará a um aumento da oferta de crédito, o que produzirá tanto um aumento do volume de depósitos à vista como um aumento das reservas bancárias (ver quadros 6.4 e 6.5), ou seja, um aumento do volume total de meios de pagamento. Dessa forma, não, a proposição 1 da MMT não é correta: dinheiro pode ser criado por intermédio da criação de crédito por parte dos bancos comerciais, sem que seja necessário ao Tesouro realizar gastos[21].

Para avaliar a proposição 2 temos que analisar a relação entre o Banco Central (Autoridade Monetária) e o Tesouro Nacional (Autoridade Fiscal). Os expoentes da MMT costumam agregar essas duas instituições num mesmo balanço contábil (Lavoie, 2019, p. 104). O problema é que essa hipótese é uma falsificação grosseira da institucionalidade vigente na maior parte dos países. Não só o Tesouro e o Banco Central são instituições distintas, como também existem vedações legais à atuação do Banco Central no mercado primário de títulos da dívida pública, ou seja, o Banco Central é proibido por lei de financiar o Tesouro Nacional. Dentro desse arcabouço institucional, o Banco Central pode apenas atuar no mercado secundário de títulos da dívida pública, comprando ou vendendo títulos públicos junto aos bancos comerciais.

Consideremos uma economia cujo sistema monetário é lastreado em ativos, na qual o governo deseja aumentar os seus gastos em 1000 u.m com o objetivo de estimular o nível de atividade econômica. Esses gastos podem ser realizados de duas formas, por intermédio de um débito de igual magnitude na conta única do tesouro no Banco Central ou por intermédio da venda de títulos da dívida pública no mercado primário. Na sequência analisaremos o primeiro caso, o qual é o mais próximo ao suposto pela MMT, uma vez que o Tesouro não precisa vender títulos previamente para aumentar seus gastos.

O quadro 6.7 apresenta o balanço consolidado do sistema bancário e do Banco Central.

---

21 Na sequência mostraremos também que o Tesouro Nacional — entendido como a autoridade fiscal da economia — também não pode criar moeda. Essa atribuição é exclusiva do Banco Central.

Quadro 6.7 Balanço contábil consolidado do sistema bancário e do Banco Central

Banco Central		Bancos Comerciais	
Ativo	**Passivo**	**Ativo**	**Passivo**
Reservas Internacionais: + 1000	Reservas Bancárias: + 800 (+1000) (-24,4) = **1774,4** (-876,8) = **897,6** (+19,7) **917,3** (-97,8) = **819,15** Papel-Moeda em Poder do Público: + 200 (+24,4) =**224,4** (-19,7) = **204,7**	Reservas Bancárias: + 800 (+1000) (-24,4) = **1774,4** (-876,8) = **897,6** (+19,7) = **917,3** (-97,8) = **819,15**	Depósitos à vista: 8000 (+1000) (-24,4) = **8975,6** (-780,3) = **8195,3**
Títulos Públicos: + 3000 (-876,8) = 2123,2 (-97,8) = 2034,4	Conta Única do Tesouro: + 1500 (-1000) = **500**	Empréstimos: + 8000	
	Capital Próprio: + 1500	Títulos Públicos: + 1000 (+876,8) = **1876,8** (-800) = **1076,8** (+97,8) = **1174,6**	Capital próprio: + 1800
Total: + 4000 (-965,6) = 3034,4	**Total: + 4000** (-965,6) **= 3034,4**	**Total: + 10000** (-6,25) **= 9993,75**	**Total: +10000** (-6,25) **= 9993,75**

Fonte: Elaboração do autor.

Iremos supor que o Banco Central exige que os bancos comerciais tenham, pelo menos, 5% dos depósitos à vista na forma de reservas, e que o requerimento mínimo de capital próprio seja de 12%. Além disso, vamos supor que o público (firmas e famílias) deseja manter uma razão de 2,5% entre dinheiro em espécie e depósitos à vista. Nesse contexto, conforme podemos visualizar no quadro 6.7, o sistema bancário está operando tanto com reservas em excesso ao exigido pelo Banco Central, como com capital próprio acima do requerido pela regulação prudencial. Entretanto, dado o estado de confiança dos bancos comerciais, iremos supor que tanto as reservas como o capital próprio estão nos níveis considerados como normais ou desejados por parte dos bancos comerciais.

O governo dispõe inicialmente de 1500 u.m na sua *conta única* no Banco Central. Dessa forma, ele pode aumentar os seus gastos de forma imediata, simplesmente debitando do valor da sua conta no Banco Central o montante pretendido de aumento dos gastos, ou seja, 1000 u.m. Como os pagamentos realizados pelo governo são feitos por intermédio do sistema bancário, segue-se que o Banco Central irá debitar 1000 u.m da conta única do Tesouro e creditar o mesmo valor na conta de reservas dos bancos comerciais, os quais deverão fazer os pagamentos referentes aos novos gastos do governo, os quais serão então creditados nas contas de depósito à vista dos agentes não bancários (famílias e firmas). Nem todos os pagamentos são, contudo, feitos por intermédio da transferência de fundos entre contas de depósito à vista. Com efeito, o público deseja manter um montante de dinheiro em espécie igual a 2,5% do total de depósitos à vista. Dessa forma, o público fará retiradas de dinheiro em espécie de suas contas de depósito à vista no valor de 24,4 u.m. Essas retiradas serão viabilizadas por saques das contas de reservas dos bancos comerciais no Banco Central em igual magnitude.

O quadro 6.7 apresenta o impacto inicial do aumento dos gastos do governo financiado por uma redução do montante de recursos disponíveis na conta única do tesouro. As modificações nos ativos e passivos do Banco Central e do sistema bancário consolidado aparecem entre parênteses e o resultado líquido aparece em negrito. Observamos que o aumento dos gastos do governo em 1000 u.m criou um montante equivalente de meios de pagamento, assim distribuído: 975,6 unidades monetárias adicionais de depósitos à vista e 24,4 unidades adicionais de papel-moeda em poder do público. Quando se avalia apenas o impacto momentâneo ou inicial do aumento do dispêndio do governo, parece ser correto que o governo cria dinheiro quando aumenta seus gastos.

A situação após os ajustamentos descrita no quadro 6.7, contudo, apresenta uma série de desequilíbrios. Em primeiro lugar, dada a sua preferência pela liquidez, os bancos se encontram com muito mais reservas do que desejariam (19,76% dos depósitos à vista contra uma relação desejada de 10%). Mais especificamente, os bancos comerciais se encontram com 876,8 unidades monetárias de reservas excedentes. Para que a taxa de juros dos empréstimos no mercado interbancário não se reduza abaixo da meta fixada pelo

Banco Central é necessário que a autoridade monetária compre as reservas excedentes dos bancos comerciais[22].

Num sistema monetário lastreado em ativos, o Banco Central pode fazer isso por intermédio de *operações de mercado aberto*, nas quais a autoridade monetária vende para os bancos comerciais um montante de títulos da dívida pública equivalente ao excesso de reservas. Assim, verificamos no quadro 6.7 que o Banco Central fará uma venda de 876,8 unidades monetárias de títulos da dívida pública para os bancos comerciais, venda essa que será paga com as reservas bancárias excedentes. O volume de meios de pagamento apresenta agora uma contração de 876,8 unidades monetárias, ao passo que a dívida pública na carteira do setor privado aumentou na mesma magnitude.

O processo de ajuste não termina por aí. As famílias se acham com um volume maior de depósitos à vista do que desejam, dada a sua preferência pela liquidez. Iremos supor que as famílias possam alocar sua riqueza em apenas dois ativos, a saber: moeda e títulos públicos. Consideremos que, dada a preferência pela liquidez das famílias, elas desejam manter 20% da sua riqueza na forma de depósitos à vista e 80% na forma de títulos públicos. A riqueza das famílias aumentou em 1000 unidades monetárias. Isso significa que as famílias desejam aumentar a quantidade de moeda em 200 u.m assim distribuídas: aumento dos depósitos à vista em 195,3 u.m e aumento do dinheiro em espécie em 4,7 u.m.

Dessa forma, as famílias possuem 780,3 unidades monetárias de depósitos em excesso ao desejado e 19,7 unidades monetárias em excesso na forma de dinheiro em espécie. A única maneira de se livrarem da moeda que possuem em excesso é por intermédio da compra de títulos da dívida pública que estão na carteira dos bancos comerciais. Assim os bancos comerciais vendem 800 unidades monetárias em títulos da dívida pública na sua carteira de ativos, venda essa financiada por uma redução de 780,3 unidades monetárias do montante de depósitos à vista e por um aumento de 19,7 unidades monetárias em reservas.

---

22 O leitor deve observar que a MMT contorna esse (*sic*) "pequeno detalhe" ao supor que a política monetária deve ser conduzida de tal forma a manter uma taxa nominal de juros dos empréstimos interbancários em 0%. Nesse caso, o Banco Central não tem por que se preocupar com as reservas excedentes dos bancos comerciais.

Neste ponto, os bancos comerciais se encontram novamente com um excesso de reservas igual a 97,8 unidades monetárias. Para enxugar o excesso de liquidez no mercado interbancário, o Banco Central terá que pôr à venda mais 97,8 unidades monetárias em títulos da dívida pública.

Ao final de todos esses processos de ajustamento, as famílias aumentaram a sua retenção de títulos públicos em 800 u.m e de moeda em 200 u.m, sendo 195,3 u.m em depósitos à vista e 4,7 unidades monetárias em papel-moeda. Os bancos comerciais terão aumentado as suas reservas no Banco Central em 19,15 unidades monetárias e a sua carteira de títulos da dívida pública em 174,6. Dessa forma, a dívida pública nas mãos do setor privado terá aumentado em 974,6 unidades monetárias; ao passo que o volume total de meios de pagamento terá aumentado em apenas 214,45. Observe-se também que o balanço da autoridade monetária terá se contraído em 965,6 u.m. A base monetária, igual à soma das reservas bancárias e o papel-moeda em poder do público, por sua vez, terá aumentado em 25,4 unidades monetárias.

Por fim, o aumento dos gastos do governo em 1000 u.m terá resultado num aumento de 974,6 unidades monetárias na dívida do governo com o setor privado. A diferença entre o aumento do gasto do governo e o aumento da dívida pública com o setor privado consiste na *receita de senhoriagem* apropriada pelo Tesouro Nacional, a qual, no nosso exemplo, será de 25,4 unidades monetárias ou 2,5% do gasto total do governo.

Com base no exercício contábil feito acima, podemos claramente concluir que (i) não é verdade que a simples realização de gastos pela autoridade fiscal tenha o poder de criar meios de pagamento, para tanto é necessário que o Banco Central esteja disposto a aumentar seus ativos ou o sistema bancário reduza sua preferência pela liquidez; (ii) fração dos gastos do governo que é financiada por "emissão monetária" nas economias monetárias modernas é muito pequena, sendo determinada pela fração do volume de meios de pagamento que o público deseja manter na forma de dinheiro em espécie. Com o progressivo abandono das transações em papel-moeda e sua substituição por transferência eletrônica de depósitos à vista entre os bancos comerciais, a receita de senhoriagem tenderá a desaparecer e todos os gastos do governo terão que ser financiados com impostos ou com emissão de títulos da dívida pública.

Nesse contexto, se o governo não é capaz de criar moeda com os seus gastos, então seria correto afirmar que o governo não possui uma restrição financeira? A resposta a essa pergunta, como vimos, depende do arcabouço institucional vigente: se o Tesouro Nacional e o Banco Central forem instituições distintas, como ocorre na maior parte dos países; se o Banco Central não puder comprar títulos públicos diretamente no mercado primário; e, por fim, se a meta de taxa de juros para os empréstimos no mercado interbancário for maior do que zero; então o governo só pode financiar um volume de gastos igual à receita de impostos (o que inclui uma pequena receita de senhoriagem) e o total de dívida que for capaz de vender no mercado secundário, conforme a expressão (6.17):

$$G + i_b B = T + \Delta B \tag{6.17}$$

Onde: G é o valor real dos gastos primários do governo, B é o valor real do estoque da dívida pública, T é a receita de impostos (inclui a receita de senhoriagem), ΔB é a variação do estoque de dívida pública.

Isso posto, a questão fundamental não é saber se o governo tem ou não uma restrição financeira, sabemos que tem; mas sim avaliar se existe algum limite à capacidade de endividamento do governo, ou seja, se existe algum limite superior para a dívida pública.

Não existe nenhum argumento teórico ou empírico que fundamente a existência de um limite máximo para o endividamento público (em moeda doméstica), geralmente medido pela razão entre dívida pública e PIB. Desde a crise financeira internacional de 2008 temos observado um aumento generalizado da dívida pública como proporção do PIB em quase todos os países do mundo, sem que isso tivesse levado a um aumento da taxa de juros dos títulos públicos ou a um aumento da inflação. Pelo contrário, o período compreendido entre 2008 e 2019 se caracterizou pela prevalência de taxas reais de juros excepcionalmente baixas nas economias de alta renda (Koo, 2022).

Nesse contexto, o exercício correto a se fazer diz respeito à sustentabilidade da dívida pública, entendida como uma situação na qual a relação dívida pública/PIB converge para um valor constante no longo termo. Um modelo simples de sustentabilidade da dívida pública é apresentado por Lavoie (2022, p. 366-368). Ao contrário das análises padrão de sustentabilidade da dívida pública, o modelo de Lavoie leva explicitamente em conta as relações entre fluxos e estoques que são desconsideradas nos exercícios padrão de sustentabilidade.

Em particular, no modelo de Lavoie os juros pagos pelos títulos públicos se constituem em renda disponível das famílias, as quais são os demandantes últimos dos títulos da dívida do governo. Assim um aumento da taxa de juros tem o efeito de aumentar a renda disponível das famílias e, dessa forma, a sua poupança desejada. Uma poupança maior permite às famílias acumularem riqueza mais rapidamente, o que inclui a aquisição de títulos da dívida pública. Além disso, os impostos incidem também sobre a renda de juros das famílias, o que reduz o fluxo líquido de pagamento de juros por parte do governo. Nessas condições a dívida pública será sustentável se a seguinte condição for atendida:

$$(1-\tau)i_b < \frac{c_v + g_n}{s_{yd}} \tag{6.18}$$

Onde: τ é a alíquota de imposto de renda sobre rendimentos financeiros, i_b é a taxa de juros paga pelos títulos da dívida pública, c_v é a propensão marginal a consumir a partir da riqueza financeira, g_n é a taxa natural de crescimento da economia, s_{yd} é a fração poupada da renda disponível das famílias.

O leitor deve observar que a equação (6.18) não exige que a taxa de juros dos títulos da dívida pública seja menor do que a taxa potencial de crescimento do produto para a dívida pública ser sustentável; ou seja, mesmo que a taxa de juros seja maior do que o crescimento potencial, a dívida como proporção do PIB pode se estabilizar em algum patamar constante no longo termo.

Sendo satisfeita a condição (6.18) não há nenhuma razão para se preocupar com o tamanho do endividamento do governo ou com os déficits orçamentários. Esse resultado não depende de uma suposta capacidade do governo de financiar seus gastos por intermédio da emissão de moeda.

6.7 Reprise das Conclusões

Ao longo deste capítulo, discutimos o processo de criação de moeda numa economia na qual os pagamentos contratuais são feitos majoritariamente por intermédio de transferências de depósitos à vista entre bancos comerciais, ou seja, numa economia em que o meio circulante é constituído de moeda escritural. Nesse tipo de sistema o Banco Central desempenha um duplo papel. Em primeiro lugar, a autoridade monetária assume o papel de *casa de compensações*, sendo assim a responsável pela administração do sistema de pagamentos da economia. Como as transações entre bancos no sistema de compensações tem que ser feitas obrigatoriamente por intermédio da moeda legal, cujo monopólio de emissão é da autoridade monetária, segue-se que os bancos comerciais necessitam manter reservas junto ao Banco Central para viabilizar os pagamentos que fazem entre si. Em segundo lugar, a autoridade monetária desempenha um papel de emprestador de última instância, assegurando aos bancos com posição devedora no sistema de compensações o acesso às reservas bancárias que necessitam para efetuar os pagamentos devidos aos bancos com posição credora. Ao desempenhar essa função, o Banco Central também assegura a conversibilidade dos depósitos à vista na moeda legal, razão pela qual os depósitos à vista são tidos como substitutos perfeitos do dinheiro em espécie.

Uma vez assegurada a conversibilidade de depósitos à vista na moeda legal, os bancos comerciais tornam-se criadores de moeda — ao lado da autoridade monetária — pois depósitos à vista são criados toda vez que os bancos comerciais concedem empréstimos para os agentes não bancários (firmas e famílias). Ao contrário do defendido pela vertente horizontalista, os bancos comerciais não acomodam toda a demanda de crédito que consideram solvente a uma dada taxa de juros. Isso porque os bancos comerciais, como qualquer agente numa economia monetária de produção, possuem preferência pela liquidez, a qual se expressa na manutenção de uma proporção de ativos perfeitamente líquidos na sua carteira maior do que a exigida pelas autoridades monetárias. Em outras palavras, os bancos comerciais operam com reservas em excesso ao exigido pelo Banco Central. Como o mercado bancário é concentrado, segue-se que os bancos comerciais fixam o preço e a quantidade de crédito concedida de forma independente entre si, o que dá origem ao fenômeno do *racionamento de crédito*, isto é, uma situação na qual à taxa de juros de mercado, a demanda de crédito supera a quantidade de crédito que os bancos estão dispostos a ofertar.

Por fim, analisamos a inter-relação entre a autoridade monetária (Banco Central) e a autoridade fiscal (Tesouro Nacional) com o intuito de avaliar a proposição da assim chamada Teoria Monetária Moderna de que governos (autoridade fiscal) que emitem *dívida na sua própria moeda não têm restrição financeira*, ou seja, podem se financiar com o dinheiro que eles mesmos criam quando efetuam um gasto. Essa proposição, muito popular atualmente, foi submetida a uma análise exaustiva das consequências contábeis e comportamentais de um aumento do gasto do governo num arcabouço institucional caracterizado pela separação entre a autoridade fiscal e a autoridade monetária, a existência de vedação legal ao financiamento da autoridade fiscal pela autoridade monetária e a existência de uma meta para a taxa de juros dos empréstimos no mercado interbancário que é maior do que zero.

Nesse marco institucional vimos que, uma vez que os bancos comerciais e as famílias tenham ajustado os estoques existentes dos diversos ativos às suas proporções desejadas, em função de sua preferência pela liquidez, a autoridade fiscal é simplesmente incapaz de criar meios de pagamento. O financiamento do aumento dos gastos do governo é feito, majoritariamente, pelo aumento da dívida pública nas mãos dos agentes do setor privado. O financiamento por intermédio de "emissão monetária" — a chamada receita de senhoriagem — representa uma parte muito pequena, e com tendência à queda ao longo do tempo, do financiamento do governo, pois é equivalente à fração dos meios de pagamento que os agentes desejam manter na forma de moeda em espécie.

A questão relevante do ponto de vista das finanças públicas não é, portanto, a existência ou não de uma restrição financeira à execução da política fiscal, mas a sustentabilidade da dívida pública no longo termo. Nesse contexto, vimos que as condições de sustentabilidade da dívida pública são bastante gerais, inclusive no sentido de serem compatíveis com uma situação na qual a taxa de juros implícita da dívida pública é maior do que a taxa de crescimento do produto potencial. Desde que a condição de sustentabilidade da dívida pública seja atendida não existe razão objetiva para considerar que uma política fiscal expansionista possa ter efeitos negativos sobre a economia na forma de um aumento da taxa de juros — e, por conseguinte, do custo do capital próprio — e/ou de um aumento da inflação.

6.8 Questões para Discussão

- **1° Questão**: Considere uma economia que possui 4 setores — famílias, bancos comerciais, governo e Banco Central — e 4 ativos — papel-moeda, depósitos à vista, títulos de curto prazo e títulos de longo prazo. A situação inicial da economia é descrita pelos balanços patrimoniais a seguir:

Famílias		Bancos Comerciais		Banco Central		Governo	
Ativo	**Passivo**	**Ativo**	**Passivo**	**Ativo**	**Passivo**	**Ativo**	**Passivo**
Papel-Moeda: 100	Riqueza líquida: 800	Reservas 20	Depósitos à vista: 200	Empréstimos bancos comerciais 20	Base monetária: 120	Conta única do Tesouro: 300	Dívida bruta de longo prazo: 900
Depósitos à vista: 200	Empréstimo 200	Empréstimo 200	Empréstimos do BC 20	Títulos de curto prazo: 200	Conta única do Tesouro 300		Dívida bruta de curto prazo: 700
Títulos de curto prazo: 200		Títulos de curto prazo 300	Patrimônio líquido 400	Títulos de longo prazo: 300	Patrimônio líquido 100		Patrimônio líquido - 1300
Títulos de longo prazo: 500		Títulos de longo prazo 100					
1000	**1000**	**620**	**620**	**520**	**520**	**300**	**300**

Considere que o Banco Central exija 10% de reservas compulsórias sobre os depósitos à vista nos bancos comerciais e que as famílias desejam ter uma quantidade de papel-moeda em portfólio equivalente a 50% dos seus depósitos à vista nos bancos comerciais. Isso posto, pede-se:

a. Analise o efeito sobre os balanços patrimoniais dos setores acima representados de um aumento dos gastos do governo em 100 u.m financiado a partir de uma redução em igual montante do saldo da conta única do Tesouro no Banco Central. Na sua resposta considere que o Banco Central deseja manter constantes a taxa de juros de curto prazo e a taxa de juros de longo prazo. Em particular, analise os efeitos sobre o tamanho e a composição do balanço do Banco Central. O que ocorre com a base monetária? Explique.

b. Analise o efeito sobre os balanços patrimoniais dos setores acima de uma redução da preferência pela liquidez dos bancos comerciais, ou seja, de um aumento de 20% do volume de crédito efetivo concedido para as famílias. Qual o efeito sobre a base monetária?

c. Com base na resposta dos itens anteriores podemos afirmar que o dinheiro é criado apenas por intermédio dos gastos do governo? Explique.

d. Analise o efeito sobre os balanços patrimoniais dos setores em consideração de um aumento da preferência pela liquidez das famílias, ou seja, uma redução do percentual da riqueza mantida na forma de títulos de longo prazo (30%) e títulos de curto prazo (10%) e um aumento equivalente da fração mantida na forma de dinheiro (papel-moeda e depósitos à vista). Na sua resposta considere que o Banco Central deseja manter constantes a taxa de juros de curto prazo e a taxa de juros de longo prazo. Em particular, analise os efeitos sobre o tamanho e a composição do balanço do Banco Central. O que ocorre com a base monetária? Explique.
e. Com base na resposta obtida no item anterior explique por que o Banco Central é capaz de controlar não apenas a taxa de juros de curto prazo, mas também a taxa de juros de longo prazo. Quais os instrumentos de política monetária usados para a estabilização da estrutura a termo da taxa de juros? Explique.

07

FINANCIAMENTO, ESTRUTURAS DE PASSIVO E FLUTUAÇÕES CÍCLICAS

7.1 Introdução

No capítulo 3 apresentamos a teoria keynesiana da determinação do dispêndio com investimento em ativos de capital. Nesse contexto, vimos que o investimento planejado pelos empresários é determinado no ponto em que a eficiência marginal do capital se iguala com o custo médio ponderado do capital. Essa igualação ocorre devido à atuação do risco do tomador e do emprestador sobre a taxa esperada de retorno dos projetos de investimento como sobre o custo do capital. Isso porque a estrutura de capital da empresa afeta os riscos percebidos de inadimplência, tanto por parte dos tomadores como dos devedores, afetando assim tanto o benefício como o custo esperado dos projetos de investimento.

O modelo de decisão de investimento apresentado no final do capítulo 3, no entanto, não fornece detalhes de como os *empresários* financiam o investimento que desejam realizar. Até o presente momento foi suposto que o investimento realizado no curto período é uma média ponderada do investimento planejado nos dois períodos anteriores devido à existência de um hiato temporal entre a tomada da decisão de investimento e a sua implementação. No capítulo 6, contudo, verificamos que os bancos, em função de sua preferência pela liquidez, podem ofertar uma quantidade de crédito inferior ao que as empresas demandam a uma taxa de juros prevalecente no mercado de crédito, ou seja, existe a *possibilidade de racionamento de crédito*.

Nesse contexto, é possível que as firmas se vejam incapazes de realizar todo o investimento pretendido devido à *escassez de dinheiro*.

A questão referente à restrição ao investimento desejado pelas firmas foi objeto de intenso debate entre Keynes e os assim chamados economistas clássicos (Robertson, Ohlin e Hawtrey) nos três anos que se seguiram à publicação da Teoria Geral. O ponto central nesse debate foi o papel desempenhado pela *propensão a poupar* na determinação da taxa de juros e, dessa forma, como restrição ao investimento. A posição dos *economistas clássicos* era que a propensão a poupar seria uma das variáveis que, conjuntamente com a *preferência pelo entesouramento*[1], afetaria o nível da taxa de juros de longo prazo. Dessa forma, um aumento da propensão a poupar, ao reduzir a taxa de juros, poderia estimular o investimento. Keynes rejeitou essa posição, afirmando que o impacto imediato de um aumento da propensão a poupar se daria na forma de queda do nível de emprego e renda. A taxa de juros de longo prazo poderia se reduzir apenas como resultado da queda da demanda transacional de moeda devido à redução do nível de atividade econômica, fator que poderia amortecer a queda do emprego e da renda, mas incapaz de reverter esse movimento.

No bojo do debate com os economistas clássicos, Keynes não só vai refinar a sua teoria da determinação da taxa de juros com a adição de um novo motivo de demanda de moeda, o assim chamado *motivo finanças*; como ainda vai avançar na análise do processo de formação de capital, afirmando que o financiamento dos novos projetos de investimento pode ser visto como um processo em duas etapas, as quais podem ou não se dar em pontos distintos do tempo. Na primeira etapa, a qual Keynes denominou de *finance*, as empresas precisam se preparar para realizar o gasto de investimento e, portanto, demandam moeda em antecipação à realização desses gastos. Trata-se do motivo finanças de demanda de moeda. Na segunda etapa, denominada de *funding*, as firmas procuram compatibilizar o perfil de prazos e maturidades dos seus ativos e passivos, ou seja, *buscam consolidar a sua estrutura*

[1] A preferência pelo entesouramento é distinta da preferência pela liquidez, enquanto esta se refere à proporção de ativos líquidos e perfeitamente líquidos que os agentes desejam manter em seus portfólios; a preferência pelo entesouramento se refere à fração poupada da renda que os agentes desejam manter na forma de saldos monetários.

de passivo por intermédio de fontes de financiamento de longo prazo para seus ativos.

O argumento central levantado por Keynes é que a propensão a poupar não desempenha papel algum em nenhuma dessas etapas. O custo e a disponibilidade de *finance* depende da preferência pela liquidez dos bancos, ao passo que o custo das operações de *funding* depende da preferência pela liquidez das famílias, as quais são as demandantes finais dos ativos emitidos pelas firmas para a consolidação de suas estruturas de passivo. Para a realização das operações de *funding*, a poupança (realizada) nunca será uma restrição, pois o investimento realizado, por intermédio do processo do multiplicador analisado no capítulo 3, irá sempre produzir um montante equivalente de poupança, a qual deverá ser alocada entre os novos ativos postos à venda para as firmas serem capazes de consolidar sua estrutura de passivo.

A introdução das estruturas de passivo das empresas e sua inter-relação com a decisão de investimento é o ponto de partida da assim chamada hipótese da instabilidade financeira de Hyman Minsky (1975, 1982, 1986). O financiamento do investimento com capital de terceiros dá ensejo a um fluxo de pagamentos contratuais referentes a juros e amortizações do principal ao longo de todo o período de maturidade do contrato de crédito.

A relação entre esse fluxo de pagamentos contratuais e o fluxo de caixa esperado da firma definirá a sua *postura financeira* (hedge, especulativa ou Ponzi) e, dessa forma, a *fragilidade financeira* da firma a uma elevação inesperada da taxa de juros e/ou ao desapontamento de expectativas de fluxo de caixa. A nível da economia como um todo, a participação de unidades hedge, especulativa e Ponzi determinará a fragilidade financeira a nível agregado e, portanto, a possibilidade de ocorrência de uma *crise financeira*, na qual muitas empresas são forçadas a liquidar ativos para fazer frente aos compromissos contratuais. O aumento súbito da preferência pela liquidez gerará uma deflação dos preços de ativos, reduzindo assim o valor do capital próprio das firmas e dos bancos comerciais. A redução do capital próprio levará a um processo de desalavancagem das empresas, no qual as firmas buscam liquidar suas dívidas para restaurar seus balanços patrimoniais.

A consequência macroeconômica do processo de desalavancagem das empresas será uma redução do gasto de investimento, o que resultará numa queda do nível de emprego e de renda. Se a autoridade fiscal não atuar como "gastador de última instância" o processo de desalavancagem das firmas resultará num longo período de queda e estagnação da atividade econômica, a exemplo do que ocorreu no Japão nos anos 1990 e nos países da Área do Euro após a crise financeira internacional de 2008 (Koo, 2022).

7.2 O Debate entre Keynes e os Clássicos sobre os Determinantes da Taxa de Juros[2]

Logo após a publicação da Teoria Geral de Keynes, formou-se um debate entre esse autor, de um lado, e Ralph Hawtrey[3], Dennis Robertson[4] e Bertil Ohlin[5], de outro[6]. O ponto central do debate em questão se referia à influência que as forças reais da produtividade marginal do capital e da propensão a poupar têm sobre a taxa de juros. Keynes afirmava que a influência dos planos de investimento e poupança sobre a taxa de juros é apenas indireta: uma redução da propensão a poupar ou um aumento do incentivo a investir — devido a um aumento da produtividade marginal do capital — produzirão um aumento da taxa de juros somente à medida que produzirem um nível mais elevado de renda e de emprego. Em carta enviada a Robertson em 13/02/1936, Keynes diz que:

> Tenho muitas páginas sobre o tema de que aumentar o investimento implica aumentar a produção e que isso aumenta a taxa de juros, drenando mais dinheiro para a circulação ativa, de modo que [...] um alto nível de atividade carrega as sementes de sua própria destruição ao elevar os juros a patamares muito altos (CWJMK, vol. XIV, p. 91) [Tradução do autor].

---

2 Esta seção se baseia em Oreiro (2000a).

3 Ralph George Hawtrey - Wikipedia.

4 Dennis Robertson (economist) - Wikipedia.

5 Bertil Ohlin – Wikipédia, a enciclopédia livre (wikipedia.org). https://pt.wikipedia.org/wiki/Bertil_Ohlin.

6 Ao contrário da lenda prevalecente nos círculos da militância anarcocapitalista, nunca ocorreu um debate entre John Maynard Keynes e Friederich Hayek sobre as ideais apresentadas por Keynes na sua Teoria Geral do Emprego do Juro e da Moeda (Wapshott, 2016). Como atestado por Wapshott (2016, p. 186) "Como atestado pelo autor" [...] não veio resposta de lugar algum. Hayek permaneceu em silêncio. Diante do confronto completo com Keynes, Hayek piscou. Para aqueles que quiserem se aprofundar no porquê Hayek recuou do debate que poderia ter sido a maior controvérsia econômica do século XX, mas acabou se tornando numa "batalha de Itararé" do pensamento econômico, ver Oreiro (2016).

Tal posição não foi aceita pelos *economistas clássicos*. De acordo com os autores anteriormente citados, a taxa de juros seria determinada pela demanda e oferta de fundos de empréstimo. A produtividade do capital e a propensão a poupar seriam alguns dos fatores que determinariam a oferta e demanda de fundos de empréstimo, uma vez que as decisões de poupança e investimento seriam determinadas por tais variáveis. Sendo assim, embora tais autores não negassem a existência de um mecanismo indireto, as forças reais da produtividade do capital e da propensão a poupar teriam influência direta sobre a taxa de juros, ou seja, as flutuações de tais variáveis teriam um impacto imediato sobre essa variável. Como consequência da variação da taxa de juros, poderia ocorrer um aumento/redução da quantidade de moeda que os indivíduos retêm como saldos especulativos, o que por sua vez poderia levar a um desequilíbrio no mercado de bens, resultando num aumento/redução do nível de produção e de emprego. De fato, Robertson afirma que:

> Aqui direi apenas que me parece uma forma muito enganosa de expressar a relação casual dos acontecimentos dizer, como às vezes é feito, que o ato de poupar reduz a taxa de juros por meio da redução da renda total. Devo dizer que reduz a taxa de juros de forma bastante direta, através do aumento do fluxo monetário dos títulos; que essa queda na taxa de juros aumenta a proporção de recursos sobre os quais as pessoas desejam manter o comando na forma monetária, e que esse aumento, por sua vez, é uma causa de um declínio líquido na renda monetária total (Robertson, 1940, p. 30) [Tradução do autor].

Além disso, os economistas clássicos não acreditavam que a Teoria da Preferência pela Liquidez de Keynes fosse, em si mesma, incompatível com a Teoria dos Fundos de Empréstimo. Em particular, tais autores acreditavam que Keynes havia apresentado simplesmente uma forma alternativa de explicar o processo pelo qual a taxa de juros é determinada, sem, contudo, mudar a natureza do referido processo. Em outras palavras, os referidos autores acreditavam que as teorias em consideração fossem formas equivalentes de determinação da taxa de juros. Nesse contexto, a Teoria da Preferência pela Liquidez apresentaria a determinação da taxa de juros por intermédio da demanda e oferta de ativos como um estoque, ao passo que a Teoria dos Fundos de Empréstimo apresentaria o processo de determinação da taxa de juros por intermédio da demanda e oferta de ativos como um fluxo. Dado que seria sempre possível definir a condição de equilíbrio no mercado de ativos, tanto em termos de fluxos como de estoques (Patinkin, 1958, p. 303-04), segue-se que não haveria nenhuma diferença de caráter fundamental entre as teorias em questão. Nas palavras de Ohlin:

> O que rege a demanda e a oferta de crédito. Duas formas de raciocínio são possíveis. Um é líquido e trata apenas de crédito novo, e o outro é bruto e inclui os créditos antigos pendentes. A disposição de certos indivíduos durante um determinado período de aumentar suas participações em vários créditos e outros tipos de ativos menos à disposição de outros de reduzir suas participações correspondentes dá a curva de oferta para os diferentes tipos de novos créditos durante o período [...].
>
> Um tipo semelhante de raciocínio pode, naturalmente, ser aplicado grosseiramente, ou seja, incluindo os créditos antigos que estavam pendentes quando o período começou. A disposição das pessoas de deter diferentes créditos e outros tipos de ativos todos os dias rege a oferta de crédito [...] É bastante óbvio que esse raciocínio em termos brutos leva ao mesmo resultado da análise líquida acima (Ohlin, 1937a, p. 225) [Tradução do autor].

De acordo com essa linha de raciocínio, Keynes só teria negado a existência de um mecanismo direto pelo qual as forças reais da produtividade e da abstinência podem influenciar a taxa de juros por apoiar a sua teoria do juro em hipóteses muito restritivas a respeito da forma pela qual as expectativas a respeito da taxa de juros futura (ver capítulo 4) são formadas, ou por não levar em conta as relações existentes entre as decisões de poupança e investimento, de um lado, e demanda por moeda, de outro.

Para Hawtrey, a função de demanda especulativa por moeda de Keynes teria sido construída sob a hipótese de que as expectativas dos agentes a respeito do nível futuro de taxa de juros são regressivas[7]. Nesse caso, seria possível demonstrar que a produtividade do capital e a propensão a poupar não têm nenhum efeito de longo prazo sobre a taxa de juros.

---

[7] As expectativas dos indivíduos são ditas regressivas se qualquer desvio do valor corrente de uma variável com relação ao seu valor esperado for considerado temporário pelos indivíduos, ou seja, se estes anteciparem que, no futuro, o valor realizado da variável em consideração convergirá para o seu valor esperado (Branson, 1989, p. 324-325).

Essa afirmação de Hawtrey pode ser compreendida por intermédio do seguinte raciocínio. Consideremos uma economia que se encontra em equilíbrio de longo prazo, com o nível de preços e de produção constantes ao longo do tempo. Tal situação impõe que o mercado de bens esteja em equilíbrio, ou seja, que exista igualdade entre a poupança e o investimento planejados. Tal condição pode ser expressa pela equação abaixo:

$$I\,(i,\theta) = S(i,\bar{Y}) \quad \textbf{(7.1)}$$

Onde: $I(.)$ é o investimento planejado, i é a taxa de juros de longo prazo, θ é a produtividade marginal do capital, $S(.)$ é a poupança planejada, $\bar{Y}$ é o nível de renda que corresponde ao pleno emprego da força de trabalho.

Essa posição inicial de equilíbrio é perturbada por um choque sobre a produtividade marginal do capital, tal que à taxa inicial de juros se produz um excesso de poupança sobre o investimento. No mercado de fundos de empréstimo se produz uma situação de excesso de demanda de obrigações, o que gera um aumento no preço desses ativos, ou seja, uma redução da taxa de juros.

Com a redução da taxa de juros entra em operação o *motivo especulação de Keynes*. Produz-se uma divergência entre a taxa de juros de mercado e a taxa de juros segura, o que induz os indivíduos a deslocarem uma parte de suas poupanças para a "compra" de saldos monetários. No mercado de fundos de empréstimo, temos agora que:

$$D = I(i,\theta) = S(i;\,\bar{Y}) + \Delta H = O \quad \textbf{(7.2)}$$

Onde: D é a demanda de fundos de empréstimo, O é a oferta de fundos de empréstimo e ΔH é o entesouramento.

Pela equação (7.2) observamos que o mercado de fundos de empréstimos está em equilíbrio, uma vez que o excesso inicial de demanda de obrigações (oferta de fundos de empréstimo) é eliminado por intermédio do aumento do entesouramento. Sendo assim, o mercado de fundos de empréstimos se reequilibra. Contudo, o mercado de bens está fora do equilíbrio, ou seja, as firmas não estão conseguindo vender toda a produção que desejam aos preços de mercado. Nesse contexto, elas deverão reduzir o nível de produção e de emprego. Tal redução continuará até que seja restabelecido o equilíbrio entre poupança e investimento.

O que acontecerá com a taxa de juros ao longo desse processo de declínio da atividade econômica? Consideremos que $\Delta H = L(i - \bar{\iota})$, onde $\bar{\iota}$ é a taxa de juros segura. Se o mercado de bens está em equilíbrio então $I\ (i, \theta) = S(i, \bar{Y})$ o que implica que L(.) será igual a zero, ou seja, $i = \bar{\iota}$. Se $\bar{\iota}$ for constante ao longo de todo o processo de ajuste no mercado de bens, então a taxa de juros que prevalece na posição final de equilíbrio será igual à taxa de juros que prevalece na posição inicial. Nesse caso, comparando-se a posição de equilíbrio final com a posição de equilíbrio inicial, o "choque" sobre a produtividade marginal do capital não teve nenhuma influência sobre a taxa de juros.[8] A taxa de juros é, nesse caso, um fenômeno estritamente monetário.

Para Hawtrey, contudo, a hipótese de expectativas regressivas não era relevante para se entender a forma pela qual os investidores formavam suas previsões a respeito do nível futuro de taxa de juros. Em concreto, Hawtrey não acreditava que as oscilações da taxa de juros de mercado não tivessem nenhuma influência sobre as previsões dos agentes a respeito do nível futuro de taxa de juros (CWJMK, vol. XIV, p. 4). Para esse autor, uma hipótese mais realista a respeito da formação das expectativas a respeito do nível futuro de taxa de juros corresponderia ao que hoje em dia é conhecido como padrão adaptativo de formação de expectativas. Em outras palavras, Hawtrey acreditava que $\bar{\iota}$ deveria acompanhar os movimentos observados na taxa de juros de mercado. Nesse caso, na posição de equilíbrio final a uma taxa de juros de mercado será menor do que a prevalecente na posição inicial de equilíbrio.

Deve-se observar que, com base na argumentação de Hawtrey, mesmo no caso em que as expectativas são regressivas, as forças reais da produtividade e da abstinência têm efeito direto sobre a taxa de juros de mercado, ainda que temporário. Tal argumentação não corresponde ao mecanismo indireto pelo qual Keynes acreditava que as forças em consideração poderiam influenciar a taxa de juros. Para Keynes, o impacto imediato de uma variação da poupança ou do investimento seria sobre o nível de renda, não sobre a taxa de juros. Isso porque Keynes acreditava que as decisões a respeito do ritmo de acumulação de capital poderiam ser analisadas separadamente das decisões referentes à forma pela qual essa riqueza seria acumulada (Keynes,

---

8 Deve-se ressaltar, contudo, que Keynes não afirma que as forças reais da produtividade do capital e da propensão a poupar não têm nenhum efeito sobre a taxa de juros. Ele apenas afirmou que tais forças atuariam sobre a taxa de juros de uma maneira indireta, ou seja, por intermédio do nível de renda e de emprego.

1936, p. 166). Nesse contexto, não haveria nenhum motivo pelo qual uma variação na poupança e/ou no investimento planejado tivesse alguma influência direta sobre a demanda por moeda ou sobre a demanda de obrigações. Dito de outra forma: a Teoria da Preferência pela Liquidez não necessita da hipótese de que as expectativas a respeito do nível futuro da taxa de juros sejam regressivas; basta apenas que as decisões de consumo-poupança e de composição de portfólio sejam separáveis entre si.

Esse ponto foi notado por Ohlin (1937). Para esse autor, qualquer análise que abstraísse das relações existentes entre as decisões de compra e venda de ativos e os planos de poupança e investimento estaria incompleta. De acordo com Ohlin, a demanda por obrigações e demais ativos financeiros seria, em parte, determinada pelas decisões de poupança dos agentes econômicos (Ohlin, 1937, p. 226). Dessa forma, a separação entre as decisões de consumo-poupança e de composição de portfólio proposta por Keynes seria um absurdo. No mundo real, tais decisões estariam relacionadas entre si. Nas palavras de Ohlin:

> Os consumidores compram bens de consumo, os empresários compram bens de capital, ou seja, investem num sentido real, mas há um terceiro tipo de compras a explicar — nomeadamente "aplicações financeiras", ou seja, compras de obrigações, ações e depósitos bancários [...] Vale ressaltar que Keynes, que apresentou uma análise tão interessante do desejo de variar a liquidez de caixa e a psicologia do investimento financeiro [...] presta tão pouca atenção à conexão entre as mudanças na produção, renda e poupança, por um lado, e a capacidade de fazer investimento financeiro, por outro, sem uma consideração dessas circunstâncias posteriores, a análise dos mercados de créditos de diferentes prazos, onde as taxas de juros são determinadas, está incompleta (Ohlin, 1937, p. 226).

7.3 A Réplica de Keynes a Ohlin e o Motivo Finanças de Demanda de Moeda[9]

Esta última observação de Ohlin parece ter forçado Keynes a rever a sua posição a respeito da determinação da taxa de juros. Na réplica a Ohlin, publicada *no Economic Journal* em junho de 1937, Keynes afirma que havia uma oposição radical entre a sua Teoria da Taxa de Juros e a Teoria dos Fundos de

---

9 Esta seção se baseia em Oreiro (2000).

Empréstimo (Keynes, 1937b, p. 202). Contudo, ele aceita que a análise apresentada na Teoria Geral era incompleta. Isso porque ela nada dizia a respeito da forma pela qual os empresários financiam a compra de bens de capital[10].

Keynes afirma que uma decisão de investimento em capital fixo pode produzir um *aumento temporário da demanda por moeda*, devido ao fato de que os empresários necessitam de dinheiro para cobrir o intervalo de tempo compreendido entre a tomada e a implementação da decisão de investimento. Em outras palavras, os empresários precisam possuir moeda anteriormente à realização dos gastos de investimento. De fato, Keynes diz que:

> O investimento planejado — ou seja, o investimento *ex ante* — pode ter de assegurar a sua provisão financeira antes de o investimento ter lugar [...] Há, portanto, que haver uma técnica para preencher essa lacuna entre o momento em que a decisão de investir é tomada e o momento em que o investimento correlativo e a poupança realmente ocorrem (Keynes, 1937b, p. 207-208) [Tradução do autor].

Esse é o chamado *motivo finanças* de demanda por moeda. A introdução do motivo finanças levaria naturalmente à conclusão de que a eficiência marginal do capital seria um dos determinantes da demanda por moeda. Isso porque, dado o investimento *ex ante* é um dos determinantes da referida demanda, então as flutuações da eficiência marginal do capital deveriam ter efeito direto sobre ela. Nesse contexto, a eficiência marginal do capital passaria a ter efeito direto sobre a taxa de juros.[11]

No entanto, Keynes rejeita veementemente esse tipo de conclusão. Ele afirma que a pressão adicional sobre a demanda por moeda, devido às necessidades impostas pelo motivo finanças, pode produzir um aumento da taxa de juros. Entretanto, diz Keynes, isso só ocorrerá no caso em que o

---

10 Deve-se observar que, de acordo com o mecanismo do multiplicador, haverá sempre um volume de poupança equivalente ao investimento realizado na economia. Isso não quer dizer, contudo, que a referida poupança possa ser utilizada para financiar os gastos de investimento; uma vez que, ela só estará disponível para os agentes ao final do processo do multiplicador. Em outras palavras, a poupança só estará disponível um certo período após a realização dos referidos gastos. Subsiste, portanto, o problema relacionado à forma pela qual os empresários conseguirão obter poder de comando sobre os bens de capital dos quais necessitam para implementar os seus projetos de investimento.

11 Dito de outra forma, a equação de demanda por moeda deveria apresentar o seguinte formato: $M_d = L(i, Y, I^d)$, onde é I^d do investimento desejado.

investimento estiver aumentando ao longo do tempo. Em estado estacionário, o *finance* que é exigido pelos planos correntes de investimento é fornecido pelo *finance* que foi liberado pela realização dos gastos dos gastos de investimento que foram planejados no período anterior. Nas palavras de Keynes:

> Se o investimento estiver em estado estacionário, o financiamento (ou o compromisso de financiamento) necessário pode ser fornecido a partir de um fundo rotativo de montante mais ou menos constante, tendo um empresário o seu financiamento reabastecido para efeitos de um investimento projetado, enquanto outro esgota o seu pagamento do seu investimento concluído (Keynes, 1937b, p. 209).

Uma possível interpretação para essa afirmação de Keynes é fornecida por Bibow (1995)[12]. De acordo com esse autor, se a economia se acha em *estado estacionário*, ou seja, se o investimento é constante ao longo do tempo; então a demanda por moeda para atender o motivo finanças é indistinguível da demanda por moeda para atender o motivo transação. Nesse caso, pode-se apresentar tanto uma como a outra como sendo determinadas pelo nível de renda corrente; mantendo-se inalterada a análise apresentada por Keynes na Teoria Geral. Nas palavras de Bibow:

> Para um determinado nível de atividade econômica, cada despesa (ou transações em geral) tem que ser planejada e antes de poder ser executada o financiamento tem que ser assegurado. Visto sob essa perspectiva, a necessidade de financiar um determinado volume de investimento planejado em um determinado nível da atividade econômica geral faz parte do fluxo circular contínuo de transações e, portanto, é um dos fatores cobertos pelo motivo das transações (Bibow, 1995, p .650).

Keynes reforça essa argumentação no artigo "The `Ex Ante´ Theory of the Rate of Interest", publicado em dezembro de 1937 no *Economic Journal*. Segundo Keynes, o empresário quando decide implementar um projeto de

12 Uma outra interpretação é fornecida por Dalziel (1996). Segundo esse autor, Keynes estaria considerando uma economia na qual (i) todo o investimento é financiado por crédito bancário, (ii) o multiplicador opera de forma instantânea, (iii) os indivíduos alocam todas as suas poupanças para a compra de obrigações de longo termo, ou seja, o entesouramento das poupanças é inexistente, (iv) o crescimento econômico é igual a zero. Em tais condições pode-se demonstrar que o *finance* necessário para a realização dos investimentos planejados para o período corrente é fornecido pelo *finance* liberado pela realização do investimento do período anterior.

investimento precisa estar satisfeito com relação a dois pontos. Em primeiro lugar, ele precisa obter financiamento de curto termo em volume suficiente durante o período compreendido entre a concepção e a implementação de um determinado projeto de investimento. *Trata-se da demanda de moeda devida ao motivo finanças.* Em geral, este financiamento é obtido em bancos comerciais. Sendo assim, os prazos de maturação desses empréstimos são muito curtos, ao passo que os prazos de maturação de seus projetos de investimento são longos.[13] A estrutura de passivo das firmas investidoras estará assim, claramente em desequilíbrio, dado que estas se endividam a curto termo para financiar aquisições de ativos a longo termo. Em algum momento, afirma Keynes, as firmas devem ser capazes de transformar as dívidas de curto prazo em obrigações de longo prazo para se manterem solventes (Keynes, 1937c, p. 217).

A poupança só seria relevante nesta segunda etapa do financiamento da decisão de investimento, ou seja, na etapa de *funding* das dívidas de curto prazo em obrigações de longo prazo[14]. No primeiro estágio, ou seja, o de *finance*, a demanda adicional de moeda necessária para cobrir o intervalo de tempo entre a tomada e a implementação da decisão de investimento seria fornecida por um fundo rotativo (*revolving fund*) no qual o *finance* demandado pelo investimento *ex ante* seria fornecido pelo *finance* liberado pela implementação do investimento planejado no período anterior, desde que a economia se encontre em estado estacionário. Se o investimento estiver crescendo ao longo do tempo, então o *finance* liberado pela realização dos investimentos planejados no período anterior não será suficiente para atender a demanda de *finance* devido ao investimento planejado para o período corrente. Nesse caso, se os bancos mantiverem inalterada a sua preferência

---

13 Isso se deve ao fato de que os bancos têm a maior parte de seus recursos advindos de depósitos à vista. Sendo assim, eles não podem efetivar empréstimos de longo prazo. Se o fizessem, estariam assumindo sérios riscos de se tornarem inadimplentes antes do período de vencimentos dos empréstimos por eles efetuados.

14 Segundo Carvalho (1992, p. 151), a magnitude da propensão a poupar é irrelevante para a realização das operações de *funding*, isso porque, *ex post*, existirá sempre poupança suficiente para que as dívidas de curto prazo sejam transformadas em obrigações de longo prazo. As operações de *funding* podem não ser realizadas em condições favoráveis para as firmas investidoras, ou seja, a taxas de juros de longo termo muito elevadas, se a preferência pela liquidez dos poupadores for elevada. Nesse caso, os poupadores irão preferir manter uma parte de suas poupanças sob a forma de ativos líquidos, se recusando a comprar as obrigações emitidas pelas firmas a não ser que ocorra uma elevação da taxa de juros de longo termo.

pela liquidez, haverá um aumento da taxa de juros, independentemente da ocorrência de qualquer variação na demanda transacional de moeda. Trata-se de uma importante qualificação da Teoria da Preferência pela Liquidez, qualificação essa reconhecida pelo próprio Keynes nos seguintes termos.

> Volto ao ponto de que o financiamento é um fundo rotativo. Em geral, o fluxo de novos financiamentos requeridos pelo investimento *ex ante* corrente é proporcionado pelo financiamento libertado pelo investimento *ex post* corrente. Quando o fluxo de investimento é a uma taxa constante, de modo a que o fluxo de investimento *ex ante* seja igual ao fluxo de investimento *ex post*, a totalidade pode ser fornecida desta forma sem qualquer alteração da posição de liquidez. Mas quando a taxa de investimento mudando no sentido de que a taxa atual de investimento *ex ante* não é igual à taxa atual de investimento *ex post*, a questão necessita de uma análise mais aprofundada (Keynes, 1937c, p. 219-220).

Para Robertson, contudo, o motivo finanças de demanda por moeda não era uma simples qualificação da Teoria da Preferência pela Liquidez, mas se constitui no reconhecimento implícito da parte de Keynes de que as forças reais da produtividade e da abstinência têm influência direta sobre a taxa de juros. Nas palavras de Robertson:

> Assim, ele (Keynes) não apenas remediou a inconsistência apontada acima, mas também [...] deu um passo atrás muito mais longo do que ainda imagina em direção à visão ortodoxa do status da programação de produtividade marginal dos fundos emprestáveis como determinante principal da taxa de juros (Robertson, 1940, p. 23).

No entanto, argumenta Robertson, Keynes não teria chegado explicitamente a essa conclusão por considerar que o multiplicador de investimento opera instantaneamente. Robertson considera que o *finance* necessário para a realização dos gastos de investimento é fornecido pelos bancos comerciais. Toda a vez que eles concedem empréstimos para atender a demanda por *finance* por parte das firmas, o seu grau de liquidez, medido pela relação reservas/depósitos à vista se reduz[15]. Consequentemente, eles serão forçados

[15] Esse argumento de Robertson é correto. Com efeito, os bancos só estarão dispostos a aumentar suas linhas de crédito para as firmas se a sua preferência pela liquidez se reduzir devido a uma menor percepção de incerteza, como vimos exaustivamente no capítulo 6.

a aumentar a taxa de juros sobre os empréstimos em consideração. A liquidez dos bancos só será restaurada se e quando os empréstimos forem pagos. Nesse contexto, a taxa de juros só não será influenciada pela demanda por *finance* se os investimentos realizados no período anterior tiverem produzido uma poupança voluntária na magnitude suficiente para que os empréstimos contraídos naquela data sejam pagos. Nesse caso, e apenas nesse caso, é que se pode afirmar que a liquidez dos bancos é reposta com a realização dos gastos de investimento. Nas palavras de Robertson:

> O modelo pode ser definido da seguinte maneira. No período 1, empreendedor "A" plano de desembolsos de capital de valor C1, e em preparação, portanto, tomar emprestado C1 dos bancos. No período 2, o empresário "B" realiza desembolsos de capital C2 e toma emprestado C2 junto aos bancos. Simultaneamente, o público compra novas emissões N2 (=C1) ao empresário "A", permitindo-lhes assim reembolsar C1 aos bancos ao mesmo tempo que o empresário "B" toma emprestado C2. Se C2=C1, o volume de empréstimos bancários e a taxa de juros permanecerão constantes; mas se C2 exceder C1 [...] a taxa de juros subirá (Robertson, 1938, p. 316) [Tradução do autor].

Para que os empréstimos sejam pagos, contudo, é necessário o término do processo do multiplicador. Ao final dele, terá sido produzida uma poupança desejada em magnitude suficiente para fazer o *funding* das dívidas de curto prazo em obrigações de longo prazo. Em outras palavras, a poupança planejada pelas famílias terá aumentado exatamente na magnitude necessária para que elas possam adquirir as obrigações de longo prazo, que são emitidas pelas firmas com o objetivo de obter recursos suficientes para pagar os empréstimos contraídos em bancos comerciais.

Se o multiplicador for instantâneo, então a simples realização dos gastos de investimento produzirá o volume de poupança necessária para a realização das operações de *funding*, e a consequente restauração do estado de liquidez dos bancos comerciais. Caso contrário, pergunta Robertson:

> Como é que qualquer fundo rotativo é automaticamente liberado, qualquer disposição de iliquidez liberada para emprego posterior, pelo mero ato do empresário em gastar seu empréstimo? O banco tornou-se simplesmente devedor de outras pessoas em vez de seu empresário mutuário, o empresário mutuário continua sendo devedor do banco; e os

> ativos bancários permanecem inalterados em quantidade e liquidez (Robertson, 1938, p. 315) [Tradução do autor].

A réplica de Keynes a Robertson foi dada no artigo "Mr Keynes and Finance", publicado no *Economic Journal*, em junho de 1938. Nesse artigo, Keynes reafirma a sua posição de que a liquidez é restaurada, não pelo pagamento dos empréstimos bancários, mas pela efetivação dos gastos de investimento (Keynes, 1938, p. 230).

A resposta de Keynes a Robertson se baseia em dois argumentos principais. Em primeiro lugar, argumenta Keynes, a Teoria da Preferência pela Liquidez não afirma que a taxa de juros seja determinada exclusivamente pelo estado de liquidez dos bancos. A taxa de juros depende, isto sim, do estado de liquidez do sistema econômico como um todo, o qual depende apenas em parte do estado de liquidez dos bancos comerciais. Por outro lado, a demanda por *finance* pode ser atendida por outros meios que não por meio dos bancos. Em particular, a demanda por *finance* pode ser atendida diretamente pela venda de obrigações e títulos financeiros nos mercados secundários dos ativos em consideração. Em outras palavras, a argumentação de Robertson estaria errada ao identificar a demanda por *finance* com demanda por crédito bancário.

A demanda por *finance* é, fundamentalmente, demanda por moeda; demanda essa que pode ou não ser atendida por crédito bancário[16]. Nas palavras de Keynes:

> Uma grande parte da confusão pendente deve-se, eu acho, ao pensamento do Sr. Robertson de "finanças" como consistindo em empréstimo bancário; considerando que [...] Introduzi esse termo para significar o

[16] Nesse contexto, Keynes parece sugerir que as firmas podem financiar os seus investimentos por meio da utilização de ativos que tenham acumulado previamente. Só assim faz sentido a distinção entre demanda de moeda e demanda de crédito; uma vez que, se as firmas possuem ativos previamente acumulados, elas podem atender a sua demanda de *finance* sem ter que recorrer a empréstimos em bancos comerciais. Sendo assim, Keynes estaria sugerindo que a demanda por *finance* pode ser atendida pela redução da demanda de moeda devida a um dos demais motivos (transação, precaução e especulação). Se assim for, então Keynes está mudando uma das premissas básicas da argumentação de Robertson, qual seja, de que as firmas não são capazes de se autofinanciar. Eis um claro exemplo do ponto levantado por Carvalho (1994) a respeito do debate em consideração: a incompleta incapacidade dos autores em consideração de chegar a um acordo a respeito das questões que estavam sendo debatidas.

> dinheiro temporariamente mantido pelos empresários para prover contra as despesas em relação a uma nova atividade iminente (Keynes, 1938, p .229) [Tradução do autor].

Em segundo lugar, a demanda por *finance* para atender o motivo finanças é fundamentalmente demanda por encaixes ativos (Keynes, 1938, p. 230). Como tal, exerce uma pressão sobre a disponibilidade de moeda para atender os motivos precaução e especulação. Em outras palavras, um aumento da demanda por encaixes ativos irá, *ceteris paribus*, produzir uma pressão adicional sobre a taxa de juros, pressão essa que será aliviada quando os investimentos forem realizados. Nesse momento, o dinheiro que estaria sendo retido pelo motivo finanças estará disponível para atender a demanda por encaixes inativos, reduzindo a pressão sobre a taxa de juros. Nas palavras de Keynes:

> A taxa de juros é determinada pela demanda total e oferta total de recursos de caixa ou líquidos. A demanda total se divide em duas partes: a demanda inativa, devido ao estado de confiança e à expectativa por parte dos donos da riqueza, e a demanda ativa, devido ao nível de atividade estabelecido pelas decisões dos empresários. A demanda ativa, por sua vez, divide-se em duas partes: a demanda devido ao descompasso de tempo entre o início e a execução das decisões dos empresários, e a parte devido aos intervalos de tempo entre o recebimento e a alienação da renda pelo público [...] um aumento da atividade eleva a demanda por dinheiro, em primeiro lugar para suprir a primeira dessas defasagens temporais em circulação [...] Depois disso, a demanda por dinheiro desaparece, a menos que a atividade concluída esteja sendo sucedida por uma nova atividade. Um determinado estoque de caixa fornece um fundo rotativo para um fluxo constante de atividade; mas um aumento da vazão necessita de um estoque maior para manter os canais cheios (Keynes, 1938, p. 230) [Tradução do autor].

Se a demanda por moeda para atender o motivo finanças é fornecida, portanto, por um fundo rotativo de liquidez; segue-se que, em estado estacionário, a produtividade do capital e a propensão a poupar não terão nenhuma influência direta sobre a taxa de juros. Tais variáveis influenciarão a referida taxa unicamente por intermédio do nível de renda e de emprego. De fato, Keynes diz que:

> O congestionamento no mercado de capitais só pode ser aliviado por algo que reduza a demanda ou aumente a oferta de dinheiro [...] Se a redução do consumo postulada por Robertson deixa a renda agregada inalterada, não há razão para supor que ela reduzirá a demanda por dinheiro ou aliviará o congestionamento (Keynes, 1938, p. 232).

7.4 O Processo de Formação de Capital: o Circuito *finance*-investimento-poupança-*funding*

Na seção anterior vimos que, no debate com os economistas clássicos, Keynes não só apresenta um novo motivo de demanda de moeda, o motivo finanças, como ainda propõe que o processo de formação de capital se dá em duas etapas logicamente distintas, embora possam ou não coincidir temporalmente.

A primeira etapa corresponde à aquisição do dinheiro necessário para a compra do equipamento de capital, a qual Keynes denominou de *finance*. Nessa etapa, tudo o que as empresas necessitam é acesso ao meio de pagamento necessário para a encomenda de novas máquinas e equipamentos junto às empresas produtoras de bens de capital. Como vimos no capítulo 6, os meios de pagamentos são criados quando os bancos decidem aumentar a oferta de crédito para o setor privado (famílias e empresas). Quando os bancos concedem novos empréstimos, o valor referente aos mesmos é creditado na conta de depósitos à vista dos tomadores. Como o Banco Central garante a conversibilidade desses depósitos na moeda corrente, segue-se que os recursos necessários para a aquisição do novo equipamento de capital são criados pela decisão dos bancos de conceder empréstimos.

Para que os bancos concedam novos empréstimos, contudo, é necessário que ocorra um aumento do estado de confiança dos bancos comerciais de tal maneira que eles desejem não só manter uma menor proporção de seus ativos na forma de reservas bancárias e demais ativos de alta liquidez, como também estejam dispostos a aumentar o seu grau de alavancagem [ver equação (6.15) do capítulo anterior]. Nessas condições haverá um aumento da oferta de crédito que viabilizará os novos investimentos que as firmas desejam realizar. Deve-se observar que, dada a taxa básica de juros, determinada pelo Banco Central, não existe nenhuma razão pela qual o aumento da oferta de crédito seja seguido por um aumento da taxa de juros dos empréstimos bancários. Isso porque a taxa de juros do crédito é determinada com base num *mark-up* sobre a taxa de juros básica, o qual reflete o poder de monopólio dos bancos comerciais, uma variável determinada pelas condições estruturais do mercado de crédito bancário. Este processo pode ser visualizado pela figura 7.1 a seguir.

Figura 7.1 Aumento da demanda de crédito e redução da preferência pela liquidez dos bancos

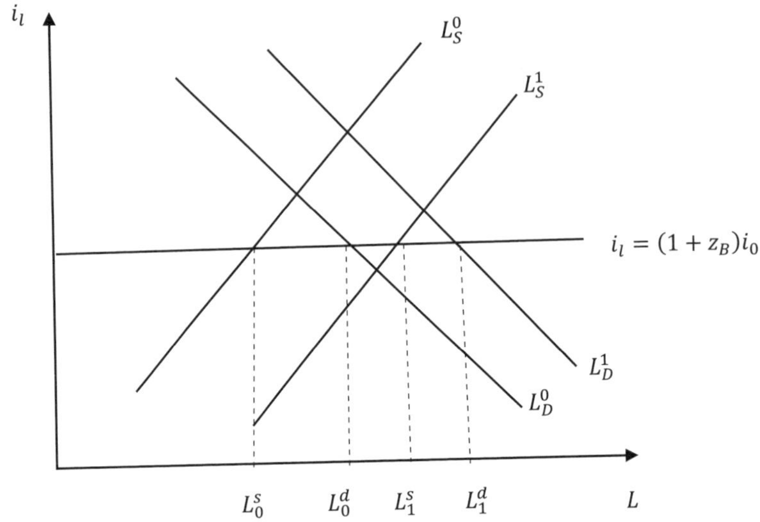

Fonte: Elaboração do autor.

Na figura 7.1, a economia está operando inicialmente com uma curva de demanda de crédito L_D^0 e com uma curva de oferta de crédito L_S^0. A taxa básica de juros fixada pelo Banco Central é i_0, de forma que, dado o *mark-up* bancário z_B, a taxa de juros do crédito bancário será igual a i_l. A situação inicial é perturbada por um aumento do estado de confiança dos empresários, que tem como efeito um aumento do investimento que as firmas desejam realizar e, portanto, um aumento da demanda de crédito bancário. Na figura 7.1, isso pode ser visualizado pelo aumento da demanda de crédito à taxa de juros de mercado i_l de L_0^d para L_1^d.

O aumento da demanda de crédito não faz com que os bancos estejam necessariamente dispostos a aumentar a oferta de crédito. Sem que ocorra um aumento simultâneo no estado de confiança dos bancos que leve a uma redução de sua preferência pela liquidez, os bancos manterão a oferta de crédito constante em L_0^S, de forma que o *racionamento de crédito* aumentará de $\left[L_0^d - L_0^S\right]$ para $\left[L_1^d - L_0^s\right]$. Vemos aqui que *os bancos desempenham um papel crucial* na transição de um nível de atividade mais baixo para um nível de atividade mais alto: o aumento do investimento desejado só irá se materializar em aumento do investimento realizado se os bancos estiverem dispostos a ficar menos líquidos e assim aumentarem as suas linhas de crédito. Em suma, é a preferência pela liquidez dos bancos, não a magnitude da propensão a poupar, que pode atuar como limite ao aumento do investimento.

Esse ponto foi claramente exposto por Keynes no seu artigo "The Ex Ante Theory of the Rate of Interest" publicado em dezembro de 1937 no *Economic Journal* nos seguintes termos:

> Isto significa que, em geral, os bancos ocupam a posição-chave na transição de uma escala de atividade mais baixa para uma mais elevada. Se eles se recusarem a relaxar, o congestionamento crescente do mercado de empréstimos de curto prazo ou do mercado de novas emissões, conforme o caso, inibirá a melhoria, por mais parcimoniosa que seja a atitude do público com respeito a seus rendimentos futuros. Por outro lado, haverá sempre poupança *ex post* suficiente para retomar o investimento *ex post* e, assim, libertar o financiamento que estes últimos estavam utilizando. O mercado de investimentos pode ficar congestionado pela falta de dinheiro. Nunca pode ficar congestionado por falta de poupança. Esta é a mais fundamental das minhas conclusões neste assunto (CWJMK, vol. XIV, p. 222) [Tradução do autor].

O financiamento bancário é, pela própria natureza da firma bancária[17], um financiamento de curto prazo. Dessa forma, a firma que se utiliza de crédito bancário para ter acesso aos meios de pagamento necessários para a aquisição de máquinas e equipamentos se encontra na posição desconfortável de financiar a aquisição de um ativo de longo prazo com um passivo de curto prazo, ou seja, incorre no *descasamento de prazos entre ativos e passivos.* Como veremos na sequência, esse descasamento de prazos está na origem do problema de fragilidade financeira das economias monetárias

[17] Os bancos comerciais, como vimos no capítulo 6, financiam a aquisição de ativos na forma de empréstimos bancários com a criação de depósitos à vista, os quais são um passivo de curto prazo. Dessa forma, a função principal da firma bancária não é a intermediação de recursos, mas a criação de meios de pagamento por intermédio da transformação de um passivo de curto prazo, o qual é conversível na moeda legal, em ativos de longo prazo, ou seja, o financiamento da aquisição de máquinas e equipamentos.

modernas. Nesse contexto, a segunda etapa do processo de formação de capital consiste na transformação do passivo de curto prazo em passivo de longo prazo, por intermédio da emissão de títulos (*placements*) que serão vendidos no *mercado de capitais* para agentes que estejam interessados em manter esses ativos por períodos mais longos do que o prazo de maturidade dos empréstimos bancários. Essa segunda etapa é o que Keynes denominou de *funding*. Nas suas palavras:

> O empresário quando decide investir tem de estar satisfeito em dois pontos: em primeiro lugar, que pode obter financiamento suficiente a curto prazo durante o período de produção do investimento; e, em segundo lugar, que ele possa eventualmente fundir suas obrigações de curto prazo por meio de uma emissão de longo prazo em condições satisfatórias (CWJMK, XIV, p. 217) [Tradução do autor].

As emissões de títulos por parte das firmas para fazer a consolidação de seu balanço de ativos e passivos serão direcionadas ao mercado de capitais nos quais instituições financeiras não bancárias (seguradoras, bancos de investimento, gestoras de ativos, fundos de *hedge*, entre outros) irão comprar esses ativos para serem capazes de remunerar os serviços prestados aos seus clientes, constituídos por firmas e famílias que desejam adquirir instrumentos que possam ser utilizados como reserva de valor e, portanto, como forma de acumulação de riqueza ao longo do tempo[18].

Para analisar essa segunda etapa do processo de formação de capital, iremos considerar uma economia fechada com governo, na qual as famílias podem manter sua riqueza na forma de moeda (dinheiro em espécie e depósitos à vista), títulos do governo e títulos de dívida do setor corporativo. As firmas podem manter ativos na forma de depósitos à vista e capital físico, tendo como passivo o capital próprio, dívida corporativa e empréstimos bancários, ao passo que os bancos têm como ativos reservas, títulos públicos e empréstimos. Por fim, o Banco Central tem em seus ativos reservas internacionais e títulos públicos, e no seu passivo a base monetária, a conta única do Tesouro e o capital próprio.

O balanço patrimonial dos cinco setores dessa economia pode ser visualizado no quadro 7.1 a seguir:

---

18 Sobre o circuito *finance*-investimento-poupança-*funding*, ver Studart (1995).

Quadro 7.1 Balanço Patrimonial Consolidado

	Empresas	**Famílias**	**Bancos Comerciais**	**Banco Central**	**Tesouro Nacional**	$\sum$ ⬚
Bens de Capital	$+p_kK$	0	0	0	0	$+p_kK$
Dinheiro em Espécie	$+H_F$	$+H_h$	0	$-(H_F + H_h)$	0	0
Empréstimos	$-L$	0	$+L$	0	0	0
Depósitos à Vista/Conta Única do Tesouro	$+D_f$	$+D_h$	D	$-D_{TN}$	$+D_{TN}$	0
Títulos Corporativos	$-B_c$	$+B_c$	0	0	0	0
Títulos Públicos	0	$+B_g^h$	$+B_g^b$	$+B_{BC}$	$-B_g$	0
Reservas Bancárias	0	0	$+H_b$	$-H_b$	0	0
Patrimônio Líquido	$-V_f$	$-V_h$	$-V_b$	$-V_{BC}$	$-V_{TN}$	$+p_kK$
$\sum$ ⬚	0	0	0	0	0	0

Fonte: Elaboração do autor. Nota: (+) significa ativo; (-) significa passivo.

Onde: p_k é o preço de demanda do equipamento de capital (ou seja, o valor presente do fluxo esperado de quase-rendas), K é o estoque de capital físico, L é o total de empréstimos concedidos pelos bancos comerciais, B_g é o estoque de dívida pública (retido por famílias, bancos comerciais e Banco Central), B_c é o estoque de títulos corporativos, D é o montante de depósitos à vista (retido por famílias e firmas, $H = \left(H_F + H_g + H_b\right)$ é a base monetária [constituída pelo papel-moeda em poder do público $\left(H_F + H_g\right)$ mais as reservas bancárias (H_b)], D_{TN} se constitui no valor dos depósitos do Tesouro na sua conta única no Banco Central.

A partir do quadro 7.1 sabemos que o balanço patrimonial das famílias é dado por:

$$V_f = H_h + D_h + B_c + B_g^h \quad \textbf{(7.3)}$$

Como os depósitos à vista são conversíveis em dinheiro em espécie, iremos supor que a fração da riqueza líquida das famílias alocada em ambos os ativos é dada pela seguinte equação:

$$(M_h)^D = (H_h + D_h)^D = \mu(i, i_c)V_f \quad \textbf{(7.4)}$$

Onde: i é a taxa básica de juros, i_c é a taxa de juros dos títulos corporativos, é o estado de confiança das famílias, $\frac{\partial \mu(.)}{\partial i} < 0$, $\frac{\partial \mu(.)}{\partial i_c} < 0$ e $\frac{\partial \mu(.)}{\partial \theta} < 0$.

A demanda das famílias por títulos corporativos é, por sua vez, dada por:

$$(B_c)^D = \beta(i, i_c, \theta)V_f \quad \textbf{(7.5)}$$

Onde: $\frac{\partial \beta(.)}{\partial i} < 0, \frac{\partial \beta(.)}{\partial i_c} > 0$ e $\frac{\partial \beta(.)}{\partial \theta} > 0$

Por fim, a demanda das famílias por títulos públicos é dada por:

$$\left(B_g\right)^D = \gamma\left(i, i_g;\ \theta\right)V_f \quad \textbf{(7.6)}$$

Onde: $\frac{\partial \gamma(.)}{\partial i} > 0; \frac{\partial \gamma(.)}{\partial i_g} > 0; \frac{\partial \gamma(.)}{\partial \theta} < 0$

Sabemos que a variação da riqueza das famílias é igual a sua poupança, ou seja:

$$\Delta V_h = S_h \quad \textbf{(7.7)}$$

As famílias são constituídas por trabalhadores e empresários, os quais são os proprietários das firmas da economia. A renda das famílias é composta, portanto, por salários (W) e lucros distribuídos (P_d). Iremos supor que a propensão a poupar das famílias é igual a s_h e que as firmas distribuem uma fração d da massa de lucros P. Dessa forma, temos que:

$$S_h = s_h(W + Pd) \tag{7.8}$$

Por fim, supondo que a participação dos salários na renda é dada por σ, temos:

$$S_h = s_h[\sigma Y + (1 - \sigma)dY] = s_h[\sigma + (1 - \sigma)d]Y \tag{7.9}$$

Substituindo (7.9) em (7.7) temos que:

$$\Delta V_h = s_h[\sigma + (1 - \sigma)d]Y \tag{7.10}$$

Sabemos que uma fração $\beta(.)$ desse acréscimo da riqueza líquida das famílias será alocada em títulos corporativos. Dessa forma, a demanda por novos títulos corporativos no curto período será dada por:

$$(\Delta B_c)^D = \beta(i, i_c, \theta)s_h[\sigma + (1 - \sigma)d]Y \tag{7.11}$$

O nível de renda de equilíbrio de curto período é, por seu turno, determinado pelo multiplicador do investimento, conforme a seguinte equação:

$$Y^* = \frac{\bar{I}}{s_h[\sigma + (1 - \sigma)d]} \tag{7.12}$$

Onde: $\bar{I}$ é o investimento realizado no curto período.

Substituindo (7.12) em (7.11), temos

$$(\Delta B_c)^D = \beta(i, i_c, \theta)\bar{I} \tag{7.13}$$

As firmas emitem, ao final de cada curto período, um certo montante de títulos corporativos para fazer o *funding* dos projetos de investimento já realizados. O montante da emissão de títulos corporativos será igual à diferença entre o investimento realizado e os lucros retidos no período. Temos assim que:

$$(\Delta B_c)^S = \bar{I} - (1-d)(1-\sigma)Y = \bar{I} - \frac{(1-d)(1-\sigma)}{s_h[\sigma + (1-\sigma)d]}\bar{I}$$
$$= \bar{I}\left[1 - \left(\frac{(1-d)(1-\sigma)}{s_h[\sigma + (1-\sigma)d]}\right)\right] \quad \textbf{(7.14)}$$

Igualando (7.13) com (7.14) temos que:

$$\beta(i, i_c, \theta) = \left[1 - \left(\frac{(1-d)(1-\sigma)}{s_h[\sigma + (1-\sigma)d]}\right)\right] \quad \textbf{(7.15)}$$

A equação (7.15) estabelece que a fração da riqueza líquida das famílias que é alocada em títulos corporativos é dada por $\left[1 - \left(\frac{(1-d)(1-\sigma)}{s_h[\sigma+(1-\sigma)d]}\right)\right]$. Como d, σ e S_h são parâmetros que representam (i) a política de distribuição de dividendos das empresas, a distribuição funcional da renda entre salários e lucros e a propensão a poupar das famílias segue-se que o lado direito de (7.15) é uma constante exógena. No lado esquerdo dessa expressão, sabemos que a taxa básica de juros é uma variável exógena, determinada pelo Banco Central. O estado de confiança também é uma variável exógena. Daqui se segue, portanto, que a única variável endógena na equação (7.15) é a *taxa de juros dos títulos corporativos*, a qual deverá assumir a função de variável de ajuste para assegurar que as novas emissões de títulos corporativos por parte das empresas sejam totalmente adquiridas pelas famílias.

A determinação da taxa de juros dos títulos corporativos pode ser feita por intermédio da figura 7.2 a seguir.

A partir da equação (7.15), podemos analisar os efeitos sobre a taxa de juros dos títulos corporativos, ou seja, sobre o custo das operações de *funding*, de um aumento da propensão a poupar das famílias (S_h) e de um aumento da taxa básica de juros (i).

Numa *economia de troca pura*, a poupança é um pré-requisito necessário para o investimento, pois a parcela não consumida da produção é necessariamente igual ao investimento. Numa *economia monetária de produção* isso não é verdade, pois a *Lei de Say* não é válida. Nesse tipo de economia o investimento determina a poupança por intermédio do mecanismo do multiplicador, apresentado no capítulo 3. Conforme podemos verificar na equação (7.12), um aumento da propensão a poupar das famílias reduzirá necessariamente o nível de renda de equilíbrio de curto período. A contração do nível de atividade econômica reduzirá a massa de lucros gerada na economia, fazendo com que, dada a política de distribuição de dividendos das firmas, ocorra uma redução do montante de lucros retidos.

Figura 7.2 Determinação da taxa de juros dos títulos corporativos

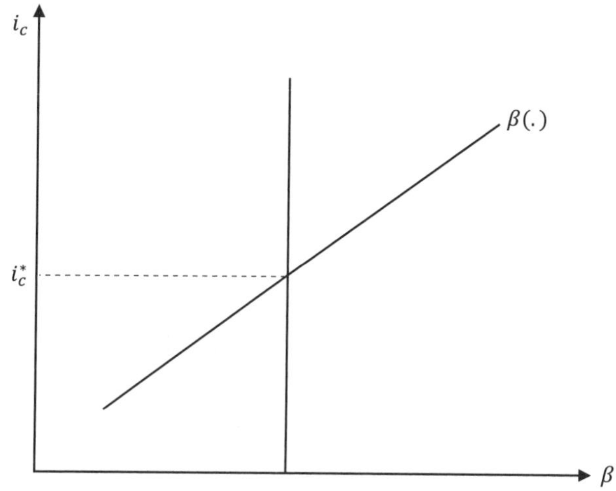

$$\beta^* = \left[1 - \left(\frac{(1-d)(1-\sigma)}{s_h[\sigma + (1-\sigma)d]}\right)\right]$$

Fonte: Elaboração do autor.

Nesse contexto, para fazer o *funding* do investimento realizado no período corrente, as firmas serão obrigadas a aumentar as emissões de novos títulos corporativos, o que resultará numa elevação da taxa de juros desses títulos, aumentando assim, o custo do capital de terceiros. No próximo curto período, as empresas irão se deparar com um custo médio ponderado do capital mais elevado, o que deverá reduzir o investimento planejado. Em outras palavras, um aumento da propensão a poupar das famílias irá reduzir, ao invés de aumentar, o investimento planejado das empresas.

Esse resultado pode ser visualizado por intermédio da figura 7.3 a seguir.

Um aumento da taxa básica de juros por parte do Banco Central induzirá as famílias a substituírem títulos corporativos por títulos públicos no seu portfólio. Dados os determinantes da fração da riqueza líquida que as famílias desejam manter na forma de títulos corporativos, a taxa de juros desses títulos deverá aumentar para que as famílias no seu conjunto estejam dispostas a manter constante a fração da sua renda alocada nesses títulos.

Daqui se segue que a política monetária tem efeito sobre o custo das operações de *funding*: um aperto monetário tornará essas operações mais caras, o que terá o efeito de desestimular os planos de investimento das firmas.

Figura 7.3 Efeito de um aumento da propensão a poupar das famílias $(s_h^0 < s_h^1)$

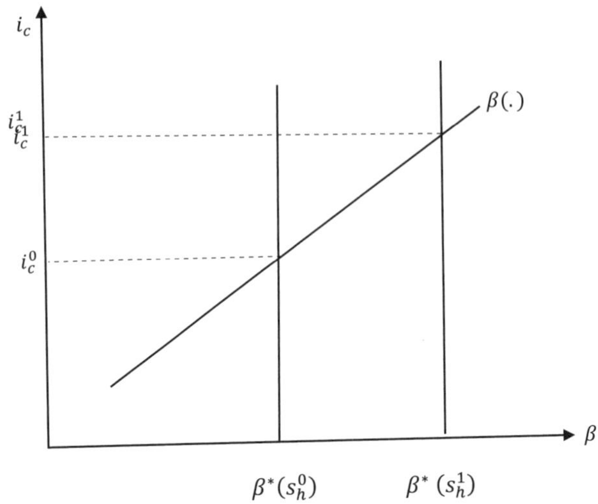

Fonte: Elaboração do autor.

Esse resultado pode ser visualizado pela figura 7.4 a seguir.

Figura 7.4 Efeito de um aumento da taxa básica de juros

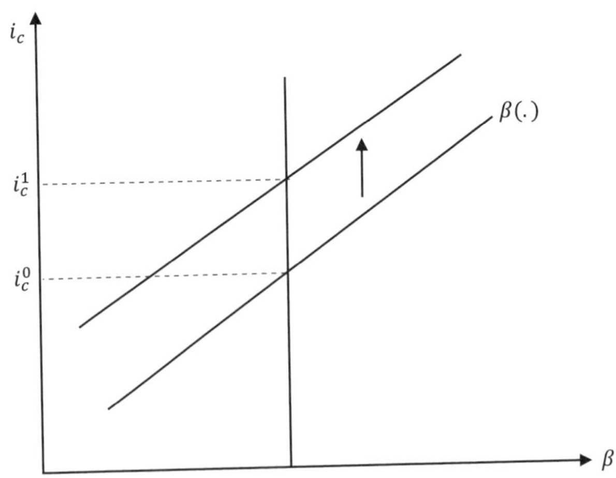

$$\beta^* = \left[1 - \left(\frac{(1-d)(1-\sigma)}{s_h[\sigma + (1-\sigma)d]}\right)\right]$$

Fonte: Elaboração do autor.

7.5 Estruturas de Passivo e Fragilidade Financeira

Vimos anteriormente que o investimento pode ser financiado por intermédio de recursos próprios ou recursos externos. O percentual de recursos próprios e de capital de terceiros no passivo da empresa determina a sua *estrutura de capital*. No mundo da economia de troca pura, vale o *Teorema da Irrelevância de Modigliani-Miller*, de acordo com o qual, num contexto de informações completas e sem distorções tributárias, a estrutura de capital da empresa é irrelevante, de tal maneira que a decisão de investimento é independente da estrutura de capital da empresa, ou seja, a forma pela qual a empresa financia os seus gastos de investimento não afeta o volume ótimo de investimento a ser realizado por ela. De acordo com o teorema da irrelevância da estrutura de capital, a regra ótima de investimento consiste em investir em todos aqueles projetos para os quais o *valor presente líquido do fluxo de caixa esperado (VPL) seja maior do que zero*. A disponibilidade de financiamento nunca seria um entrave para projetos de investimento economicamente viáveis, pois não haveria razão pela qual uma firma não seja capaz de obter financiamento para um projeto de investimento que possua um VPL maior do que zero.

No mundo real das economias monetárias de produção, as informações não são completas, pois existe incerteza sobre os eventos futuros. Essa incerteza cria uma preferência por recursos próprios no financiamento do investimento devido à existência do risco do tomador e do risco do emprestador. O *risco do tomador* está relacionado com o aumento do grau de exposição da firma à medida que aumenta o percentual do investimento que é financiado com recursos de terceiros, o que aumenta o risco de inadimplência. Já o *risco do emprestador* está relacionado com o fato de que, à medida que o percentual do investimento financiado com recursos de terceiros aumenta, os credores ficam mais relutantes em financiar novos projetos da mesma firma pois consideram estar comprometendo uma quantidade muito grande de recursos num único tomador, ou seja, ocorre uma redução do *grau de diversificação de portfólio*, o que aumenta o risco percebido pelos emprestadores.

Vimos no capítulo 3 que o risco do tomador e o risco do emprestador atuam sobre a eficiência marginal do capital e sobre o custo médio ponderado do capital, respectivamente. O uso de capital de terceiros faz com que os empresários adicionem uma margem de segurança à eficiência marginal do capital — que equaliza o fluxo esperado de quase-rendas com o preço de oferta do bem de capital — margem essa que é crescente com a participação do capital de terceiros no financiamento do investimento. Já o custo médio ponderado do capital é crescente com o volume de investimento financiado com capital de terceiros devido à atuação do risco do emprestador, ou seja, da inadimplência voluntária (risco moral) ou involuntária (desapontamento de expectativas) dos tomadores de empréstimos.

A visualização do processo de determinação do investimento e da estrutura de capital da empresa pode se dar por intermédio da figura 7.5 a seguir:

Figura 7.5 Determinação do investimento planejado pela firma

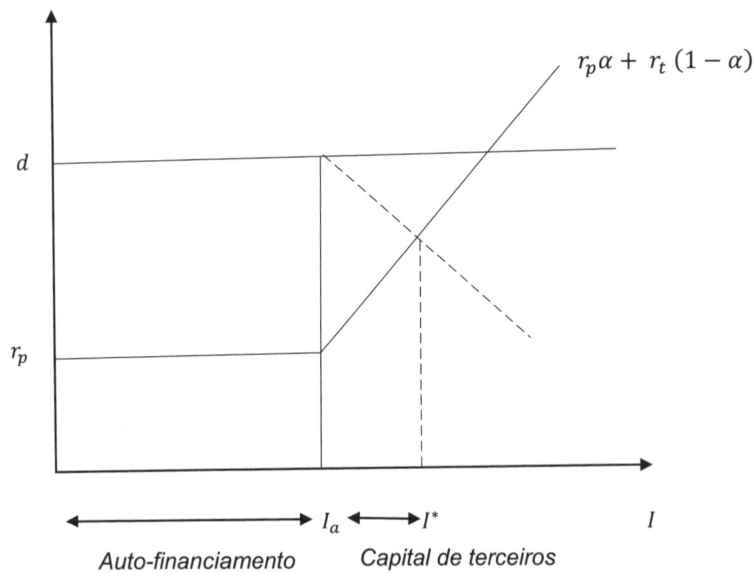

Fonte: Elaboração do autor.

Tanto o risco do tomador como o risco do emprestador são *subjetivos*. Ambos dependem do *estado de confiança* do emprestador e do tomador no fluxo de caixa esperado das firmas. Daqui se segue que um aumento do otimismo dos tomadores e dos emprestadores vai se traduzir numa redução da percepção de risco de ambos, levando assim a um aumento do investimento e do endividamento.

Todos os ativos da economia podem ser vistos como fontes alternativas de fluxos de caixa. Os fluxos de caixa podem ser de dois tipos: (i) Aqueles resultantes da operação ou posse de um ativo (fontes primárias de caixa) e (ii) Aqueles resultantes da venda do ativo (fontes secundárias de caixa).

O fluxo de caixa obtido com a venda de um ativo depende, entre outros fatores, de sua liquidez. Vimos que a liquidez é definida como a capacidade de um ativo em ser convertido em meio de pagamento, de forma rápida e a um preço elevado relativamente ao que poderia ser obtido caso o vendedor esperasse por um prazo maior para se desfazer dele. A possibilidade de que a firma tenha que obter um fluxo de caixa por meio da venda de seus ativos depende, assim, da sua estrutura de passivo. Os pagamentos contratuais que uma firma deve efetuar incluem tanto o pagamento do principal como o pagamento de juros. Se os passivos forem de curto prazo, então os pagamentos contratuais podem exceder o fluxo de caixa obtido pela operação dos ativos. Nesse caso, as firmas terão que recorrer ao refinanciamento de posições. Se esse refinanciamento não estiver disponível em condições favoráveis (baixas taxas de juros), então as firmas poderão ser obrigadas a vender os seus ativos, com o objetivo de reduzir o seu grau de alavancagem.

Todo o investimento em ativos de capital envolve a troca de algo certo por algo incerto. Isso porque qualquer ativo de capital adquirido por uma firma tem uma expectativa de fluxos de caixa que excedem — por alguma margem — o preço pago por eles. Num mundo de incerteza essas expectativas estão sujeitas a desapontamentos. Além disso, variações nas taxas de juros podem transformar firmas solventes em firmas inadimplentes dependendo:

a. Do perfil do endividamento (curto prazo versus longo prazo);
b. Da margem de segurança utilizada pelas firmas.

As relações entre os pagamentos contratuais (juros + amortizações) e os fluxos de caixa (primários) permitem a definição de três posturas financeiras (Minsky, 1982, p. 22-29), a saber:

1. *Hedge*
2. Especulativa
3. Ponzi

A postura financeira *Hedge* é aquela na qual o fluxo de caixa esperado excede com uma *margem de segurança* os encargos contratuais para cada período. Essa margem deve ser suficientemente grande para absorver eventuais frustrações a respeito do fluxo de caixa esperado dos novos projetos de investimento. Firmas com postura *hedge* não necessitam recorrer ao refinanciamento de suas dívidas e estão, portanto, protegidas contra variações inesperadas nas taxas de juros do financiamento bancário. As unidades hedge também mantêm um *colchão de liquidez* para fazer frente a imprevistos futuros desfavoráveis que façam com que o fluxo de caixa se reduza muito além da margem de segurança fixada pelas empresas. Em suma, empresas com postura *hedge* estão protegidas tanto contra uma redução imprevista no seu fluxo de caixa como contra variações imprevistas da taxa de juros, pois possuem uma margem de segurança suficientemente grande para absorver quedas inesperadas de receitas e não têm necessidade de refinanciar suas dívidas. Exceto em situações de profunda crise econômica como, por exemplo, uma depressão, essas empresas jamais se tornarão insolventes.

Uma postura financeira *hedge* exige, não só um grau de alavancagem muito baixo por parte das empresas, como também o financiamento da quase totalidade de seus investimentos por intermédio de fontes de financiamento de longo prazo como os lucros retidos e/ou a venda de títulos no mercado de capitais. Esse tipo de postura financeira limita o potencial de crescimento da firma, o que pode ser um problema sério em mercados dinâmicos nos quais a demanda de bens e serviços está crescendo a taxas elevadas. Nesse contexto, a utilização de capital de terceiros para o financiamento da expansão da capacidade de produção pode ser um imperativo imposto pela estratégia competitiva da firma, uma vez que o autofinanciamento do investimento pode dar ensejo a uma expansão da capacidade de produção da firma que não só não lhe permite manter a sua participação de mercado, como ainda pode levá-la a encolher.

Nesse contexto, as firmas podem se ver obrigadas a adotar posturas financeiras especulativas, nas quais o fluxo de caixa esperado dos novos projetos de investimento se mostra insuficiente, no curto e médio prazo, para efetuar o pagamento dos juros e amortizações do principal, embora seja suficiente para fazer frente ao pagamento de juros. Empresas com esse tipo de postura financeira têm que recorrer ao refinanciamento periódico do principal devido às instituições financeiras, refinanciamento esse que pode não estar disponível nas mesmas condições nas quais o financiamento inicial foi contratado. Deve-se ressaltar, contudo, que as firmas com postura financeira especulativa têm uma dívida estável ou declinante ao longo do tempo, dado que são capazes de gerar fluxo de caixa suficiente para pagar os juros e, ao menos, parte do principal. Sua fragilidade reside na dependência do refinanciamento do principal, o qual pode se dar sob taxas de juros mais altas do que as inicialmente contratadas. Se no momento no qual as firmas realizarem o refinanciamento de suas posições, a taxa de juros estiver muito elevada então as firmas podem se tornar insolventes, sendo obrigadas a vender uma parte de seus ativos para reduzir seu endividamento.

As firmas com postura financeira Ponzi são aquelas em que o fluxo de caixa esperado de seus investimentos é insuficiente tanto para fazer frente ao pagamento das amortizações como de parte do pagamento de juros. Firmas com esse tipo de postura financeira terão, não só que recorrer ao refinanciamento das dívidas vincendas, como também tomar novos empréstimos para pagar uma parte dos encargos relativos aos juros da dívida já contratada. Esse tipo de postura financeira só é viável se a firma estiver contando com a valorização dos seus ativos para revenda futura, de maneira a ser capaz de pagar os juros e o principal por intermédio dos ganhos de capital que ela espera obter no futuro. Esse tipo de postura financeira é comum em momentos de *bolha especulativa* onde os preços de um ativo sobem no período corrente porque os participantes de mercado esperam que tais preços continuem subindo no futuro previsível. Caso essas expectativas não se concretizem, então firmas com postura Ponzi tornam-se imediatamente inadimplentes, sendo obrigadas a liquidar seus ativos para conseguir pagar seus credores.

A fragilidade financeira da economia como um todo depende da composição entre as posturas hedge, especulativa e Ponzi. Quanto maior for a participação das unidades especulativa e Ponzi no total de empresas, maior será a vulnerabilidade da economia a uma variação da taxa de juros. Se o nível de fragilidade financeira for muito alto, então uma pequena elevação da taxa de juros pode tornar uma grande parte das firmas insolventes, forçando-as a buscar *fontes secundárias de caixa* para honrarem os seus compromissos contratuais, desencadeando assim um movimento de deflação de ativos e de desalavancagem, ambos com reflexos negativos sobre o investimento desejado pelas firmas.

A experiência histórica das economias capitalistas indica que essas economias oscilam entre estruturas financeiras robustas e frágeis. Nesse contexto, a pergunta fundamental a ser feita é saber como a fragilidade financeira emerge a partir do funcionamento endógeno das economias capitalistas e como as situações de robustez são reconstituídas. É aqui que entra a chamada *Hipótese da Instabilidade Financeira* de Hyman Minsky (1982, 1986). Segundo Minsky, as economias de mercado possuem uma tendência inerente a se transformarem em sistemas financeiramente frágeis, por intermédio das decisões racionais dos agentes econômicos. Isso porque os agentes respondem ao desequilíbrio criando novas forças de desequilíbrio. Para Minsky a "estabilidade é desestabilizadora".

Para que sejamos capazes de entender o processo de fragilização endógena das economias capitalistas, precisamos mais uma vez recorrer ao método histórico, ou seja, vamos considerar uma economia que se move ao longo do tempo histórico e acaba por passar por uma crise financeira. Bancos e empresas que sofreram perdas durante a crise aumentarão as suas margens de segurança, evitando assim financiamento do tipo especulativo e Ponzi. O aumento das margens de segurança reduzirá o investimento desejado pelas firmas, resultando numa queda do nível de atividade econômica. Seja por intermédio dos estabilizadores automáticos, seja por intermédio da realização de política fiscal anticíclica, os déficits do governo aumentarão, fazendo com que seja possível para o setor privado doméstico (firmas e famílias) ter um superávit financeiro, o qual terá como contrapartida necessária o déficit financeiro do governo, conforme podemos verificar na expressão (7.16) a seguir.

$$I = S_h + S_F + S_g \leftrightarrow [(S_h + S_F) - I] = -S_G \quad \textbf{(7.16)}$$

Onde: I é o investimento total (máquinas, equipamentos, instalações, residências e estoques), S_h é a poupança das famílias, S_F é a poupança das firmas, S_g é a poupança do governo.

Na expressão (7.16), verificamos que para ser possível para o setor privado realizar um *processo de desalavancagem*, ou seja, para que o setor privado consiga reduzir o seu endividamento, então ele precisa ter um *superávit financeiro*, ou seja $[(S_h + S_F) - I] > 0$. No entanto, para que o resultado financeiro do setor privado seja positivo é contabilmente necessário que o resultado financeiro do governo seja negativo, isto é, o governo precisa compensar a desalavancagem do setor privado com um aumento do seu próprio endividamento.

Supondo que o governo atue com base nos princípios básicos de *finanças funcionais* e compense a desalavancagem do setor privado por intermédio de um aumento dos seus gastos e do seu endividamento[19], então o setor privado será capaz de reduzir o seu endividamento e, consequentemente, o seu grau de alavancagem, reconstruindo assim a solidez de seus balanços patrimoniais. Além disso, crises financeiras tendem a ser seguidas por reduções expressivas da taxa básica de juros, o que refletirá tanto na redução da taxa de juros dos empréstimos bancários como em redução das taxas de juros das operações de *funding*. Dessa forma, as firmas que sobreviveram à crise financeira serão capazes de consolidar suas dívidas de curto prazo em dívidas de longo prazo. Os bancos comerciais também terão redirecionado seu portfólio para a aquisição de títulos do governo, o que aumentará a liquidez de seus balanços, diminuindo assim o risco de insolvência.

Passados alguns anos da erupção da *crise financeira*, os balanços patrimoniais dos bancos e das firmas estarão recuperados, o que levará a um processo gradativo de aumento do estado de confiança tanto das firmas como dos bancos devido à ausência de turbulência nos mercados financeiros. Esse aumento progressivo do estado de confiança resultará numa redução das margens de segurança, levando assim a uma queda da percepção de risco tanto dos tomadores como dos emprestadores. O resultado será um aumento do investimento planejado pelas firmas o que levará a um aumento da demanda por crédito bancário, a qual será atendida pelos bancos comerciais

---

19 Koo (2022) argumenta que os governos dos países da União Europeia após a Crise Financeira Internacional de 2022 não aprenderam com a experiência japonesa dos anos 1990 e adotaram políticas de austeridade fiscal de forma prematura, ou seja, antes que os bancos e as firmas fossem capazes de reconstruir seus balanços patrimoniais que foram devastados pela crise de 2008. O resultado disso foi um período de longa estagnação econômica dado que a tentativa dos governos dos países europeus de obter o equilíbrio fiscal acabava por sabotar os esforços das empresas que reconstruir seus balanços por intermédio de um processo de desalavancagem, o qual para ser bem-sucedido, a nível da economia como um todo, exige que o governo aumente o seu próprio endividamento.

porque estes compartilharão do aumento do estado de confiança das firmas. O aumento do investimento, por seu turno, levará a um aumento do nível de atividade econômica e, dessa forma, a um aumento da geração e retenção de lucros por parte das empresas. Inicia-se assim um ciclo virtuoso de *aumento do investimento/aumento do crédito bancário/aumento dos lucros/aumento do investimento*. A economia passa da fase de recuperação pós-crise para uma fase de crescimento acelerado (*boom*).

Esse processo, contudo, contém os germes de sua própria destruição. Isso porque, ao longo do mesmo, as posturas financeiras se tornarão cada vez mais frágeis uma vez que o aumento do estado de confiança leva a uma progressiva redução das margens de segurança e, portanto, à adoção de formas de financiamento cada vez mais arriscadas (redução dos prazos, diminuição das exigências de colateral etc.) e a implementação de projetos de investimento com fluxos de caixa mais incertos ou mais distantes no tempo. Dessa forma, ocorre um aumento progressivo do estoque da dívida corporativa e do peso do financiamento externo no investimento.

A participação das posturas financeiras tipo especulativa e Ponzi irá, nesse contexto, aumentar ao longo do tempo, aumentando assim o grau de *fragilidade financeira da economia como um todo*. Em algum momento, o próprio sobreaquecimento da economia poderá causar pressões inflacionárias que levarão o Banco Central a elevar a taxa básica de juros com o objetivo de manter a inflação em patamares baixos e estáveis. Esse processo de elevação da taxa de juros, que pode se estender por meses ou até anos, atuará como *gatilho* (*trigerring event*) de uma nova crise financeira, produzida pela incapacidade de várias firmas de pagarem seus compromissos contratuais aos bancos comerciais, os quais irão se deparar com um aumento da inadimplência dos empréstimos (*non-performing loans*). Se esse aumento da inadimplência for suficientemente grande poderá tornar um ou mais bancos insolventes, causando assim uma *crise bancária*. Mesmo que uma crise bancária não ocorra, haverá um processo de deflação de ativos resultante da desalavancagem das empresas não financeiras, o que levará a uma queda do investimento e do nível de atividade econômica.

Uma questão que devemos nos colocar é analisar se o comportamento dos agentes econômicos ao longo desse processo endógeno de fragilização das posturas financeiras é racional. Para alguns economistas, esse comportamento dos agentes econômicos seria irracional (miopia) porque, embora os agentes econômicos saibam que uma crise financeira está a caminho, a maneira pela qual eles compõem o seu portfólio acaba por aumentar a probabilidade de uma crise. Isso porque, durante a fase de expansão cíclica, tanto as firmas como os bancos estão reduzindo as suas margens de segurança, dado que a sua percepção de risco está se reduzindo como decorrência do aumento do estado de confiança. Contudo, a fragilidade financeira do sistema como um todo está aumentando. Sendo assim, existe uma *incompatibilidade entre a percepção individual de risco e o comportamento do risco ao nível macroeconômico*. Isso não seria equivalente a assumir um comportamento irracional por parte dos tomadores de decisão?

A resposta a essa pergunta é não (Dymski e Pollin, 1992). Isso porque a ideia de que a incompatibilidade entre a percepção individual de risco e o comportamento do risco ao nível macroeconômico se baseia num comportamento irracional por parte dos tomadores de decisão envolvendo um *duplo erro*. O primeiro, bastante comum para economistas que não têm um treinamento adequado em macroeconomia, consiste na *falácia da composição*. A fragilidade financeira do sistema como um todo não depende da situação de uma firma individualmente, mas de todas as firmas da economia. Com informação imperfeita e incerteza, a firma individual não tem como saber a respeito da situação financeira das demais firmas. Dessa forma, ela não é capaz de acessar o nível de fragilidade financeira da economia como um todo. Por mais informados que os agentes sejam, eles não são capazes de saber qual o nível de endividamento que transforma uma estrutura robusta numa estrutura frágil.

O segundo erro consiste em desconsiderar a *estrutura assimétrica de recompensas* existente numa economia monetária moderna. Para a firma individual, não é lucrativo adotar posturas *hedge* durante a fase de crescimento acelerado. Isso porque as firmas que não utilizarem toda a alavancagem que puderem perderão participação de mercado e não conseguirão ser competitivas no longo prazo, principalmente naqueles setores de atividade econômica onde as economias de escala forem importantes, como ocorre na indústria de transformação. Numa crise, vários diretores de empresas que tiverem adotado posturas financeiras mais arriscadas terão levado suas firmas à falência, de forma que nenhum deles em particular poderá ser culpado por isso. Sendo assim, o comportamento agressivo é mais recompensado e menos punido do que o comportamento prudente. Em tais condições é preciso continuar "dançando enquanto a música continua", mesmo que se saiba que não existem cadeiras suficientes para todos sentarem quando a música parar.

7.6 Flutuações Cíclicas nos Modelos Minskianos[20]

As economias capitalistas tendem a crescer ao longo do tempo, mas de uma maneira irregular, apresentando oscilações em torno de suas tendências de longo prazo. Essas oscilações podem ocorrer tanto nas variáveis reais como investimento, produto e emprego; quanto nas variáveis monetárias e financeiras como taxas de juros, preços e endividamento.

Entender as causas das flutuações agregadas tem sido uma questão importante na Macroeconomia. A *Teoria dos Ciclos Econômicos Reais* enfatiza os choques exógenos sobre a tecnologia num contexto de equilíbrio competitivo walrasiano como a fonte das flutuações cíclicas do nível de produção e emprego. Nos modelos dessa tradição, os ciclos econômicos são a *resposta ótima* dos agentes econômicos à ocorrência de choques tecnológicos de tal forma que não há nenhum espaço para melhorar o bem-estar dos agentes por intermédio da introdução de políticas anticíclicas. Além disso, a demanda agregada não desempenha nenhum papel na explicação das flutuações do nível de produção e emprego. Em contraste com essa tradição, os modelos keynesianos consideram que as flutuações cíclicas resultam da dinâmica da demanda agregada num contexto no qual os mercados não estão em equilíbrio.

A tradição keynesiana não apresenta, contudo, a relativa homogeneidade em termos de construção de modelos que a tradição da Teoria dos Ciclos Reais de negócios. Com efeito, os modelos da tradição keynesiana podem ser classificados em dois tipos, a saber: modelos de impulso-propagação e modelos de movimento perpétuo. *Os modelos de impulso-propagação* são modelos nos quais se especifica uma fonte exógena de choques sobre o sistema (na tradição keynesiana, trata-se de choques sobre a demanda agregada) e um mecanismo pelo qual esses choques se propagam pelo sistema econômico

[20] Esta seção é baseada em Oreiro et al. (2012).

dando origem às flutuações do nível de atividade econômica. Geralmente, nessa classe de modelos, o mecanismo de propagação é a existência de algum tipo de rigidez nominal (contratos salariais justapostos, *menu-costs*, quase-racionalidade etc.) que faz com que as empresas respondam a um choque exógeno da demanda agregada por intermédio de um ajuste das quantidades produzidas, em vez de um ajuste do nível de preços. Já nos *modelos de movimento perpétuo*, a interação endógena entre as variáveis econômicas (geralmente, a interação entre os efeitos "multiplicador" e "acelerador") resulta no surgimento de flutuações regulares e persistentes do nível de atividade econômica, independentemente da ocorrência de qualquer choque exógeno ao sistema.

Uma questão importante no contexto dos modelos keynesianos de movimento perpétuo é o papel desempenhado pelas variáveis financeiras na obtenção de uma dinâmica cíclica para o nível de atividade econômica. Nos primeiros modelos dessa tradição, as variáveis financeiras não desempenhavam nenhum papel relevante na dinâmica cíclica, a qual resultava apenas da interação entre o efeito multiplicador e o efeito acelerador. No entanto, as variáveis financeiras sempre desempenharam um papel fundamental para a dinâmica macroeconômica na literatura keynesiana de caráter mais apreciativo, notadamente nos escritos de Hyman Minsky (1982, 1986). Com efeito, Minsky apresentou a *hipótese da instabilidade financeira* segundo a qual as flutuações observadas do nível de produção e de emprego resultam da evolução endógena das estruturas de passivo das empresas em direção a posturas crescentemente frágeis, o que acaba tornando inevitável a ocorrência de uma crise financeira e a queda consequente do nível de investimento e de produção.

Uma grande literatura iniciada em meados da década de 1980 tem procurado apresentar as ideias de Minsky sobre flutuações cíclicas por intermédio de modelos matemáticos que apresentem de forma mais clara e precisa os mecanismos que explicam a ocorrência de flutuações endógenas e persistentes do nível de produção e emprego.

Um marco inicial nessa literatura foi o artigo de Taylor e O'Connell (1985), no qual se apresenta um modelo macrodinâmico linear com o objetivo de mostrar a possibilidade de ocorrência de uma crise financeira a partir de um processo de deflação de ativos causado por uma redução exógena do estado de confiança dos agentes. A deflação de ativos ocorre em função da endogeneidade do valor do estoque de riqueza da economia, o qual resulta das decisões de composição de portfólio dos agentes econômicos. Outro artigo importante nessa literatura é Jarsulic (1989), no qual se apresenta um modelo macrodinâmico não linear no qual a interação entre o investimento e as condições de financiamento na economia dá origem a flutuações regulares na *forma de um ciclo-limite*. Keen (1995, 1999), por sua vez, desenvolveu *modelos do tipo predador-presa* nos quais a interação entre endividamento e participação dos lucros na renda dão origem a flutuações regulares do nível de endividamento e da distribuição funcional da renda.

Mais recentemente, Fazzari, Ferri e Greenberg (2008) [doravante FFG] construíram um modelo no qual as flutuações do nível de atividade econômica são o resultado das flutuações do investimento e do endividamento num contexto em que a distribuição funcional da renda permanece constante ao longo do tempo. O aspecto fundamental do modelo de FFG é a incorporação de um *acelerador financeiro* no qual a decisão de investimento em capital fixo é positivamente afetada pelo fluxo de caixa gerado pelas firmas, o qual depende, entre outras variáveis, dos serviços financeiros relativos ao estoque de endividamento. Dessa forma, a evolução da taxa nominal de juros passa a ter um papel de importância fundamental na dinâmica do investimento e, por conseguinte, na dinâmica do nível de atividade econômica.

Ao relacionar a taxa de inflação com o nível de atividade econômica, por intermédio de uma versão modificada da equação de Phillips, FFG constroem uma relação do tipo "predador-presa" para o investimento e o nível de endividamento. Com efeito, um aumento do investimento gera um aumento do nível de atividade econômica, o qual, por sua vez, resulta num aumento da taxa de inflação e da taxa nominal de juros. O aumento da taxa de juros resulta num aumento dos encargos financeiros relativos à dívida das empresas, reduzindo assim o seu fluxo de caixa. A redução do fluxo de caixa atua no sentido de desestimular o investimento, dando início a um movimento de contração do nível de atividade. Esse movimento, por sua vez, induz a uma redução da taxa de inflação, fazendo com que a taxa de juros e os serviços financeiros relativos ao endividamento das empresas se reduzam.

No entanto, o modelo FFG (2008) possui algumas limitações importantes enquanto marco teórico para a questão das flutuações cíclicas. A primeira limitação é o suposto de que a taxa nominal de juros é independente da política monetária, sendo determinada com base numa relação de Fisher onde a taxa nominal de juros é o resultado da adição entre a taxa real de juros (suposta constante ao longo do tempo) e a taxa de inflação (que varia de acordo com a equação de Phillips). Dessa forma, a política monetária não desempenha nenhum papel da determinação da taxa de juros, o que elimina *ex ante* a possibilidade de se usar a política monetária como instrumento de estabilização do nível de produção e emprego. Nesse contexto, não é possível auferir em que medida a persistência das flutuações cíclicas observada no modelo FFG resulta simplesmente da inexistência de qualquer mecanismo de política anticíclica.

Uma segunda limitação refere-se à natureza das flutuações no modelo FFG. Com efeito, as séries macroeconômicas do modelo FFG apresentam flutuações regulares (periodicidade e amplitude constantes) em torno dos valores de *steady-state* dessas variáveis. O problema com esse tipo de flutuação é que no mundo real as séries macroeconômicas apresentam flutuações essencialmente irregulares, ou seja, a periodicidade e a amplitude das flutuações são variáveis ao longo do tempo.

Oreiro et al. (2012) estendem o modelo FFG por intermédio da incorporação de uma regra de Taylor e de um processo Markoviano de formação de bolhas especulativas no valor da riqueza financeira dos consumidores, o qual passa a influenciar a dinâmica do consumo agregado. Essas extensões têm por objetivo não só tornar o modelo em consideração mais compatível com as ideias de Hyman Minsky a respeito da dinâmica financeira dos ciclos econômicos; mas principalmente avaliar o papel da política monetária e das bolhas especulativas para o *fenômeno da persistência das flutuações cíclicas.*

Nesse contexto, os autores demonstram que a introdução da regra de Taylor na estrutura do modelo desenvolvido por FFG tem como efeito a geração de *flutuações cíclicas amortecidas* para as séries macroeconômicas (crescimento, desemprego, investimento e nível de endividamento); de tal forma que o fenômeno da persistência das flutuações cíclicas não pode ser explicado apenas pela interação entre o efeito multiplicador e o efeito acelerador. Dessa forma, a introdução de um processo Markoviano de formação de bolhas especulativas no valor da riqueza financeira — e o impacto das mesmas sobre os gastos de consumo das famílias — é de importância fundamental para a geração de uma dinâmica macroeconômica caracterizada por flutuações persistentes (e irregulares) da taxa de crescimento do produto.

A introdução das bolhas especulativas abre também a possibilidade teórica de ocorrência de quedas acentuadas no nível de atividade econômica (recessões) em função do estouro das mesmas e do efeito que a redução súbita do valor do estoque de riqueza financeira tem sobre os gastos de consumo das famílias.

7.7 Reprise das Conclusões

Ao longo deste capítulo, aprofundamos a análise do processo de formação do capital nas economias monetárias de produção a partir do debate entre Keynes e os economistas clássicos que se seguiu à publicação da Teoria Geral em 1936. As críticas de Ohlin, Hawtrey e Robertson à Teoria da Preferência pela Liquidez fizeram Keynes reconhecer uma omissão importante no arcabouço teórico desenvolvido na Teoria Geral; mais especificamente, a questão relativa à demanda de moeda requerida em antecipação ao gasto de investimento, o denominado motivo finanças de demanda de moeda. Para Keynes, a introdução do motivo finanças não mudaria, no entanto, a natureza da taxa de juros, a qual seria uma variável estritamente monetária, sobre a qual a propensão a poupar não desempenharia nenhuma influência direta. Essa posição não foi aceita por Robertson para quem o aumento da demanda de crédito decorrente de um aumento do investimento planejado reduziria a liquidez dos bancos e, dessa forma, levaria a um aumento da taxa de juros.

Na resposta a Robertson, Keynes diferencia as etapas de *finance* e *funding* do processo de formação do capital, argumentando que a demanda por *finance* requerida para a realização do investimento corrente seria atendida por um fundo rotativo de ativos líquidos que se tornaria novamente disponível para o uso assim que o gasto de investimento fosse realizado. A poupança só seria necessária na etapa de *funding* do processo de formação de capital, ou seja, na consolidação dos passivos de curto prazo em dívida de longo prazo. Nessa etapa, contudo, o que importa não é a magnitude da propensão a poupar, pois o investimento gera sempre uma magnitude equivalente de poupança por intermédio do mecanismo do multiplicador, mas a preferência pela liquidez das famílias.

Na sequência apresentamos um modelo formal a respeito do circuito *finance*-investimento-poupança-*funding*. Nesse modelo vimos que um aumento do investimento desejado só pode ser realizado caso os bancos estejam dispostos a reduzir a sua preferência pela liquidez, ou seja, a alocar uma fração menor de seu portfólio em ativos líquidos ou perfeitamente líquidos. Para tanto, é necessário que os bancos e as firmas compartilhem percepções similares quanto às perspectivas futuras da economia, ou seja, que ambos compartilhem o aumento do estado de confiança. Em tais condições, as firmas terão acesso ao crédito necessário para a realização do investimento planejado, o que resultará num aumento do nível de atividade econômica e da massa de lucros.

Dada a política de distribuição de lucros das firmas, a participação dos lucros na renda e a propensão a poupar das famílias, a taxa de juros dos títulos corporativos será determinada de forma a fazer com que as famílias estejam dispostas a manter a parcela da sua riqueza em títulos corporativos, que é a parcela requerida para que as firmas consigam realizar as operações de *funding*.

Em seguida, apresentamos as posturas financeiras das empresas de acordo com a tipologia desenvolvida por Minsky (1982, 1986) e de que forma as estruturas financeiras evoluem ao longo do tempo na direção de uma maior fragilidade financeira da economia como um todo. Esse processo de crescente fragilização das estruturas de passivo das empresas é o *resultado não intencional das decisões racionais* tomadas pelas firmas no que diz respeito ao investimento e ao financiamento da acumulação de capital. Em algum momento ao longo desse processo deverá ocorrer uma crise financeira na qual várias empresas se verão incapazes de fazer frente aos pagamentos referentes aos seus contratos de crédito, sendo forçadas assim a realizar uma liquidação de ativos com o objetivo de reduzir o seu grau de endividamento.

A queda dos preços dos ativos das empresas resultante da liquidação generalizada de ativos pode levar algumas empresas à falência, aumentando assim a inadimplência dos empréstimos bancários. Se o aumento da inadimplência for suficientemente grande, é possível a ocorrência de uma crise bancária. Mesmo que uma crise bancária não ocorra, o processo de desalavancagem das firmas resultará numa contração do gasto de investimento, produzindo assim uma queda do nível de renda e emprego. Para que as empresas no seu conjunto possam ser bem-sucedidas no processo de desalavancagem é necessário que o governo assuma uma posição financeira deficitária. Somente assim será possível que as empresas no seu conjunto tenham uma posição financeira superavitária, tornando-se capazes de reduzir seu endividamento com os bancos comerciais.

Por fim, fizemos uma resenha da literatura existente sobre os modelos minskianos de flutuações cíclicas. Vimos que esses modelos apresentam uma limitação importante, a de serem incapazes de reproduzir flutuações irregulares das variáveis macroeconômicas de interesse (investimento, emprego, inflação, taxa de juros, crescimento). Para gerar esse padrão de flutuação é necessário introduzir alguma fonte de choque exógeno ao modelo. Uma alternativa, desenvolvida por Oreiro et al. (2012), consiste em adicionar uma bolha markoviana na estrutura do modelo predador-presa desenvolvido por FFG (2008). Nesse modelo é possível obter flutuações irregulares das variáveis macroeconômicas, inclusive a possibilidade de ocorrência de quedas catastróficas, embora raras, do nível de atividade econômica, replicando assim uma situação de *depressão econômica.*

7.8 Questões para Discussão

- **1ª Questão**: Segundo Minsky, existe uma tendência inerente às economias capitalistas de se moverem de estados de robustez financeira para estados de fragilidade financeira. Qual o papel que as expectativas e o estado de confiança desempenham nesse processo? A tendência à fragilização financeira crescente guarda alguma relação com o fato de que na formação de expectativas os agentes econômicos dão uma importância — talvez excessiva — aos eventos correntes? Por que razão a fragilização financeira não é percebida pelos agentes econômicos? O processo de securitização dos empréstimos pode contribuir para a "miopia" dos agentes econômicos? Por quê?
- **2ª Questão**: Considere a equação (7.15), explique (por intermédio de diferenciação parcial e utilizando os gráficos necessários) os efeitos sobre a taxa de juros dos títulos corporativos dos seguintes eventos:

a. Aumento do coeficiente de retenção de lucros das empresas;

b. Aumento da participação dos lucros na renda.

3ª Questão: Considere uma economia que acabou de passar por uma crise financeira de grandes proporções como a ocorrida em 2008. Suponha que o governo dessa economia não esteja disposto a realizar uma política anticíclica e, em vez disso, decida equilibrar o orçamento público a todo o custo. Qual deve ser a trajetória provável do nível de atividade econômica? As empresas serão capazes de realizar o processo de desalavancagem? Por quê? Se não forem capazes, quais as implicações prováveis para o sistema bancário?

08

ESTENDENDO O PRINCÍPIO DA DEMANDA EFETIVA PARA O LONGO PRAZO: MODELOS DE CRESCIMENTO DE INSPIRAÇÃO KEYNESIANA

8.1 Introdução

Nos capítulos anteriores, apresentamos de forma analítica o funcionamento de uma economia que opera segundo o paradigma da *Economia Monetária de Produção* que representa o programa de pesquisa da escola pós-keynesiana. Os modelos apresentados ao longo deste livro têm como seu ponto de partida os escritos de John Maynard Keynes, notadamente a sua Teoria Geral do Emprego, do Juro e da Moeda (1936), assim como elementos do Tratado sobre a Moeda (1930) e alguns artigos anteriores e posteriores à publicação da Teoria Geral. O material aqui apresentado, contudo, não se resumiu a uma exegese dos escritos de Keynes — algo que já foi feito à exaustão por outros autores pós-keynesianos ao longo dos últimos 50 anos — mas envolveu um esforço para construir um modelo de equilíbrio de curto período capaz de articular os diversos aspectos da teoria keynesiana no intuito de mostrar a natureza da ruptura paradigmática no pensamento econômico realizada com a publicação da Teoria Geral de Keynes.

Deve estar claro para o leitor que os elementos essenciais do modelo desenvolvido ao longo deste livro são o Princípio da Demanda Efetiva e a Teoria da Preferência pela Liquidez, os quais Kregel (1988) denominou "de os dois lados da mesma moeda" da Revolução Keynesiana.

Ao apresentar o princípio da demanda efetiva na sua Teoria Geral, Keynes considerou uma economia que se encontrava no *curto prazo* marshalliano, ou seja, uma economia na qual o estoque de capital, o tamanho e a qualificação da força de trabalho e as técnicas de produção estão dadas (Keynes, 1936, p. 23). Nesse contexto, o princípio da demanda efetiva estabelece que, em *equilíbrio de curto período*, ou seja, numa situação em que as expectativas dos empresários a respeito da receita que poderão auferir da venda da sua produção acabada no mercado, o nível de emprego e de utilização dos recursos produtivos existentes é determinada pela demanda efetiva, composta pela soma entre os gastos de consumo e os gastos de investimento.

Keynes estava, portanto, preocupado com a questão da determinação do grau de utilização dos recursos existentes num determinado ponto do tempo, pois o problema econômico fundamental enfrentado na década de 1930 era precisamente a subutilização desses recursos.

Após o término da Segunda Guerra Mundial, as economias capitalistas avançadas passaram a operar numa situação próxima ao pleno emprego por um período de aproximadamente 25 anos (1950–1975). Foram os anos gloriosos do capitalismo (Marglin, 1989), nos quais a macroeconomia keynesiana serviu de base para as políticas de administração da demanda agregada responsáveis não apenas por evitar a ocorrência de uma nova grande depressão nos termos da ocorrida em 1929, mas também por manter um estado contínuo de pleno emprego da força de trabalho.

Uma vez resolvido o problema da subutilização dos recursos produtivos, a agenda econômica voltou-se para a questão do ritmo de criação de recursos, ou seja, para a Teoria do Crescimento Econômico, tema que recebeu escassa, para não dizer nenhuma, atenção da parte de Keynes.

A síntese neoclássica do keynesianismo, que abordamos no capítulo 5 desta obra, confinou a teoria keynesiana ao curto prazo, ao passo que no longo prazo deveriam prevalecer os princípios básicos da Teoria Clássica que Keynes havia rejeitado na sua Teoria Geral. Essa divisão, por assim dizer, esquizofrênica do pensamento macroeconômico, se cristalizou na ideia de que a macroeconomia keynesiana seria o instrumento adequado para analisar as flutuações cíclicas do nível de atividade econômica em torno de uma tendência de longo prazo determinada unicamente pelo lado da oferta da economia. Embora vários dos discípulos de Keynes na Universidade de Cambridge no Reino Unido tenham desenvolvido modelos de crescimento econômico que estendiam o princípio da demanda efetiva para o longo prazo (Harrod, 1939; Robinson, 1962; Kaldor 1957); a nova ortodoxia econômica emergente na década de 1950 estabelecia a inexistência de qualquer conexão entre os *problemas de demanda efetiva* com a tendência de crescimento de longo prazo das economias capitalistas, determinada pelo ritmo de crescimento da oferta dos fatores de produção e pelo ritmo de progresso tecnológico. Essa visão prevalece até os dias atuais nos manuais de macroeconomia como, por exemplo, no livro-texto desenvolvido por Blanchard (2011).

Essa visão não era, contudo, exclusividade da ortodoxia econômica. A assim chamada Teoria Clássica do Desenvolvimento Econômico, surgida a partir dos escritos de Rosenstein-Rodan (1943), Singer (1952), Lewis (1954) e Chenery (1955), divergia da ortodoxia econômica a respeito da capacidade das economias de mercado de promover de forma automática o desenvolvimento das *regiões atrasadas* e, portanto, enfatizava a necessidade da intervenção do Estado por intermédio do planejamento do desenvolvimento para a superação do subdesenvolvimento; mas compartilhava com a ortodoxia econômica a ideia de que a demanda agregada não seria, ao menos para as regiões atrasadas, um obstáculo relevante no processo de desenvolvimento econômico.

Neste capítulo, mostraremos que a ideia de restringir a validade do princípio da demanda efetiva para o curto prazo marshalliano está incorreta. A partir do trabalho pioneiro de Kaldor (1967, 1988) desenvolveu-se uma extensa literatura, teórica e empírica, a respeito de modelos de crescimento liderados pela demanda agregada. Nesses modelos, o ritmo de crescimento do nível de produção e emprego é determinado pelo crescimento da demanda autônoma que não cria capacidade, composta pelos gastos do governo e pelas exportações. Em economias que não possuem moeda conversível internacionalmente, contudo, o crescimento dos gastos do governo tem que se subordinar ao crescimento das exportações para que a trajetória de crescimento seja sustentável do ponto de vista do balanço de pagamentos.

Essa literatura de modelos de crescimento puxado pela demanda agregada permite o estabelecimento de uma conexão direta com a literatura estruturalista desenvolvida a partir dos trabalhos de Prebisch (1950) na CEPAL (Comissão Econômica para América Latina e Caribe). Essa conexão é a base sobre a qual a escola novo-desenvolvimentista brasileira se desenvolveu nos últimos 15 anos (Bresser-Pereira, Oreiro e Marconi, 2015; Oreiro, Martins da Silva e Dávila-Fernandes, 2020).

8.2 Crescimento Puxado pela Demanda Efetiva: a Perspectiva Pós-Keynesiana

Segundo a visão neoclássica sobre o crescimento de longo prazo, os limites ao crescimento são postos pelo lado da oferta da economia (Solow; 1956, 1957). Mais precisamente, o crescimento de longo prazo é limitado ou determinado pelo ritmo de expansão dos estoques de fatores de produção em conjunto com o ritmo, exogenamente determinado, de progresso tecnológico. Dessa forma, a taxa de crescimento de longo prazo da economia é determinada, por intermédio de uma análise de contabilidade de crescimento (*growth accounting)*, pela soma entre a taxa de crescimento do estoque de capital (ponderada pela participação dos ganhos de capital na renda nacional), a taxa de crescimento da força de trabalho (ponderada pela participação dos salários na renda nacional) e pela taxa de crescimento da produtividade total dos fatores de produção, uma medida do ritmo de progresso tecnológico da economia. Dessa forma, temos que:

$$\frac{\dot{Y}}{Y}=\frac{\dot{A}}{A}+\alpha_k\frac{\dot{K}}{K}+\alpha_L\frac{\dot{L}}{L} \quad \textbf{(8.1)}$$

Onde: $\frac{\dot{Y}}{Y}$ é a taxa de crescimento do produto real; $\frac{\dot{A}}{A}$ é a taxa de crescimento da produtividade total dos fatores de produção; $\frac{\dot{K}}{K}$ é a taxa de crescimento do estoque de capital; $\frac{\dot{L}}{L}$ é a taxa de crescimento da força de trabalho; α_k é a participação dos ganhos de capital na renda nacional e α_L é a participação dos salários na renda nacional.

A equação (8.1) foi originalmente desenvolvida por Robert Solow num artigo publicado em 1957. Nesse artigo, Solow tenta quantificar a contribuição da acumulação de capital para o crescimento da economia americana na primeira metade do século XX. Para tanto, Solow supõe a existência de uma função macroeconômica de produção na qual a quantidade produzida num dado período de tempo é uma função da quantidade empregada de capital e de trabalho, de tal forma que *Y = A.F(K,L)*, onde Y é a quantidade produzida de bens e serviços, K é a quantidade empregada de capital, L é a quantidade empregada de trabalho e A é uma variável que representa o "estado das artes" da economia, ou seja, o nível tecnológico existente na economia num dado ponto do tempo. A função F(.) é suposta ser homogênea linear, ou seja, os retornos de escala são tidos como constantes. Por fim, prevalece a concorrência perfeita em todos os mercados, de tal forma que cada fator de produção é remunerado com base na sua produtividade marginal. Daqui se segue que — com base no *Teorema de Euller-Wicksteed* — toda a renda gerada na economia é integralmente gasta na remuneração dos fatores de produção com base em suas produtividades marginais. Não sobra nada da renda agregada para remunerar o esforço de pesquisa e desenvolvimento de novas tecnologias. Nesse contexto, o progresso tecnológico só pode ser tratado como exógeno ao sistema econômico.

Aqui nos defrontamos com a primeira grande dificuldade de qualquer análise do tipo *growth accounting*, a saber: como medir a contribuição do progresso tecnológico para o crescimento de longo prazo num contexto no qual a teoria utilizada para explicar esse crescimento diz que *não há nenhuma explicação econômica para o progresso tecnológico*? No artigo de 1957, Solow contorna esse problema ao tornar a produtividade total dos fatores de produção — ou seja, a taxa de crescimento de A na fórmula apresentada acima — uma variável puramente residual, determinada pela diferença entre a taxa efetiva de crescimento (anual) do produto real e o crescimento do produto real que poderia ser explicado pela acumulação dos fatores de produção, isto é, pela soma da taxa de crescimento do estoque de capital (ponderado pela participação do capital na renda nacional) e pela taxa de crescimento da força de trabalho (ponderado pela participação dos salários na renda nacional). Em outras palavras, o "progresso tecnológico" nos modelos de crescimento *a la* Solow é tão simplesmente uma "medida da nossa ignorância", ou seja, aquela parte do crescimento de longo prazo que não conseguimos explicar por intermédio da acumulação dos fatores de produção. Em tempo: Solow estimou que cerca de 7/8 do crescimento da economia norte-americana na primeira metade do século XX não poderia ser explicado pelo crescimento dos estoques de capital e trabalho. Em outras palavras, 7/8 do crescimento da economia norte-americana da primeira metade do século XX não têm explicação com base na teoria econômica neoclássica!

Daqui se segue que existem sérias dúvidas metodológicas sobre a validade da fórmula de Solow como base para se estimar o crescimento de longo prazo. Na verdade, poderíamos somar a essas dúvidas outros questionamentos advindos do debate que ficou conhecido como a "Controvérsia do Capital". Com efeito, durante a década de 1950, Robinson (1953/54) e Sraffa (1960) levantaram sérios questionamentos a respeito da metodologia utilizada pela Teoria Neoclássica para mensurar o estoque de capital. O argumento fundamental de Robinson e Sraffa é que o valor do estoque de capital não é independente da distribuição funcional da renda entre salários e lucros, de tal forma que não é possível calcular o valor e/ou a taxa de crescimento do estoque de capital de forma independente da participação do capital na renda nacional. Em outras palavras, *não existe nenhuma forma metodologicamente aceitável de se separar a taxa de crescimento do estoque de capital da participação dos lucros na renda.* Nesse contexto, a fórmula de Solow simplesmente não pode ser aplicada em função da incapacidade de se calcular a contribuição do capital para o crescimento econômico de longo prazo.

Podemos fazer também uma crítica externa aos modelos neoclássicos de crescimento. Com efeito, os modelos de crescimento neoclássicos supõem que o limite fundamental ao crescimento de longo prazo é a disponibilidade de fatores de produção. A demanda agregada é relevante apenas para explicar o grau de utilização da capacidade produtiva, mas não tem nenhum impacto direto na determinação do ritmo de expansão da capacidade produtiva. No longo prazo vale a "Lei de Say", ou seja, a oferta (disponibilidade de fatores de produção) determina a demanda agregada.

Mas será verdade que a disponibilidade de fatores de produção é independente da demanda? Comecemos com a disponibilidade de capital. A quantidade existente de capital num dado ponto do tempo — ou melhor, a capacidade produtiva existente na economia — é resultante das decisões passadas de investimento em capital fixo. Daqui se segue que o estoque de capital não é uma constante determinada pela "natureza", mas depende do ritmo no qual os empresários desejam expandir o estoque de capital existente na economia.

Dessa forma, o condicionante fundamental do "estoque de capital" é a decisão de investimento. O investimento, por sua vez, depende de dois conjuntos de fatores: i) o custo de oportunidade do capital (largamente influenciado pela taxa básica de juros controlada pelo Banco Central); ii) as expectativas a respeito do crescimento futuro da demanda por bens e serviços. Nesse contexto, se os empresários anteciparem um crescimento firme da demanda pelos bens e serviços produzidos pelas suas empresas — como é de se esperar no caso de uma economia que esteja apresentando um crescimento forte e sustentável ao longo do tempo —, então eles realizarão grandes investimentos na ampliação da capacidade de produção. Em outras palavras, o investimento se ajusta ao crescimento esperado da demanda, desde que seja atendida uma restrição fundamental, a saber: a taxa esperada de retorno do capital seja maior do que o custo do capital. Sendo assim, atendida a condição acima referida, a "disponibilidade de capital" não pode ser vista como um entrave ao crescimento de longo prazo. É verdade que no curto e médio prazo, a produção não pode aumentar além do permitido pela capacidade física de produção da economia. No longo prazo, contudo, a capacidade de produção pode ser ampliada — por intermédio do investimento em capital físico — de forma a atender a demanda agregada por bens e serviços (Kaldor, 1988).

Uma objeção trivial a essa argumentação é que o investimento depende para a sua realização de "poupança prévia", ou seja, qualquer aumento dos gastos de investimento requer que, previamente à realização deles, haja um aumento da taxa de poupança da economia. Nesse contexto, argumentariam os economistas neoclássicos, a "disponibilidade de capital" se acha limitada pela fração da renda que uma determinada sociedade está disposta a não consumir. A poupança assim definida é determinada pela poupança privada (famílias + empresas), pela poupança do governo e pela poupança externa.

Não é verdade que o investimento necessite de poupança prévia. Com efeito, a realização dos gastos de investimento exige tão somente a criação de liquidez por parte do sistema financeiro. Se os bancos estiverem dispostos a estender as suas linhas de crédito — ainda que de curta maturidade — em condições favoráveis; então será possível que as empresas iniciem a implementação dos seus projetos de investimento, encomendando máquinas e equipamentos aos produtores de bens de capital. Uma vez realizado o gasto de investimento, será criada uma renda agregada de tal magnitude que, ao final do processo, a poupança agregada se ajustará ao novo valor do investimento em capital físico. A poupança assim criada poderá então ser utilizada para o *funding* das dívidas de curto prazo das empresas com os bancos comerciais, ou seja, as empresas poderão — por intermédio de lucros retidos, venda de ações ou colocação de títulos no mercado — *liquidar* as dívidas contraídas com os bancos comerciais quando precisavam de liquidez para implementar seus projetos de investimento. A poupança se ajusta sempre, e de alguma maneira, ao nível de investimento desejado pelos empresários (Carvalho et al., 2000, p. 393-403).

Os entraves à expansão da capacidade produtiva são de natureza financeira, mais especificamente, referem-se ao custo de oportunidade do capital. As empresas estarão dispostas a ajustar o tamanho de sua capacidade produtiva ao crescimento previsto da demanda, desde que a taxa esperada de retorno dos novos projetos de investimento seja superior ao custo de oportunidade do capital. Grosso modo, podemos definir o custo do capital como sendo igual à taxa média de juros que a empresa tem que pagar pelos fundos requeridos pelo financiamento dos seus projetos de investimento. Existem três fontes de fundos para o financiamento dos projetos de investimento, a saber: lucros retidos, endividamento e emissão de ações. Dessa forma, o custo do capital é uma média do custo de cada uma dessas fontes de financiamento ponderada pela participação dela no passivo total da empresa.

O que dizer sobre a disponibilidade de trabalho? Será que a quantidade de trabalho pode ser vista como um obstáculo ao crescimento da produção no longo prazo? Dificilmente a disponibilidade de trabalhadores pode ser vista como um obstáculo ao crescimento. Isso por uma série de razões. Em primeiro lugar, o número de horas trabalhadas, dentro de certos limites, pode aumentar rapidamente como resposta a um aumento do nível de produção. Em segundo lugar, a taxa de participação — definida como o percentual da população economicamente ativa que faz parte da força de trabalho — pode aumentar como resposta a um forte acréscimo da demanda de trabalho. Com efeito, nos períodos nos quais a economia cresce rapidamente, o custo de oportunidade do lazer — medido pela renda "perdida" pelo indivíduo que "escolhe" não trabalhar (jovens, mulheres casadas e aposentados) — tende a ser muito elevado, induzindo um forte crescimento da taxa de participação. Nesse contexto, a taxa de crescimento da força de trabalho pode se acelerar em virtude do ingresso de indivíduos que, nos períodos anteriores, haviam decidido permanecer fora da força de trabalho.

Por fim, devemos ressaltar que a população e a força de trabalho não são um dado do ponto de vista da economia nacional. Isso porque uma eventual escassez de força de trabalho — mesmo que seja de força de trabalho qualificada — pode ser sanada por intermédio da imigração de trabalhadores de países estrangeiros. Por exemplo, países como a Alemanha e a França puderam sustentar elevadas taxas de crescimento durante os anos 1950 e

1960 com a imigração de trabalhadores da periferia da Europa (Espanha, Portugal, Grécia, Turquia e Sul da Itália).

Nas palavras de Kaldor:

> Durante um período mais longo, qualquer setor econômico em que a demanda pelos vários graus e tipos de trabalho ameace exceder a oferta disponível localmente, se tornará um centro de imigração, atraindo mão de obra das vastas reservas das áreas de oferta de mão de obra, que, em condições obtidas agora ou prováveis de obter em um futuro previsível, representam uma fonte ilimitada de mão de obra pronta para se mudar (e ser treinada se necessário) para qualquer setor ameaçado por potencial escassez de mão de obra. O "pleno emprego" de uma região ou país industrial é, portanto, essencialmente um conceito de curto prazo, que ignora a mobilidade a longo prazo da mão de obra e a possibilidade de um aumento da formação que responda à procura da mesma forma que o investimento de capital (Kaldor, 1988, p. 156-157) [Tradução do autor].

O último elemento a ser considerado é o progresso tecnológico. Será que o ritmo de "inventividade" da economia pode ser considerado como uma restrição ao crescimento de longo prazo? Se considerarmos o progresso tecnológico como exógeno, então certamente o crescimento será limitado pelo ritmo no qual a tecnologia é expandida. Contudo, o progresso tecnológico não é exógeno ao sistema econômico. Em primeiro lugar, o ritmo de introdução de inovações por parte das empresas é, em larga medida, determinado pelo ritmo de acumulação de capital; haja vista que a maior parte das inovações tecnológicas é "incorporada" nas máquinas e equipamentos recentemente produzidos (Kaldor, 1957). Dessa forma, uma aceleração da taxa de acumulação de capital — induzida, por exemplo, por uma perspectiva mais favorável de crescimento da demanda — induz um maior ritmo de progresso tecnológico e, portanto, de crescimento da produtividade do trabalho.

Em segundo lugar, aquela parcela *desincorporada* do progresso tecnológico é causada por *economias dinâmicas de escala* como o *learning-by-doing*. Dessa forma, se estabelece uma relação estrutural entre a taxa de crescimento da produtividade do trabalho e a taxa de crescimento da produção, a qual é conhecida na literatura econômica como *lei de Kaldor-Verdoorn*. Nesse contexto, um aumento da demanda agregada, ao induzir uma aceleração da taxa de crescimento da produção, acaba por acelerar o ritmo de crescimento da produtividade do trabalho (Thirlwall, 2002).

Se a disponibilidade de fatores de produção não pode ser vista como uma restrição ao crescimento econômico no longo prazo; então quais são os fatores que limitam o crescimento? Existem dois elementos que podem limitar o crescimento da produção no longo prazo, a saber: a demanda agregada e as condições de financiamento ao investimento produtivo.

No longo prazo, o determinante último da produção é a demanda agregada. Se houver demanda, as firmas responderão por intermédio de um aumento da produção e da capacidade produtiva, desde que sejam respeitadas duas condições: i) a margem de lucro seja suficientemente alta para proporcionar aos empresários a taxa desejada de retorno sobre o capital; ii) a taxa realizada de lucro seja maior do que o custo do capital. Nessas condições, a taxa de crescimento do produto real será determinada pela taxa de crescimento da demanda agregada autônoma, ou seja, pelo crescimento daquela parcela da demanda agregada que é independente do nível e/ou da variação da renda e da produção agregada.

Em economias abertas, os componentes autônomos da demanda agregada são dois, a saber: as exportações e os gastos do governo. Nesse contexto, a taxa de crescimento de longo prazo será uma média ponderada entre a taxa de crescimento das exportações e a taxa de crescimento dos gastos do governo. Os gastos com investimento não são um componente autônomo da demanda agregada, uma vez que a decisão de investimento em capital fixo é fundamentalmente determinada pelas expectativas empresariais a respeito da expansão futura do nível de produção e de vendas em consonância com a assim chamada hipótese do acelerador do investimento (Harrod, 1939). Em outras palavras, o investimento não é uma variável "exógena" do ponto de vista do processo de crescimento, uma vez que ele é induzido pelo crescimento do nível de renda e produção. Sendo assim, o crescimento de longo prazo do nível de renda e produção será uma média ponderada entre a taxa de crescimento das exportações e a taxa de crescimento dos gastos do governo.

Para uma pequena economia aberta que não dispõe de uma moeda aceita como reserva de valor internacional (moeda conversível), a taxa de crescimento das exportações é a variável exógena por excelência. Isso porque, se a taxa de crescimento dos gastos do governo for maior do que a taxa de crescimento das exportações, o produto e a renda doméstica crescerão mais do que as exportações. Se a elasticidade-renda das importações for maior do que um (como é usual em economias abertas), então as importações crescerão mais do que as exportações, gerando um déficit comercial crescente e, provavelmente, insustentável no longo prazo.

8.3 Um Modelo Simples de Crescimento Puxado pela Demanda Agregada

Consideremos uma pequena economia aberta que produz um produto homogêneo, o qual é um substituto imperfeito dos bens produzidos no exterior. A disponibilidade de bens na economia doméstica é dada pela soma entre a produção interna e o valor real das importações. A demanda agregada por bens e serviços, por seu turno, pode ser decomposta em duas partes. Uma primeira parte, que denominaremos de *D*, é constituída por aqueles componentes da demanda induzidos pelo nível de atividade econômica. Na economia em consideração, a demanda induzida será constituída pela soma entre os gastos de consumo e de investimento. A segunda parte, que denominaremos de *A*, é constituída pelos gastos autônomos, ou seja, por aqueles componentes da demanda agregada, em larga medida, independentes do nível de atividade econômica. Como dito na seção anterior, a demanda autônoma é composta pela soma entre os gastos do governo e as exportações.

A condição de equilíbrio no mercado de bens é dada pela seguinte expressão:

$$Y + \theta M = D + A \tag{8.2}$$

Em que: Y é o valor real da produção doméstica; θM é o valor real das importações; $\theta = \frac{EP^*}{P}$ é a taxa real de câmbio; E é a taxa nominal de câmbio (ou seja, o preço da moeda estrangeira em termos da moeda doméstica); P^* é o preço dos bens importados expresso na moeda do país de origem das importações; P é o preço dos bens domésticos; e M é o *quantum* importado.

Para fins de simplicidade de exposição, iremos supor a validade do *Teorema da Paridade do Poder de Compra*, de maneira que $\theta = 1$.

A demanda de consumo é originada inteiramente a partir da massa de salários, ou seja, a propensão a consumir a partir dos lucros é igual a zero[1]. O governo cobra uma alíquota de imposto de renda igual τ sobre os

[1] Para uma explicação com base na economia comportamental a respeito da baixa propensão a poupar das famílias assalariadas, ver Skott (2023, capítulo 3).

rendimentos do trabalho, ao passo que os rendimentos do capital estão isentos de tributação. Dessa forma, a demanda de consumo é dada pela expressão a seguir:

$$C = c_w(1-\tau)(1-\pi)\,Y \tag{8.3}$$

Em que c_w é a propensão a consumir a partir dos salários; π é a participação dos lucros na renda; e C é a demanda de consumo das famílias.

Seguindo Freitas e Serrano (2015), iremos supor que o investimento agregado (I) é totalmente realizado pelo setor privado e induzido pelo nível de atividade econômica.

$$I = hY \tag{8.4}$$

Em que h é a propensão média/marginal a investir.

A demanda autônoma é dada por:

$$A = \bar{G} + \bar{X} \tag{8.5}$$

Em que $\bar{G}$ é o valor real dos gastos de consumo do governo, $\bar{X}$ é o valor real das exportações.

Por fim, iremos supor que o *quantum* importado é inteiramente determinado pelo nível de atividade econômica.

$$M = mY \tag{8.6}$$

Em que m é a propensão média/marginal a importar.

Substituindo as equações (8.3)-(8.6) em (8.2) e resolvendo a resultante para o nível de atividade econômica, temos que:

$$Y = \sigma A \tag{8.7}$$

Em que $\sigma = \frac{1}{s+m-h}$ é o supermultiplicador hicksiano dos gastos autônomos (Hicks, 1950); $s = 1 - c_w(1-\tau)(1-\pi)$ é a propensão média a poupar; $(s+m-h) > 0$ é a condição de estabilidade dos modelos macroeconômicos keynesianos.

Tirando o diferencial total de (8.7) e assumindo σ constante, temos que:

$$dY = \sigma(d\bar{G} + d\bar{X}) \tag{8.8}$$

Dividindo-se (8.8) por Y, temos que:

$$g_y = \alpha g_g + (1-\alpha)g_x \tag{8.9}$$

Em que g_y é a taxa de crescimento do produto real; $\alpha = \frac{\bar{G}}{A}$ é a participação dos gastos do governo na demanda autônoma; g_g é a taxa de crescimento dos gastos de consumo do governo; e g_x é a taxa de crescimento das exportações.

A equação (8.9) mostra que a taxa de crescimento do produto é a média ponderada entre a taxa de crescimento dos gastos de consumo do governo e a taxa de crescimento das exportações, conforme visto na seção anterior.

Para que o crescimento dado pela equação (8.9) seja sustentável no longo prazo, é necessário que a taxa de crescimento da capacidade produtiva se ajuste ao ritmo de expansão da demanda autônoma. A taxa de crescimento do estoque de capital é dada pela seguinte equação:

$$g_k = \frac{h}{v}u - \delta \qquad \textbf{(8.10)}$$

Em que g_k é a taxa de crescimento do estoque de capital; $v = \frac{K}{Y}$ é a relação técnica capital (K)/produto potencial(Y_p)[2]; $u = \frac{Y}{Y_p}$ é o grau de utilização da capacidade produtiva; e δ é a taxa de depreciação do estoque de capital.

A dinâmica do grau de utilização da capacidade produtiva é dada pela diferença entre a taxa de crescimento da produção e a taxa de crescimento da capacidade produtiva, conforme equação (8.11) abaixo:

$$\dot{u} = u(g_Y - g_K) \qquad \textbf{(8.11)}$$

Substituindo (8.9) e (8.10) em (8.11), temos que:

$$\hat{u} = \frac{\dot{u}}{u} = \left[\alpha g_g + (1-\alpha)g_x\right] - \left[\frac{h}{v}u - \delta\right] \qquad \textbf{(8.12)}$$

Seguindo Skott (2010), iremos supor que a taxa de crescimento do estoque de capital irá se acelerar (desacelerar) se o grau de utilização da

2 Ou seja, trata-se da quantidade de capital tecnicamente necessária para produzir uma unidade de produto, supondo que a capacidade produtiva seja plenamente utilizada.

capacidade produtiva estiver acima (abaixo) do *grau normal de utilização da capacidade*[3], ou seja:

$$\frac{dg_k}{dt} = \mu(u - u_n) \tag{8.13}$$

Em que u_n é o grau normal de utilização da capacidade produtiva e $\mu > 0$. Por fim, a dinâmica da participação dos gastos do governo na demanda autônoma é dada por:

$$\hat{\alpha} = (1 - \alpha)[g_g - g_x] \tag{8.14}$$

Uma *trajetória de crescimento balanceado* consiste numa situação em que as variáveis de interesse crescem todas à mesma taxa, de forma que a proporção entre elas seja mantida constante ao longo do tempo. Para a economia em consideração, isso exige que:

$$\hat{\alpha} = \frac{dg_k}{dt} = \hat{u} \tag{8.15}$$

Da equação (8.14), temos então que:

$$g_g = g_x \tag{8.15}$$

3 O grau normal de utilização da capacidade produtiva é definido como o grau de utilização da capacidade que as firmas desejam no longo prazo. Existe, contudo, uma considerável controvérsia a respeito de como o grau normal ou desejado de utilização da capacidade é determinado (Nikiforos, 2013). Kurz (1986) considera que o grau desejado de utilização da capacidade produtiva é definido a partir do problema de minimização de custos por parte da firma num contexto em que ela pode escolher quantos turnos de trabalho (um ou dois) ao longo de cada dia. Nesse contexto, a firma decidirá quantos turnos de trabalho escolherá e, portanto, o grau de utilização da capacidade, que maximiza os seus lucros. Nesse contexto, o grau de utilização desejado dependerá apenas da tecnologia, do custo do capital e do trabalho e do custo relativo entre a jornada diurna e noturna de trabalho, sendo independente da demanda agregada. Skott (1989, p. 53-54), por outro lado, argumenta que o grau desejado de utilização da capacidade produtiva é determinado por razões estratégicas como barreira à entrada de novos competidores, de forma que o grau desejado de utilização da capacidade produtiva torna-se uma função inversa do nível efetivo de utilização da capacidade; pois dado que o custo médio de produção é decrescente com a utilização da capacidade, quanto maior for a capacidade utilizada, maior será a margem de lucro das firmas incumbentes e, portanto, maior o incentivo para a entrada de novas firmas no mercado. No que se segue iremos supor, para fins de simplicidade de exposição, que o grau normal de utilização da capacidade é uma constante exógena.

Em palavras, a trajetória de crescimento balanceado exige que a taxa de crescimento das exportações seja igual à taxa de crescimento dos gastos do governo. Como as exportações são o único componente realmente exógeno da demanda numa economia capitalista (Thirlwall, 2002, p. 53), a taxa de crescimento dos gastos do governo tem de ser tratada como uma variável endógena do sistema ao longo da trajetória de crescimento balanceado. Isso significa que a taxa de crescimento dos gastos do governo precisa se adaptar à taxa de crescimento das exportações, do contrário o crescimento balanceado será impossível. Essa é a *regra fiscal* que se deriva a partir de um modelo de crescimento liderado pela demanda agregada.

Da equação (8.13) temos que:

$$u = u_n \tag{8.17}$$

Substituindo (8.16) e (8.17) e (54) em (8.12), e fazendo $\hat{u} = 0$, obtemos que:

$$h = \frac{(g_x + \delta)v}{u_n} \tag{8.18}$$

A equação (8.18) determina a taxa de investimento compatível com uma trajetória de crescimento balanceado. A taxa de crescimento da capacidade produtiva se ajusta à taxa de crescimento da demanda autônoma, a qual é determinada pela taxa de crescimento das exportações. Nessa equação, constatamos que um aumento da taxa de crescimento das exportações levará a um aumento da taxa de investimento, que é compatível com a trajetória de crescimento balanceado do sistema.

Qual o efeito de um aumento da taxa de crescimento das exportações sobre o equilíbrio no mercado de bens? Para responder a essa pergunta iremos, inicialmente, dividir a equação (8.7) por *K*. Obtemos, então, a seguinte expressão:

$$u_n = v\sigma\alpha_k \tag{8.19}$$

Em que $\alpha_k = \frac{A}{K}$ é a demanda autônoma por unidade de capital.

Na equação (8.19), constatamos que α_k é a única variável endógena. Podemos, então, reescrever essa expressão da seguinte forma:

$$\alpha_k = \frac{u_n}{v\sigma} \tag{8.20}$$

Um aumento da taxa de crescimento das exportações gerará um aumento da taxa de investimento, conforme resultado apresentado na equação (8.18). O aumento da taxa de investimento, por sua vez, resultará em um aumento do valor do supermultiplicador hicksiano, $\sigma = \frac{1}{s+m-h}$. Na transição para a nova trajetória de crescimento balanceado, o estoque de capital crescerá mais rapidamente do que a demanda autônoma. Isso fará com que α_k se reduza até o patamar condizente com o novo nível da taxa de investimento. Dessa forma, as exportações não apenas têm um efeito direto sobre a demanda como também um efeito indireto, ao permitirem que os outros componentes dessa demanda (no caso, o investimento) cresçam mais rapidamente do que ocorreria caso contrário (Thirlwall, 2002, p. 54).

8.4 Crescimento Puxado pelas Exportações: o Modelo Dixon-Thirlwall

A ideia de que o crescimento das exportações é o motor do crescimento de longo prazo de uma economia capitalista, pelo menos para aquelas que não dispõem de moeda conversível, é fundamental no modelo Dixon-Thirlwall (Dixon e Thirlwall, 1979). Pensado originalmente como um modelo para explicar o comércio entre regiões de um mesmo país, e as diferenças observadas nas suas taxas de crescimento, pode ser facilmente estendido para explicar as diferenças observadas nas taxas de crescimento do PIB real de diversos países do mundo.

A estrutura formal do modelo Dixon-Thirlwall consiste no seguinte sistema de equações:

$$\hat{q}_{i,t} = r_t + \alpha_i \hat{Y}_{i,t-1} \tag{8.21}$$

$$\hat{p}_{i,t} = \hat{w}_{i,t} - \hat{q}_{i,t} \tag{8.22}$$

$$\hat{X}_{i,t} = \beta_i(\hat{p}_{w,t} + \hat{e}_t - \hat{p}_{i,t}) + \gamma_i \hat{Y}_{w,t} \tag{8.23}$$

$$\hat{Y}_{i,t} = \lambda_i \hat{X}_{i,t} \tag{8.24}$$

Em que $\hat{q}_{i,t}$ é a taxa de crescimento da produtividade do trabalho do país/região i no período t; $\hat{Y}_{i,t-1}$ é a taxa de crescimento do produto real do país/região i no período t - 1; $\hat{p}_{i,t}$; é a taxa de variação dos preços do país/região i no período t; $\hat{w}_{i,t}$; é a taxa de crescimento dos salários monetários do país i no período t; $\widehat{w}_{i,t}$; é a taxa de crescimento das exportações (em *quantum*) do país/região i no período t; $\hat{p}_{w,t}$ é a taxa de variação dos preços no resto do mundo; $\hat{e}_t$ é a taxa de variação do câmbio nominal (entendido como o preço da moeda estrangeira em termos da moeda local) no período t; $\widehat{Y}_{w,t}$ é a taxa de crescimento do produto do resto do mundo; β_i é a elasticidade-preço das exportações; γ_i é a elasticidade-renda das exportações; e λ_i é o multiplicador das exportações.

A equação (8.21) estabelece a existência de uma relação causal entre a taxa de crescimento do produto real e a taxa de crescimento da produtividade do trabalho, conhecida na literatura como *lei de Kaldor-Verdoorn* (doravante LKV)[4]. De acordo com a LKV, uma aceleração do ritmo de crescimento da produção, principalmente da produção industrial, está associada a um aumento do ritmo de crescimento da produtividade do trabalho. Isso se dá em função da existência de *economias dinâmicas de escala* que decorrem do progresso técnico induzido pela expansão do nível de produção (Setterfield, 1997, p. 48).

Há diversas fontes possíveis de economias dinâmicas de escala. A primeira, enfatizada por Young (1928), consiste na maior especialização do trabalho dentro da firma que decorre do aumento do nível de produção, o que gera um aumento da produtividade do trabalho. A segunda fonte, apontada por Kaldor (1957), se refere aos ganhos de produtividade decorrentes do investimento em novas máquinas e equipamentos, os quais incorporam as novas tecnologias de produção. Nesse caso, o aumento da produção e das vendas pode induzir as empresas a investirem na expansão e modernização do seu equipamento, aumentando assim a produtividade do trabalho. Uma terceira fonte, enfatizada por Schmookler (1966), refere-se à indução da atividade de inovação tecnológica por parte da demanda. Dessa forma, a expansão do nível de produção e vendas resulta num aumento da produtividade do trabalho por incentivar a inovação tecnológica. Por fim, as economias dinâmicas de escala podem ainda resultar, tal como enfatizado por Arrow (1962), do aprendizado a respeito do processo de produção obtido por intermédio da repetição desse processo ao longo do tempo. Nesse caso, o aumento de produtividade é consequência do aprender fazendo (*learning-by-doing*), o qual gera um aumento no conhecimento do processo de produção existente,

---

4 Para evidências empíricas a respeito da validade da LKV, ver Ros (2013, p. 193-196).

e pode levar a um aprimoramento do próprio processo. Nesse contexto, quanto maior for o ritmo de expansão da produção, maior será o acúmulo de aprendizado e, portanto, maior o crescimento da produtividade do trabalho.

A equação (8.22) estabelece que a taxa de variação dos preços dos bens domésticos, ou seja, a taxa de inflação, é igual à diferença entre a taxa de crescimento dos salários monetários e à taxa de crescimento da produtividade do trabalho. Essa equação, por sua vez, é derivada de uma regra de fixação de preços com base em *mark-up* do seguinte tipo:

$$p_{i,t} = \varphi\left(\frac{w_{i,t}}{q_{i,t}}\right) \tag{8.25}$$

Em que $p_{i,t}$ é o preço fixado no país/região *i* no período *t*; $w_{i,t}$ é o salário monetário vigente no país/região *i* no período *t*; $q_{i,t}$ é a produtividade do trabalho no país/região *i* no período *t*; e φ >1 é a taxa de *mark-up*.

Na equação (8.25) estamos considerando que as empresas domésticas atuam em mercados nos quais prevalece a concorrência monopolista ou imperfeita. Nesse contexto, as empresas são capazes de fixar o preço de venda dos seus produtos em um patamar que excede, por certa margem, o custo direto unitário de produção, constituído aqui apenas pelo custo direto unitário do trabalho. Essa margem, conhecida como *mark-up*, depende de fatores estruturais — por exemplo, o grau de concentração das vendas em determinado setor; o nível das barreiras à entrada de novos competidores; o grau de diferenciação entre os produtos — que podem ser tomados como exógenos ao processo de crescimento. Dessa forma, a taxa de *mark-up* pode ser considerada uma constante exógena.

A equação (8.23) apresenta a taxa de crescimento das exportações como uma função da taxa de variação do câmbio real $(\hat{p}_{w,t} + \hat{e}_t - \hat{p}_{i,t})$ e da taxa de crescimento da renda do resto do mundo $\hat{Y}_{w,t}$. Essa equação é, por seu turno, derivada de uma função de exportações do seguinte tipo:

$$X_{i,t} = \left(\frac{e_t p_{w,t}}{p_{i,t}}\right)^{\beta_i} \left[Y_{w,t}\right]^{\gamma_i} \tag{8.26}$$

Em que $X_{i,t}$ é o *quantum* exportado pelo país/região *i* no período *t*; e_t é a taxa nominal de câmbio no período *t*; $p_{w,t}$ é o preço dos bens produzidos no resto do mundo, medidos na sua própria moeda, no período *t*; e $Y_{w,t}$ é a renda do resto do mundo.

Na equação (8.26), observamos que o *quantum* exportado é uma função da taxa real de câmbio $\theta = \left(\frac{e_t p_{w,t}}{p_{i,t}}\right)$, que mede o preço dos bens produzidos no resto do mundo em termos do preço dos bens domésticos e da renda do resto do mundo. Dessa forma, um aumento das quantidades embarcadas para exportação pode resultar tanto da desvalorização do câmbio real (um aumento dos preços dos bens do resto do mundo relativamente aos preços dos bens domésticos), como de um aumento da renda do resto do mundo.

Por fim, a equação (8.24) estabelece que a taxa de crescimento do produto é determinada pela taxa de crescimento da demanda autônoma, constituída apenas pelas exportações.

Vamos proceder agora à resolução do modelo. Inicialmente, substituiremos a equação (8.21) em (8.22), obtendo assim a seguinte expressão:

$$\hat{p}_{i,t} = \widehat{w}_{i,t} - r_t - \alpha_i \widehat{Y}_{i,t-1} \qquad \textbf{(8.27)}$$

Na sequência, substituiremos a equação (8.27) em (8.23), obtendo:

$$\widehat{X}_{i,t} = \beta_i\left(\hat{p}_{w,t} + \hat{e}_t - \widehat{w}_{i,t} - r_t + \alpha_i \widehat{Y}_{i,t-1}\right) + \gamma_i \widehat{Y}_{w,t} \qquad \textbf{(8.28)}$$

Por fim, substituiremos (8.28) em (8.24). Após os algebrismos necessários chegamos à seguinte expressão:

$$\widehat{Y}_{i,t} = \lambda_i \beta_i \alpha_i \widehat{Y}_{i,t-1} + \lambda_i \beta_i\left(\hat{p}_{w,t} + \hat{e}_t - \widehat{w}_{i,t} - r_t\right) + \lambda_i \gamma_i \widehat{Y}_{w,t} \qquad \textbf{(8.29)}$$

Na equação (8.29) observamos que a taxa de crescimento do produto do país/região *i* no período *t* depende: *i)* do crescimento observado no período anterior; *ii)* da variação do câmbio real; e *iii)* da taxa de crescimento da renda do resto do mundo.

A taxa de inflação do resto do mundo é determinada de maneira análoga à taxa de inflação doméstica, ou seja, é resultante da diferença entre a taxa de variação dos salários e a taxa de crescimento da produtividade do trabalho. Sem perda de generalidade, assumiremos que o termo constante da LKV para o resto do mundo é igual ao termo constante para a economia doméstica. Nesse contexto, temos que:

$$\hat{q}_{w,t} = r_t + \alpha_w \widehat{Y}_{w,t-1} \qquad \textbf{(8.30)}$$

$$\hat{p}_{w,t} = \widehat{w}_{w,t} - \hat{q}_{w,t} \qquad \textbf{(8.31)}$$

Substituindo (8.30) em (8.31), chegamos à expressão final para a taxa de inflação no resto do mundo:

$$\hat{p}_{w,t} = \hat{w}_{w,t} - r_t - \alpha_w \hat{Y}_{w,t-1} \quad \textbf{(8.32)}$$

Iremos agora substituir a expressão (8.32) em (8.29), de forma a obter a seguinte expressão:

$$\hat{Y}_{i,t} = \lambda_i \beta_i \alpha_i \hat{Y}_{i,t-1} + \lambda_i \beta_i \left[\left(\hat{w}_{w,t} - \hat{w}_{i,t} \right) + \hat{e}_t - \alpha_w \hat{Y}_{w,t-1} \right] + \lambda_i \gamma_i \hat{Y}_{w,t} \quad \textbf{(8.33)}$$

Na equação (8.33), constatamos que o crescimento do produto do país/região *i* é negativamente afetado pelo diferencial entre a inflação salarial doméstica e a inflação salarial no resto do mundo. Em outros termos, se os salários nominais estiverem crescendo mais rapidamente na economia doméstica do que no resto do mundo, então o resultado será uma perda de competitividade da economia doméstica. Isso se deve à apreciação da taxa real de câmbio, a qual resultará em queda do ritmo de crescimento das exportações, fazendo com que o ritmo de expansão da demanda autônoma diminua e, com ele, o crescimento da produção doméstica.

Tal como argumentamos na seção 8.2, uma das formas pelas quais a oferta de mão de obra pode ser tornar ilimitada é por intermédio da imigração de trabalhadores. Se não existirem obstáculos *à mobilidade internacional da força de trabalho*, então o diferencial entre a inflação salarial doméstica e do resto do mundo deve ser igual a zero — ou seja, os salários nominais deverão crescer a uma mesma taxa em todos os países, de tal forma que $\left(\hat{w}_{w,t} - \hat{w}_{i,t} \right) = 0$.

Consoante com a versão original do modelo Dixon-Thirlwall, vamos supor que a taxa nominal de câmbio é constante ao longo do tempo. Ou seja, prevalece um regime de câmbio fixo na economia em consideração. Dessa forma, chegamos à seguinte expressão:

$$\hat{Y}_{i,t} = \lambda_i \beta_i \alpha_i \hat{Y}_{i,t-1} + \lambda_i \gamma_i \hat{Y}_{w,t} \quad \textbf{(8.34)}$$

Na equação (8.34), observamos que a taxa de crescimento do produto no país/região *i* no período *t* depende do crescimento ocorrido no período anterior e da taxa de crescimento da renda do resto do mundo.

O modelo Dixon-Thirlwall é uma formalização dos processos de *causalidade circular e cumulativa em economia*. A causalidade circular e cumulativa ocorre em sistemas nos quais existe um efeito de autoalimentação positiva entre as variáveis, ou seja, temos uma situação em que X causa Y e Y causa X. No modelo Dixon-Thirlwall, a causalidade circular e cumulativa se expressa da seguinte forma.

Supondo um aumento exógeno da taxa de crescimento das exportações, haverá um aumento da taxa de crescimento do produto doméstico devido ao efeito multiplicador das exportações; um aumento da taxa de crescimento do produto dará ensejo a um aumento da taxa de crescimento da produtividade do trabalho devido à LKV; um aumento da taxa de crescimento da produtividade do trabalho fará com que a inflação doméstica se reduza relativamente à inflação do resto do mundo, resultando numa aceleração do ritmo de depreciação da taxa real de câmbio, o qual induzirá um novo aumento da taxa de crescimento das exportações, dando origem a uma nova rodada de efeitos de autoalimentação.

Para que a causalidade circular e cumulativa não gere uma dinâmica potencialmente explosiva para a taxa de crescimento do produto doméstico, é necessário que $\lambda_i \beta_i \alpha_i < 1$. Se essa condição for atendida, então é possível definir uma *trajetória de crescimento em estado estável* (não uma trajetória de crescimento balanceado), na qual as taxas de crescimento das variáveis endógenas devem ser constantes ao longo do tempo, mas não necessariamente iguais entre si. Para tanto, consideremos que $\hat{Y}_{i,t} = \hat{Y}_{i,t-1} = g$; $\hat{Y}_{w,t} = g_w$. Dessa forma, a expressão final para a taxa de crescimento do produto do país/região *i* ao longo da trajetória de crescimento em estado estável é dada por:

$$g = \frac{\lambda_i(\gamma_i - \beta_i \alpha_w)}{(1 - \lambda_i \beta_i \alpha_i)} g_w \quad \textbf{(8.35)}$$

Na equação (8.35), constatamos que a taxa de crescimento do produto doméstico ao longo de uma trajetória de crescimento em estado estável depende da taxa de crescimento do resto do mundo e dos parâmetros estruturais da economia.

Um resultado importante do modelo Dixon-Thirlwall, é a possibilidade de *desenvolvimento desigual*, entendido como uma situação na qual as taxas de crescimento do PIB e do PIB per capita apresentam diferenças sistemáticas no longo prazo. Esse resultado é compatível com o padrão histórico observado após a Revolução Industrial ocorrida a partir de meados do século XVIII na Inglaterra, no qual a dispersão da renda per capita a nível mundial observou um processo de crescimento contínuo, fenômeno esse denominado por Pomeranz (2000) de "A Grande Divergência" (Ros, 2013, capítulo 1).

Nos termos da equação (8.35), o desenvolvimento desigual consiste numa situação em que $g < g_w \leftrightarrow \frac{\lambda_i(\gamma_i - \beta_i\alpha_w)}{(1-\lambda_i\beta_i\alpha_i)} < 1 \leftrightarrow \lambda_i < \frac{1}{\gamma_i + \beta_i(\alpha_i - \alpha_w)} = \lambda^c$, ou seja, se o multiplicador das exportações do i-ésimo país for menor que um certo valor crítico λ^c, então a taxa de crescimento do produto e da renda deste país será menor do que o crescimento do resto do mundo. O leitor deve observar que o valor crítico do multiplicador das exportações é uma função inversa dos valores das elasticidades renda e preço do i-ésimo país e da diferença entre o coeficiente LKV desse país com respeito ao coeficiente LKV do resto do mundo. Esses parâmetros refletem a estrutura produtiva da economia, em particular o grau de diversidade e intensidade tecnológica da pauta de exportações (refletido nas elasticidades renda e preço das exportações) e da participação da indústria de transformação no PIB (que se reflete em termos de um valor maior para o coeficiente LKV, dado que a indústria de transformação é o lócus dos retornos crescentes de escala). Dessa forma, a capacidade das exportações de impulsionarem o crescimento de longo prazo depende criticamente da estrutura produtiva da economia ou da composição setorial da oferta agregada. O modelo Dixon-Thirlwall apresenta assim uma generalização do princípio da demanda efetiva apresentado no capítulo 2 deste livro, pois não apenas estende esse princípio para o longo prazo marshalliano, no qual o estoque de capital é variável, como também mostra a importância da interação entre demanda e oferta para o crescimento econômico.

8.5 Restrição Externa ao Crescimento de Longo Prazo: os Modelos Pós-Keynesianos de Crescimento com Restrição de Balanço de Pagamentos

No contexto dos modelos pós-keynesianos de crescimento, o equilíbrio do balanço de pagamentos como restrição externa ao crescimento de longo prazo foi pioneiramente analisado por Thirlwall (1979). O conceito de taxa de crescimento de equilíbrio do balanço de pagamentos foi desenvolvido por esse autor a partir da constatação de que os modelos de crescimento de causalidade cumulativa liderado pelas exportações, apresentados na seção anterior, nos quais a taxa de crescimento da demanda de exportações é o motor fundamental do crescimento econômico de longo prazo, são incompletos por não incluírem em sua estrutura analítica formal uma condição de equilíbrio do balanço de pagamentos. Dessa forma, a depender do valor da elasticidade renda das importações, uma trajetória de crescimento acelerado puxado por um forte ritmo de expansão das exportações pode gerar um déficit comercial crescente ao induzir um crescimento insustentável das importações. Sendo assim, define-se a taxa de crescimento de equilíbrio do balanço de pagamentos como:

> [...] A taxa de crescimento compatível com o equilíbrio da balança corrente da balança de pagamentos, assumindo que os déficits não podem ser financiados para sempre e que a dívida tem de ser reembolsada. (Thirlwall, 2001, p. 81-82) [Tradução do autor]

Uma formalização simples do conceito de taxa de crescimento de equilíbrio do balanço de pagamentos pode ser obtida em Atesoglu (1997), sendo reproduzida a seguir.

Considere uma economia descrita pelo seguinte sistema de equações:

$$Log\ M_t + Log\ P_{m,t} = Log\ X_t + Log\ P_{x,t} \tag{8.36}$$

$$Log\ M_t = \pi\ Log\ Y_t + \varphi\left(Log\ P_{x,t} - Log\ p_{m,t}\right) \tag{8.37}$$

Onde: M_t é o *quantum* importado no período t; X_t é o *quantum* exportado no período t; Y_t é o produto real doméstico no período t; $P_{m,t}$ é o preço dos bens importados no período t; $P_{x,t}$ é o preço dos bens exportados no período t; π é a elasticidade-renda das importações; φ é a elasticidade-preço das importações.

A equação (8.36) apresenta a condição de equilíbrio do balanço de pagamentos na ausência de fluxos de capitais externos. Por sua vez, a equação (8.37) apresenta o *quantum* importado como uma função da renda doméstica e dos termos de troca. Deve-se destacar que, por simplicidade, assume-se a taxa de câmbio como fixa e igual a um.

Substituindo (8.36) em (8.37), obtemos a seguinte equação:

$$\pi\ Log\ Y_t + (\varphi - 1)\left[Log\ P_{x,t} - LogP_{m,t}\right] = Log\ X_t \tag{8.38}$$

Segundo Thirlwall e Dixon (1979, p. 184), no "longo prazo os preços relativos de bens estrangeiros e domésticos medidos em uma moeda comum provavelmente permanecerão inalterados"[5], ou seja, os termos de troca devem permanecer constantes (Dutt, 2003, p. 318). Sendo assim, podemos assumir que $[Log\ P_{x,t} = LogP_{m,t}]$ (Atesoglu, 1997, p. 331). Isso posto, a equação (8.38) se reduz à seguinte expressão:

$$Log\ Y_t = \frac{1}{\pi} LogX_t \quad \textbf{(8.39)}$$

A equação (8.39) apresenta o produto real doméstico como uma função do *quantum* exportado pela economia no período *t;* uma relação conhecida como o *multiplicador do comércio exterior de Harrod*, o qual é similar ao *multiplicador do investimento* visto no capítulo 3.

Diferenciando a equação (8.39) com respeito ao tempo, e supondo que a taxa de crescimento das exportações é dada por $x = \frac{\dot{X}}{X} = \varepsilon z$, onde ε é a elasticidade renda das exportações e z é a taxa de crescimento da renda/produção do resto do mundo, temos que:

$$g^{BP} = \frac{\dot{Y}}{Y} = \left(\frac{\varepsilon}{\pi}\right) z \quad \textbf{(8.40)}$$

Onde: g^{BP} é a taxa de crescimento do produto, compatível com o equilíbrio do balanço de pagamentos.

A equação (8.40) pressupõe que a mobilidade internacional de capitais é igual a zero de forma que os países não podem se endividar para financiar os déficits em conta corrente. A extensão do modelo de Thirlwall para uma economia com fluxos de capitais foi feita, entre outros, por Moreno-Brid (1998–1999). No modelo de Moreno-Brid, admite-se a existência de fluxos internacionais de capitais, mas a dinâmica do endividamento externo tem

---

5 A *racionale* dessa hipótese é que os termos de troca não podem mudar indefinidamente na mesma direção, pois isso colocaria um país num estado economicamente inviável num prazo finito de tempo. A valorização contínua dos termos de troca, por exemplo, faria com que o país beneficiário dessa valorização fosse capaz de comprar toda a produção mundial com apenas uma unidade de produto de exportação. Por outro lado, a desvalorização contínua dos termos de troca seria equivalente à destruição completa da capacidade produtiva: o valor do PIB em termos dos bens produzidos no resto do mundo seria igual a zero. Está claro que isso não impede a ocorrência de períodos longos de valorização ou desvalorização dos termos de troca, mas tais situações descrevem uma trajetória de crescimento não balanceada.

que atender a condição de solvência externa de longo prazo. Em particular, o modelo desenvolvido por esse autor assume que a relação entre o déficit em conta corrente e a renda doméstica deve permanecer constante no longo prazo para que o país seja solvente do ponto de vista de suas contas externas. Nesse contexto, admitindo-se que os termos de troca são constantes no longo prazo, a taxa de crescimento do produto compatível com o equilíbrio de longo prazo do balanço de pagamentos é dada pela seguinte expressão (McCombie e Roberts, 2002):

$$g^{BP} = \frac{\varepsilon\theta}{\pi - (1-\theta)} \tag{8.41}$$

Onde: θ é a razão entre o valor inicial das exportações e o valor inicial das importações.

Observemos que θ pode ser expresso, alternativamente, como a razão entre a receita de exportações e a soma entre o déficit em conta corrente (M-X) e as exportações. Sendo assim, temos que:

$$\theta = \frac{X}{(M-X)+X} = \frac{\left(\frac{X}{Y}\right)}{\left(\frac{M-X}{Y}\right)+\left(\frac{M}{Y}\right)} = \frac{x_y}{cc + x_q} \tag{8.42}$$

Onde: x_y é a participação das exportações na renda doméstica e cc é o déficit em conta-corrente como proporção do PIB.

A título de exemplo, consideremos que a elasticidade renda das importações, π, é igual a 1.5, que as exportações correspondam a 30% da renda doméstica e que a taxa de crescimento das exportações — igual ao produto entre a elasticidade renda das exportações e a taxa de crescimento da renda do resto do mundo — é igual a 4% a.a. Nesse caso, se a conta de transações corrente estiver em equilíbrio (ou seja, se cc =0), então a taxa de crescimento do produto doméstico compatível com o equilíbrio do balanço de pagamentos será de 2,67% a.a.; ao passo que se o déficit em conta corrente como proporção do PIB for de 2%, a taxa de crescimento de equilíbrio do balanço de pagamentos será reduzida para 2,5% a.a. Isso significa que a abertura da conta de capitais do balanço de pagamentos, ao contrário do que se espera com base no senso comum, reduz a taxa de crescimento do produto, compatível com o equilíbrio do balanço de pagamentos; caso os *fluxos de capitais externos não sejam capazes de promover uma mudança estrutural na economia*, alterando a razão entre as elasticidades renda das exportações e das importações. A poupança externa, não acompanhada por mudança estrutural, tem impacto negativo, ao invés de positivo, sobre o crescimento de longo prazo (Bresser-Pereira, Oreiro e Marconi, 2015, p. 35).

8.6 Limitações e Aperfeiçoamentos dos Modelos de Crescimento com Restrição de Balanço de Pagamentos

Os modelos de crescimento com restrição de balanço de pagamentos (doravante MCRBP), que apresentamos na seção anterior, possuem duas falhas fundamentais. Em primeiro lugar, desconsideram totalmente o mecanismo de causação cumulativa, tão relevante para os modelos de causalidade cumulativa liderada pelas exportações, de inspiração kaldoriana, que apresentamos na seção 8.4. De fato, assumindo termos de troca constantes, os ganhos de produtividade induzidos pelo crescimento econômico não têm efeito sobre a dinâmica do sistema, de tal forma que se tornam irrelevantes. No entanto, neste caso, o sistema não possui mais nenhum mecanismo de ajuste entre oferta e demanda agregada. Essa deficiência foi observada por Palley (2002), para quem o MCRBP seria inconsistente na medida em que apenas em uma "feliz coincidência" seria possível a igualdade entre a taxa de crescimento compatível com o equilíbrio de pagamentos e a taxa natural de crescimento, ou seja, aquela que mantém a taxa de desemprego constante ao longo do tempo. Dessa forma, o MCRBP não é, em geral, compatível com uma trajetória de crescimento balanceada.

Em segundo lugar, os MCRBP negligenciaram totalmente a relação entre a taxa de câmbio real e o crescimento a longo prazo. Uma das razões para isso é o chamado *paradoxo de Kaldor*. Embora Kaldor (1971, p. 7) tenha apoiado precocemente a ideia de que "[O] principal fator autônomo que rege tanto o nível quanto a taxa de crescimento da demanda efetiva de um país industrial com grande participação das exportações em sua produção total e das importações em seu consumo é a *demanda externa* por suas exportações: e o principal fator que rege esta última é *a competitividade internacional*, que por sua vez depende do nível de seu custo industrial em relação a outros exportadores industriais" [Tradução do autor]; mais tarde ele mudou de ideia ao constatar que, por longos períodos de tempo, observa-se uma relação positiva entre a participação relativa das exportações de manufaturados dos países industriais e a razão entre os custos unitários do trabalho em suas respectivas indústrias de transformação (Boggio e Barbieri, 2016, p. 2); ou seja, uma maior participação das exportações de manufaturados no agregado das exportações dos países industriais está associada a um custo unitário do trabalho na indústria de transformação mais alto relativamente a dos demais países. Essa observação parece mostrar que, mesmo para economias abertas o crescimento pode ser liderado pelos salários (Ibid., p. 2) e, portanto, a competitividade-preço pode não ser importante, ou talvez até mesmo ter efeito negativo, para o crescimento a longo prazo.

A segunda razão é dada por Thirlwall e Dixon (1979), que argumentam que o crescimento das exportações não pode ser afetado pelo nível de taxa de câmbio real ou, em suas palavras, "na diferença absoluta entre os preços nacionais e estrangeiros" (p. 177); mas apenas pela diferença entre a taxa de variação dos preços domésticos e os preços externos (p. 177-178), que é a taxa de variação da taxa de câmbio real. Embora os autores reconheçam explicitamente que uma depreciação da taxa de câmbio nominal é capaz de aumentar a taxa de crescimento da produção real compatível com o equilíbrio do equilíbrio de pagamentos, uma vez que *a condição Marshall-Lerner provavelmente será satisfeita na maioria dos países* (p. 184-185); eles argumentam que uma "[A] melhoria da taxa de crescimento só pode ser de uma vez por todas, a menos que a depreciação seja contínua" (p. 183) [Tradução do autor], o que significa que, para aumentar a produção, os formuladores de política econômica devem aumentar a taxa de depreciação nominal da taxa de câmbio em vez de fazer uma depreciação do tipo *once-and-for-all* do nível de taxa de câmbio nominal. No entanto, uma mudança contínua nos preços relativos de bens domésticos e bens estrangeiros é claramente insustentável no longo prazo: a taxa de câmbio real não pode mudar para sempre em uma direção ou outra; ela deve atingir algum nível de equilíbrio.

Quanto ao nível de equilíbrio da taxa de câmbio real, Thirlwall e Dixon (1979) sugerem que ela pode ser dada pela lei do preço único (p. 184); ou, em outras palavras, pela versão forte do Teorema da Paridade do Poder de Compra (PPC), segundo o qual a taxa de câmbio real no longo prazo é constante e igual a um. Outra possibilidade é que, no longo prazo, todas as mudanças na taxa de câmbio nominal gerem aumentos exatamente proporcionais na taxa de variação dos preços domésticos, de modo que a taxa de câmbio real permaneça inalterada; mas, neste caso, o nível de equilíbrio da taxa de câmbio real é indeterminado pelo modelo proposto pelos autores.

Sobre a primeira falha do modelo, que se refere ao problema de ajustar a taxa de crescimento compatível com o equilíbrio do balanço de pagamentos e a taxa natural de crescimento, existem duas soluções possíveis. A primeira, que parece ser a adotado por Thirlwall (2002), é argumentar que a taxa de crescimento natural é endógena no longo prazo devido à combinação da lei de Kaldor-Verdoorn, que faz da taxa de crescimento da produtividade uma função do crescimento da produção, com uma oferta elástica de trabalho a longo prazo. Tornar o crescimento da produtividade uma variável endógena, no entanto, pode funcionar como um mecanismo de ajuste entre a taxa de crescimento compatível com o equilíbrio do balanço de pagamentos e a taxa natural de crescimento; mas ao preço de tornar o crescimento de longo prazo determinado pelas condições de oferta da economia (Oreiro, 2016; Blecker e Setterfield, 2019, p. 492).

Uma oferta elástica de mão de obra no longo prazo, por outro lado, só faz sentido para economias duais no sentido de Lewis (1954), não para economias maduras, onde toda a força de trabalho já foi transferida da subsistência para o setor moderno. Isso nos deixa com a única solução possível que é assumir a existência de uma oferta ilimitada de mão de obra, o que é o mesmo que assumir que o crescimento nunca é limitado pelo tamanho e/ou pela taxa de crescimento da força de trabalho. Neste caso, porém, os MCRBP só podem ser aplicados para economias duais.

Quanto à questão do nível de equilíbrio de longo prazo da taxa de câmbio real, não parece plausível assumir a validade da lei do preço único, uma vez que significa assumir que os bens negociáveis são homogêneos em todo o mundo. A diferenciação do produto pela qualidade, design e conteúdo tecnológico é uma característica importante da competitividade não preço das exportações manufatureiras, dando aos produtores alguma discrição sobre os preços estabelecidos para seus próprios produtos. Produtos industriais de alta qualidade ou alta tecnologia podem ser vendidos a preços mais altos nos mercados internacionais sem necessariamente prejudicar a taxa de crescimento das exportações. Produtos manufaturados de baixa qualidade ou de baixa intensidade tecnológica têm que ser vendidos com desconto para que os produtores de tais bens não sejam eliminados dos mercados internacionais. Isso significa que há algum nível de taxa de câmbio real que faz com que a participação das exportações de manufaturados de cada país no agregado das exportações mundiais de manufaturados seja constante ao longo do tempo. Em outras palavras, o equilíbrio real da taxa de câmbio para um país será o nível de taxa de câmbio real para o qual suas exportações de produtos manufaturados estão crescendo no mesmo ritmo das exportações mundiais de manufaturados. Esse conceito é similar ao que a Escola Novo-Desenvolvimentista Brasileira denominou de "taxa de câmbio de equilíbrio industrial" (Bresser-Pereira, Oreiro e Marconi, 2015, capítulo 7).

Algumas dessas deficiências nos modelos MCRBP são abordadas por Santana e Oreiro (2018), que desenvolveram um modelo de crescimento kaldoriano que (i) incorpora a restrição de equilíbrio de pagamentos, eliminando a inconsistência apresentada anteriormente; (ii) estabelece um mecanismo pelo qual o nível da taxa de câmbio real pode afetar o crescimento a longo prazo das economias capitalistas.

O modelo de Santana e Oreiro (2018) incorpora algumas inovações introduzidas por Oreiro (2009) na estrutura dos modelos de causalidade cumulativa liderado pelas exportações, como a condução da política monetária em um Regime de Metas de Inflação, taxa de juros nominal determinada por uma regra de Taylor, regime cambial flutuante e mobilidade imperfeita de capitais. Ao contrário do modelo de Oreiro (2009), porém, o modelo de Santana e Oreiro (2018) assume uma restrição de equilíbrio de pagamentos em que a taxa de crescimento das entradas de capitais internacionais é uma função positiva do diferencial entre a taxa de juros doméstica e a taxa de juros internacional acrescida do prêmio de risco do país. Nesse contexto, o diferencial entre as taxas de juros doméstica e internacional (mais o prêmio de risco) também determinará a taxa de depreciação (ou apreciação) da taxa de câmbio nominal.

Outra inovação importante introduzida no modelo, foi a hipótese de que o coeficiente Kaldor-Verdoorn — que captura a sensibilidade da taxa de crescimento da produtividade do trabalho em relação à taxa de crescimento da produção real — depende da participação da indústria de transformação no PIB. Essa hipótese permitiu introduzir no modelo a possibilidade de *mudança estrutural*, entendida como um processo dinâmico pelo qual a participação da indústria de transformação muda ao longo do tempo. Dessa forma, foi possível analisar as propriedades dinâmicas do modelo, tanto no caso em que a estrutura produtiva é mantida constante (caso sem mudança estrutural), quanto em uma situação em que muda devido a algum processo econômico (caso de mudança estrutural).

A mudança estrutural, por sua vez, é induzida pelo *desalinhamento cambial*, ou seja, pela diferença entre o valor real da taxa de câmbio real e o nível da taxa de câmbio real que corresponderia ao *equilíbrio industrial*, ou seja, o nível cambial em que as empresas nacionais que utilizam tecnologias de ponta são competitivas nos mercados internacionais (Bresser-Pereira, Oreiro e Marconi, 2015).

8.7 Reprise das Conclusões

Ao longo deste capítulo abordamos os modelos de crescimento liderado pela demanda agregada que têm por base a extensão do princípio da demanda efetiva para o longo prazo marshalliano. Um traço comum a esses modelos é que, para pequenas economias abertas que não possuem moeda conversível, o crescimento é necessariamente determinado pelas exportações. O lado da oferta da economia não é, contudo, irrelevante. Com efeito, tanto nos modelos de causalidade circular e cumulativa como nos modelos de crescimento com restrição de balanço de pagamentos, a estrutura produtiva definida em termos da diversificação e sofisticação da pauta de exportações e da participação da indústria de transformação no PIB são fundamentais na determinação da taxa de crescimento que é sustentável no longo prazo. Dessa forma, tais modelos constituem na generalização do princípio da demanda efetiva elaborado por Keynes na sua Teoria Geral do Emprego, do Juro e da Moeda.

8.8 Questões para Discussão

- **1ª Questão**: Considere a seguinte afirmação: "Se o crescimento econômico de longo prazo for determinado pelas condições de demanda, então o desenvolvimento é uma tarefa muito simples: basta adotar uma política fiscal expansionista". Você concorda com essa afirmação? Por quê?
- **2ª Questão** (Resistência dos salários reais e causalidade circular e cumulativa): Considere o modelo kaldoriano desenvolvido na seção 8.4 deste capítulo. Suponha agora que os bens importados

fazem parte da cesta de consumo dos trabalhadores de tal forma que o salário real do ponto de vista dos consumidores é dado por:

$$\omega_{i,t}^{c} = \frac{w_{i,t}}{p_{i,t}^{\delta}\left(e_t p_{w,t}\right)^{\varepsilon}}$$

Onde: $\omega_{i,t}^{c}$ é o salário real do ponto de vista do consumidor na região i e no período t, $w_{i,t}$ é o salário nominal fixado nas negociações coletivas da região i e no período t, $p_{i,t}$ é o nível de preços dos bens domésticos da região i e no período t, $p_{w,t}$ é o nível de preços internacional no período t, e_t é a taxa nominal de câmbio no período t.

Pede-se:

a. Mostre que o impacto de uma desvalorização do câmbio sobre a taxa de crescimento das exportações é uma função decrescente em ε.

b. Derive a taxa de crescimento em estado estável da renda da região (como função da renda do resto do mundo).

c. Com base no resultado obtido no item anterior, avalie o impacto da "resistência de salário real" sobre o crescimento de longo prazo. Em outras palavras, calcule $\frac{\partial g}{\partial \varepsilon}$.

d. A resistência do salário real pode acentuar o problema do desenvolvimento desigual? Por quê?

3ª Questão: Considere a seguinte afirmação: "Mudanças na taxa de câmbio de equilíbrio não têm qualquer efeito sobre o crescimento econômico de longo prazo". Você concorda ou discorda dessa afirmação? Por quê?

REFERÊNCIAS BIBLIOGRÁFICAS

AMADEO, E. J. (1989). *Keynes's Principle of Effective Demand*. Edward Elgar: Aldershot.

AMADEO, E. J. (1982). *Desemprego, Salários e Preços: um estudo comparativo de Keynes e do pensamento econômico da década de 1970.* VI Prêmio BNDES de Economia. Rio de Janeiro.

ARROW, K. (1962). "Economic Welfare and the Allocation of Resources for Invention". *In*: *The Rate and Direction of Inventive Activity: Economic and Social Factors, National Bureau of Economic Research*, p. 609-626.

ASIMAKOPOULOS, A. (1991). *Keynes's General Theory and Accumulation*. Cambridge: Cambridge University Press.

ATESOGLU, H. S. (1997). "Balance of Payments-Constrained Growth Model and Its Implications for the U.S". *Journal of Post Keynesian Economics*, 19(3).

BIBOW, J. (1995). "Some Reflections on Keynes's Finance Motive for the Demand for Money". *Cambridge Journal of Economics*, vol. 19, n. 5, p. 647-666.

BLANCHARD, O. (2011). *Macroeconomia*. 5ª Edição. São Paulo: Pearson.

BLANCHARD, O.; SUMMERS, L. (2019). *Evolution or Revolution: Rethinking Macroeconomic Policy After the Great Recession*. Cambridge: MIT Press.

BLECKER, R.; SETTERFIELD, M. (2019). *Heterodox Macroeconomics: Models of distribution and Growth.* Aldershot: Edward Elgar.

BLINDER, A. (1988). "Keynes, Lucas and Scientific Progress". *American Economic Review*, 77, p. 130-136.

BOGGIO, L.; BARBIERI, L. (2016). "International competitiveness in post-Keynesian growth theory: controversies and empirical evidence". *Cambridge Journal of Economics*, 41(1), p. 25-47.

BOHN-BAWERK, E. V. (1986). *A Teoria Positiva do Capital*. São Paulo: Nova Cultural. [Edição Original: 1888].

BRANSON, W. (1989). *Macroeconomic Theory and Policy*. Nova York: Harper & Row.

BRESSER-PEREIRA, L. C.; OREIRO, J. L; MARCONI, N. (2015). *Developmental Macroeconomics: new developmentalism as a growth strategy*. Londres: Routledge.

CARLIN, W.; SOSKICE, D. (2015). *Macroeconomics: Institutions, Instability, and the Financial System*. Oxford: Oxford University Press.

CARVALHO, F. C. (2020). *Keynes e os Pós-Keynesianos: Princípios de Macroeconomia para uma economia monetária de produção*. Rio de Janeiro: Alta Books.

CARVALHO, F. C. (2015). *Liquidity Preference and Monetary Economies*. Londres: Routledge.

CARVALHO, F. C. (1999). "On banks' liquidity preference". *In*: DAVIDSON, P.; KREGEL, J. (eds.). *Full Employment and Price Stability in a Global Economy*. Cheltenham: Edward Elgar.

CARVALHO, F. C. (1994). "Sorting the Issues Out: the two debates (1936/37; 1983/86) on Keynes's finance motive revisited". *Anais do XXII Encontro Nacional de Economia*. Florianópolis.

CARVALHO, F. C. (1992). *Mr Keynes and the Post Keynesians: Principles of Macroeconomics for a Monetary Production Economy*. Aldershot: Edward Elgar.

CARVALHO, F. C.; PIRES DE SOUZA, F. E.; SICSÚ, J; DE PAULA, L. F.; STUDART, R. (2000). *Economia Monetária e Financeira: Teoria e Política*. Rio de Janeiro: Campus.

CHENERY, H. (2010). "O papel da industrialização nos programas de desenvolvimento". *In*: AGARWALA, A. N.; SINGH, S. P. (Eds.). *A Economia do Subdesenvolvimento.* Rio de Janeiro: Contraponto. [Edição original: 1955].

CHICK, V. (1983). *Macroeconomics after Keynes: A reconsideration of the General Theory.* Cambridge: MIT Press.

CHICK, V. (1997). *Sobre Moeda, Método e Keynes.* Campinas: Editora da Unicamp.

DALZIEL, P. (1996). "The Keynesian Multiplier, Liquidity Preference and Endogenous Money". *Journal of Post Keynesian Economics*, vol. 18, n. 3.

DAVIDSON, P. (2011); *John Maynard Keynes.* São Paulo: Actual.

DAVIDSON, P. (2002). *Financial Markets, Money, and the Real World.* Aldershot: Edward Elgar.

DAVIDSON, P. (1994). *Post Keynesian Macroeconomic Theory.* Aldershot: Edward Elgar.

DAVIDSON, P. (1988). "A technical definition of uncertainty and the long-run non-neutrality of money". *Cambridge Journal of Economics,* 12: 329-337.

DAVIDSON, P. (1984). "Reviving Keynes's revolution". *Journal of Post Keynesian Economics*, 6(4): 561-575.

DE PAULA, L. F. (1999). "A teoria da firma bancária". *In*: LIMA, G. T.; SICSÚ, J.; DE PAULA, L. F. (orgs.). *Macroeconomia Moderna: Keynes e a Economia Contemporânea.* Rio de Janeiro: Campus.

DYMSKI, G.; POLLIN, R. (1992). "Hyman Minsky as the Hedgehog: The power of the Wall Street Paradigm". *In*: FAZZARI, S.; PAPADIMITRIOU, D. (orgs.). *Financial Conditions and Macroeconomic Performance: essays in honor of Hyman Minsky.* Nova York: M.E.Sharpe.

DIXON, R. J.; THIRLWALL, A. P. (1975). "A Model of Regional Growth Rate Differences on Kaldorian Lines". *Oxford Economic Papers*, vol. 27, n. 2, p. 201-214.

DUTT, A. K. (1992). "Expectations and equilibrium: implications for Keynes, the neo-Ricardian Keynesians and the post Keynesians". *Journal of Post Keynesian Economics*, 14(2).

DUTT, A. K.; AMADEO, E. J. (1990). *Keynes's Third Alternative: The neo-Ricardian Keynesians and the Post-Keynesians*. Aldershot: Edward Elgar.

EATWELL, J.; MILGATE, M. (2011). *The Fall and Rise of Keynesian Economics*. Nova York: Oxford University Press.

EICHENGREEN, B.; EL-GANAINY, A.; ESTEVES, R.; MITCHENER, J. (2021). *In: Defense of Public Debt*. Nova York: Oxford University Press.

FAZZARI, S., FERRI, P., GREENBERG, E., (2008). "Cash Flow, investment and Keynes-Minsky cycles". *Journal of Economic Behavior & Organization*, vol. 65, p. 555-572.

FERREIRO, J.; GOMEZ, C. (2022). "Employment protection, employment and unemployment rates in European Union countries during the Great Recession". *Journal of Economic Policy Reform*, vol. 25, n. 3.

FREITAS, F.; SERRANO, F. (2015). "Growth rate and level effects, the stability of the adjustment of capacity to demand and the Sraffian Super Multiplier". *Review of Political Economy*, vol. 27, n. 3, p. 258-281.

GALBRAITH, J. K. (1994). "Keynes, Einstein and Scientific Revolution". *The American Prospect* disponível em https://prospect.org/economy/keynes-einstein-scientific-revolution/.

GODLEY, W.; LAVOIE, M. (2007). *Monetary Economics: An Integrated Approach to Credit, Money, Income, Production, and wealth*. Londres: Palgrave Macmillan.

HARROD, R. (1939). "An Essay in Dynamic Theory". *The Economic Journal*, vol. 49.

HEIN, E. (2008). *Money, Distribution Conflict and Capital Accumulation*: *Contributions to 'Monetary Analysis'*. Londres: Palgrave Macmillan.

HICKS, J. (1989). *Dinero, interés y salarios*. Cidade do México: Fondo de Cultura Económica.

HICKS, J. (1974). *Crisis in Keynesian Economics.* Nova York: Basic Books.

HICKS, J. (1950). *A Contribution to the Theory of the Trade Cycle.* Oxford: Clarendon Press.

HICKS, J. (1937). "Mr. Keynes and the Classics: a suggested interpretation". *Econometrica*, 5, p. 147-159.

JARSULIC, M. (1989). "Endogenous credit and endogenous business cycles". *Journal of Post Keynesian Economics*, vol. 12, n. 1, p. 35–48.

KAHN, R.F. (1931)."The Relation of Home Investment to Unemployment". *Economic Journal,* 41 (162): 173-198.

KALDOR, N. (1988), "The role of effective demand in the short and long-run growth". *The Foundations of Keynesian Analysis*, BARRÉRE, A. (org.), Londres: Macmillan Press.

KALDOR, N. (1980). *The Scourge of Monetarism.* Oxford: Oxford University Press.

KALDOR, N. (1973). "Monetary Policy, Economic Stability and Growth: Memoranda of evidence for the Radcliffe Comission".

KALDOR, N. (1978). "The effect of devaluations on trade in manufactures". *In*: *Further Essays on Applied Economics*, Londres: Duckworth, p. 99-118.

KALDOR, N. (1971). "Conflicts in national economic objectives". *Economic Journal*, vol. 81, 1–16.

KALDOR, N. (1967). *Strategic Factors in Economic Development.* Ithaca: New York State School of Industrial and Labor Relations, Cornell University.

KALDOR, N. (1957). "A Model of Economic Growth". *Economic Journal,* 67.

KALDOR, N. (1939). "Keynes's Theory of Own Interest Rate". *In*: KALDOR, N. (1960). *Essays on Economic Stability and Growth.* Londres: Free Press, p. 59-74.

KALECKI, M. (1944). "Professor Pigou on the Classical Stationary State – A comment". *Economic Journal*, 54, p. 131-132.

KEEN, S. (1995). "Finance and economic breakdown: Modelling Minsky's financial instability hypothesis". *Journal of Post Keynesian Economics*, vol. 17, n. 4, p. 607–635.

KEEN, S. (1999). "The non-linear dynamics of debt deflation". *Complexity International*, 6:87–117.

KEYNES, J. M. (1937). "The General Theory of Employment". *In*: MOOGRIDGE, D. (ed.). *The Collected Writings of John Maynard Keynes*. Vol. XIV, Londres: Cambridge University Press, p. 109-123.

KEYNES, J. M. (1937a). *The Theory of the Rate of Interest in The Collected Writtings of John Maynard Keynes*. Londres: Macmillan, vol. XIV.

KEYNES, J. M. (1937b). "Alternative Theories of the Rate of Interest". *In*: The *Collected Writtings of John Maynard Keynes*. Londres: Macmillan, vol. XIV.

KEYNES, J. M. (1937c). "The 'Ex Ante' Theory of the Rate of Interest". *In*: The *Collected Writtings of John Maynard Keynes*. Londres: Macmillan, vol. XIV.

KEYNES, J. M. (1938). "Mr. Keynes and Finance". *In*: *The Collected Writings of John Maynard Keynes*. Londres: Macmillan, vol. XIV.

KEYNES, J. M. (1936). *The General Theory of Employment, Interest and Money*. Londres: Macmillan Press.

KEYNES, J. M. (1930). *The Treatise on Money*. Nova York: Harcourt Brace and Company.

KEYNES, J. M. (1931a). "The Great Slump of 1930". *In*: *Essays in Persuasion*. Londres: Palgrave Macmillan.

KEYNES, J. M. (1931b). "Can Lloyd George Do It?". *In: Essays in Persuasion*. Londres: Palgrave Macmillan.

KEYNES, J. M. (1931c). "The Means to Prosperity". *In: Essays in Persuasion*. Londres: Palgrave Macmillan.

KEYNES, J. M. (1921). *Treatise on Probability*. Londres: Macmillan.

KEYNES, J. M. (1971-1989). *The Collected Writings of John Maynard Keynes*. Editado por D. Moggridge. Londres: Macmillan. [No texto, os volumes utilizados são referenciados por CWJMK seguido pelo número do volume em algarismos romanos].

KOO, R. C. (2022). *Pursued Economy: understanding and overcoming the challenging new realities for advanced economies*. Chichester (Reino Unido): Wiley.

KREGEL, J. (1988). "The Multiplier and Liquidity Preference: Two Sides of the Theory of Effective Demand". *In*: BARRÈRE, A. (eds) *The Foundations of Keynesian Analysis*. Keynesian Studies. Londres: Palgrave Macmillan.

KREGEL, J. (1976). "Economic Methodology in the Face of Uncertainty: the modelling methods of Keynes and the Post Keynesians". *Economic Journal*, vol, 86, n. 342, p. 209-225.

KUHN, T. S. (2005). *A Estrutura das Revoluções Científicas*. São Paulo: Perspectiva [Edição Original: 1962].

KURZ, H. (1986). "Normal Positions and Capital Utilisation". *Political Economy* 2(1), p. 37-54.

LAKATOS, I. (1978). "The methodology of scientific research programmes". *In*: WORRALL, J.; CURRIE, G. (Eds.). *Philosophical Papers*. Cambridge: Cambridge University Press.

LAVOIE, M. (2022). *Post-Keynesian Economics: New Foundations*. Cheltenhan: Edward Elgar.

LAVOIE, M. (2019). "Modern monetary theory and post-keynesian economics". *Real-World Economics Review*, Issue n. 89.

LEIJONHUFVUD, A. (1968). *On Keynesian Economics and the Economics of Keynes*. Nova York: Oxford University Press.

LERNER, A. (1947). "Money as a Creature of the State". *The American Economic Review*, vol. 37, n. 2, p. 312-317.

LEWIS, W. A. (1954). "Economic Development with Unlimited Supplies of Labor". *The Manchester School*, 22, n. 2.

LUCAS, R. (1981). "Understanding business cycles". *In*: LUCAS, R. (ed.). *Studies in the Business Cycle Theory*. Cambridge: MIT Press.

MARGLIN, S. (1989). "A Idade de Ouro do Capitalismo: um Réquiem inspirado por Keynes". *In*: AMADEO, E. J. (ed.). *John Maynard Keynes: Cinquenta Anos da Teoria Geral*. Rio de Janeiro: PNPE/IPEA.

MCCOMBIE, J. S. L.; ROBERTS, M. (2002). "The role of the balance of payments in economic growth". *In*: SETTERFIELD, M. (Ed.) *The economics of demand-led growth: challenging the supply-side vision of the long run*. Cheltenham: E. Elgar. p. 87-114.

MINSKY, H. P. (1996). "The essential characteristics of Post Keynesian economics". *In*: DELEPLACE G.; NELL, E. J. (eds). *Money in motion: the Post Keynesian and circulation approaches*. Londres: Macmillan, p. 70–88.

MINSKY, H. P. (1986). *Stabilizing an Unstable Economy*. New Haven: Yale University Press.

MINSKY, H. P. (1982). *Can "It" happen aggain?* Nova York: M. E. Sharpe.

MINSKY, H. P. (1975). *John Maynard Keynes*. Nova York: Columbia University Press.

MODENESI et al. (2013). "Conventions, interest rates and monetary policy: a post-keynesian French-conventions school approach". *European Journal of Economics and Economic Policy*, vol. 10, n. 1.

MODIGLIANI, F. (1944). "Liquidity Preference and the Theory of Interest and Money". *Econometrica*, vol. 12, n. 1, p. 45-88.

MOORE, B. (1988). *Horizontalists and Verticalists*. Cambridge: Cambridge University Press.

MORENO-BRID, J. C. (1998-99). "On Capital Flows and the Balance of Payments Constrained Growth Model". *Journal of Post Keynesian Economics*, vol. 21, n. 2.

NIKIFOROS, M. (2013). "The (normal) rate of capacity utilization at firm level". *Metroeconomica*, vol. 64, n. 3, p. 513-538.

OHLIN, B. (1937). "Some Notes on Stockholm Theory of Savings and Investment II". *Economic Journal*, junho.

OREIRO, J. L. (2018). *Macrodinâmica Pós-Keynesiana: crescimento e distribuição de renda*. Rio de Janeiro: Alta Books.

OREIRO, J. L. (2016a). "Inconsistency and Over-Determination in Balance-of-Payments-Constrained Growth Models: a note". *Review of Keynesian Economics,* 4(2), p. 193-200.

OREIRO, J. L. (2016B). "Keynes Versus Hayek? A 'Batalha de Itararé' no Pensamento Econômico do Século XX". *Revista Economistas*, n. 21, Setembro.

OREIRO, J. L. (2009). "A Modified Kaldorian Model of Cumulative Causation". *Investigación Económica*, vol. LXVIII, 268, p. 15-38.

OREIRO, J. L. (2005). "Preferência Pela Liquidez, Racionamento de Crédito e Concentração Bancária: uma nova teoria pós-keynesiana da firma bancária". *Estudos Econômicos,* vol. 35, n. 1, p. 101-131.

OREIRO, J. L. (2000a). "O debate entre Keynes e os clássicos sobre os determinantes da taxa de juros". *Revista de Economia Política*, vol. 20, n. 2.

OREIRO, J. L. (2000b). "Incerteza, Comportamento Convencional e Surpresa Potencial". *Econômica*, n. 4, dezembro.

OREIRO, J. L. (1997). "Flexibilidade salarial, equilíbrio com desemprego e desemprego de desequilíbrio", *Revista Brasileira de Economia*, vol. 51(3).

OREIRO, J. L.; MARTINS DA SILVA, K.; DÁVILA-FERNANDEZ, M. (2020). "A New Developmentalist Model of Structural Change, Economic Growth and Middle-Income Traps". *Structural Change and Economic Dynamics,* vol. 55, p. 26-38.

OREIRO, J. L.; NOVA DE SOUZA, C. V.; GUEDES, K. P.; STANCATO DE SOUZA, S. R. (2012). "Um Modelo Keynes-Minsky Generalizado de Flutuações Cíclicas". *Revista EconomiA (ANPEC),* vol. 13, n. 3, p. 703-734.

PALLEY, T. (2020). "What´s wrong with Modern Money Theory: macro and political economic restraints on deficit-financed fiscal policy". *Review of Keynesian Economics,* vol. 8, n. 4, p. 472-493.

PALLEY, T. (2002). "Pitfalls in the theory of Growth: an application to the Balance-of-Payments Constrained Growth Model". *In*: SETTERFIELD, M. (org.). *The Economics of Demand-led Growth.* Aldershot: Edward Elgar.

PATINKIN, D. (1958). "Liquidity Preference and Loanable Fuds: Stock and Flow Analysis". *Economica*, 25.

PATINKIN, D. (1948). "Price Flexibility and Full Employment". *The American Economic Review*, vol. 38, n. 4, p. 543-564.

PIGOU, A. C. (1943). "The Classical Stationary State". *The Economic Journal*, vol. 53, n. 212, p. 343-351.

PREBISCH, R. (1950). *El desarrollo económico de América Latina y sus principales problemas*. Nova York: Nações Unidas.

POMERANZ, K. (2000). *The Great Divergence: China, Europe, and the Making of the Modern World Economy*. Princeton: Princeton University Press.

REDDAWAY, W. B. (1964). "Keynesian Analysis and a Managed Economy". *In*: LEKACHMAN, R. (org.). *Keynes's General Theory: Reports of Three Decades*. Nova York: St. Martin Press.

RESENDE, C. T.; PIRES, M. (2021). "O Impulso de multiplicador fiscal: implementação e evidência para o Brasil". *Estudos Econômicos*. 51(2), 213-243.

ROBERTSON, D. (1938). "Mr. Keynes and Finance". *Economic Journal*, junho.

ROBERTSON, D. (1940). *Essays in Monetary Theory*. Londres: P. S. King.

ROBINSON, J. (1980). "Time in Economic Theory". *Kyklos*, 33.

ROBINSON, J. (1962). *Essays in the Theory of Economic Growth*. Londres: Macmillan.

ROBINSON, J. (1953-54). "The Production Function and the Theory of Capital". *Review of Economic Studies*, vol. 21, n. 2, p. 81-106.

ROBINSON, J. (1937). "Disguised unemployment". *Essays in the Theory of Employment*. Londres: Macmillan.

ROS, J. (2013). *Rethinking Economic Development, Growth, and Institutions*. Oxford: Oxford Economic Press.

ROSENSTEIN-RODAN, P. N. (2010). "Problemas de Industrialização da Europa do Leste e do Sudeste". *In*: AGARWALA, A. N.; SINGH, S. P. (Eds.).

A Economia do Subdesenvolvimento. Rio de Janeiro: Contraponto. [Edição original: 1943].

SANTANA, B.; OREIRO, J. L. (2018) "Real exchange rate and structural change in a Kaldorian balance of payments constrained growth model". *Brazilian Journal of Political Economy*, vol. 38, n. 1 (150), p. 48-69.

SARGENT, T. (1987). *Macroeconomic Theory.* Chicago: Academic Press.

SCHUMPETER, J. A. (1954). *History of Economic Analysis.* Oxford: Oxford University Press.

SETTERFIELD, M. (1997). *Rapid Growth and Relative Decline: modelling macroeconomic dynamics with hysteresis.* Londres: Macmillan.

SILVA NETO, S. (2011). "O que é um paradigma?". *Revista de Ciências Humanas,* vol. 45, n. 2, p. 345-354.

SINGER, H. W. (2010). "A Mecânica do Desenvolvimento Econômico". *In*: AGARWALA, A. N.; SINGH, S. P. (Eds.). *A Economia do Subdesenvolvimento.* Rio de Janeiro: Contraponto. [Edição original 1952].

SKOTT, P. (2023). *Structuralist and Behavioral Macroeconomics.* Cambridge: Cambridge University Press.

SKOTT, P. (2010). "Growth, Instability and Cycles: Harrodian and Kaleckian models of accumulation and income distribution". *In*: SETTERFIELD, M. (org.). *Handbook of Alternativa Theories of Economic Growth.* Aldershot: Edward Elgar.

SKOTT, P. (1989). *Conflict and Effective Demand in Economic Growth.* Cambridge: Cambridge University Press.

SCHMOOKLER, J. (1966). *Invention and Economic Growth.* Cambridge: Harvard University Press (mass.).

SOLOW, R. (1956). "A Contribution to the Theory of Economic Growth". *The Quarterly Journal of Economics,* LXX, fevereiro.

SOLOW, R. (1957). "Technical Change and the Aggregate Production Function". *The Review of Economics and Statistics*, vol. 39, agosto.

SRAFFA, P. (1960). *Production of Commodities by Means of Commodities: Prelude to a Critique of Economic Theory.* Cambridge: Cambridge University Press.

STUDART, R. (1995). *Investment Finance in Economic Development*. Londres: Routledge. TAYLOR, J. B.; O'CONNELL, S. (1985). "A Minsky crisis". *The Quarterly Journal of Economics*, 100:871–885.

THIRLWALL, A. (2002). *The Nature of Economic Growth*, Aldershot: Edward Elgar.

THIRLWALL, A. P. (1979). "The Balance of Payments Constraint as an explanation of international growth rate differences". *Banca Nazionale Del Lavoro Quarterly Review*, 128, p. 45-53.

THIRLWALL, A. P.; DIXON, R. J. (1979). "A Model of Export-Led Growth with a Balance of Payments Constraint". *In*: Bowers, J. K. (ed.). *Inflation, Development, and Integration: essays in honour of A.J. Brown*. Leeds: Leeds University Press.

TOBIN, J. (1998). *Money, Credit and Capital*. Nova York: McGraw-Hill.

VERCELLI, A. (1991). *Methodological Foundations of Macroeconomics: Keynes and Lucas*. Cambridge: Cambridge University Press.

YOUNG, A. A. (1928). "Increasing Returns and Economic Progress". *The Economic Journal*, 38(152), p. 527-542.

WALRAS, L. (1983). *Compêndio dos Elementos de Economia Política Pura*. Rio de Janeiro: Nova Cultural. [Coleção Os Economistas].

WAPSHOTT, N. (2016). *Keynes x Hayek: as origens e a herança do maior duelo econômico da História*. Rio de Janeiro: Record.

WICKSELL, K. (1898). *Interest and Prices*. Londres: Macmillan.

WOODFORD, M. (2003). *Interest and Prices: Foundations of a Theory of Monetary Theory*. Princeton: Princeton University Press.

WRAY, L. R. (1998). *Understanding Modern Money*. Aldershot: Edward Elgar.

ÍNDICE

F

G

H

I

J

K

L

M

N

O

P

U

V

W

Y

Impressão e Acabamento | Gráfica Viena
www.graficaviena.com.br